Research on the Policy of Entrepreneurial Economy

国家社会科学基金项目

创业型经济发展的政策研究

王延荣 宋冬凌 等/著

科学出版社
北京

内 容 简 介

本书在对创业型经济发展进行评述的基础上，探究了创业型经济发展的动力机制，提出了创业带动就业机制的理论分析框架，深入研究了创业政策对创业型经济发展的影响。基于创业类型、创业主体、政策导向构建了三维立体政策选择模型，建立了政策实施绩效评价的机制及其制度安排，并提出了基于就业导向的创业型经济发展的相关政策设计，这对于各级政府制定创业政策具有重要的指导作用。本书力求在理论上进行尝试和创新，并对研究创业政策乃至规范创业型经济活动均具有重要价值。

本书可作为创业经济与管理领域专家学者的参考资料，也可作为经济学和工商管理专业的本科生和研究生的教学参考书。

图书在版编目（CIP）数据

创业型经济发展的政策研究 / 王延荣，宋冬凌等著．—北京：科学出版社，2014

ISBN 978-7-03-042651-2

Ⅰ.①创… Ⅱ.①王… Ⅲ.①企业经济－经济发展－经济政策－研究－中国 Ⅳ.①F279.2

中国版本图书馆 CIP 数据核字（2014）第 280562 号

责任编辑：李 莉 / 责任校对：李 莉
责任印制：李 利 / 封面设计：谜底书装

科学出版社 出版

北京东黄城根北街 16 号
邮政编码：100717
http://www.sciencep.com

北京通州皇家印刷厂 印刷

科学出版社发行 各地新华书店经销

*

2015 年 1 月第 一 版 开本：720×1000 1/16
2015 年 1 月第一次印刷 印张：10 1/2
字数：220 000

定价：58.00 元

（如有印装质量问题，我社负责调换）

前　言

20世纪80年代以来，特别是最近10年，随着一批中小企业和创新型企业的快速成长，创业型经济粗具雏形，但与发达国家的创业型经济相比还存在着很大的差距，要实现中华民族的伟大复兴，还必须在经济形态和模式上实现跨越。因此，我国应该充分利用经济全球化的有利环境，充分借鉴和吸取国外经验和教训，大力发展创业型经济。在此背景下，创业政策和创业型经济发展政策研究成为当今世界经济管理领域新的研究热点，原来许多从事中小企业和技术创新、公共政策等研究的专家、学者不断拓展自己的研究领域，开始关注创业、创新创业企业以及创业政策的研究，并且取得了丰富的研究成果。同时，各级政府也越来越多地关注创业型经济发展，纷纷增加R&D(research and development，即研究与开发)资金投入，完善商业基础设施，通过有针对性的、高效率的研发机构，加快技术成果商业化进程，并通过知识产权制度、风险资本制度、技术商业化制度、利润分配制度、股权激励制度等鼓励和激励自主创业和企业创新创业活动。

本书是国家社会科学基金项目(09BJY004)“基于就业导向的政府支持创业型经济发展的政策研究”结项研究成果。全书在分析评价国内外学者关于创业型经济概念以及相关问题研究的基础上，重点研究了以下几个方面：从创业利益这一视角出发，重点分析发展创业型经济的内在动因，研究政府、组织、创业者等创业型经济的构建主体在创业利益中的分享关系，探究政府推动创业型经济发展以及制定相关支持政策的必然性和合理性；从创业活动对扩大就业的积极作用入手，重点分析了创业带动就业机制的形成动因应包括创业利益驱动、创业成长拉动、就业压力推动、典型示范带动、各级政府策动以及各因素的交互作用，探讨了以创业带动就业机制形成模型以及各因素对以创业带动就业机制的作用机理；分析了创业和创业政策内涵及其关系模式，建立了创业型经济和创业政策测度指标体系，在此基础上进行因子分析和回归分析，实证分析创业政策对创业型经济的影响；重点研究不同国家发展创业型经济政策的区别与联系，分析不同国家相关创业政策产生的历史渊源、特点以及实施后的促进就业效果，尤其侧重于创业能力政策、创业壁垒消除政策、创业融资税收政策、技术创新政策等；以创业类型(主要为生存型和机会型)、创业者的特征(不同创业者的年龄、受教育程度、经历经验)、创业过程等作为出发点，应用政策的激励和技能导向，通过政策设计多维组合，研究政策在创业过程中不同着力点的效应，从而为提高创业活动的绩效、为技术创新、就业和经济发展提供有益的途径和选择；从国际金融危机对社会就业形成严峻挑战的实际情况出发，结合我国创业型经济发展的不同阶段，基于扩大社会就业这一政策目标研究确定我国政府在发展创业型经济中的作用、政策类型。政府可以采用法律工具、公共产品与公共服务、经济政策、行政工具等多元政策工具组合促进创业带动就业。

本书在研究和写作过程中也得到河南省高等学校哲学社会科学创新团队支持计划（2013-CXTD-08）、河南省高等学校哲学社会科学优秀学者支持计划（2014YXXZ32）的大力支持。主要分工为：王延荣教授负责第1章及全书通撰，宋冬凌教授负责第2章，郑书耀副教授负责第3章，周培红副教授负责第4章，徐澈副教授负责第5章，王晓华副教授负责第6、7章，林桢教授负责第8章的撰写工作。同时，研究生吴菲菲、宋磊同学负责全书的文字校对工作，感谢他们为本书出版付出的努力。

由于创业型经济发展的政策研究还是一个较新的研究领域，我们所做的工作仅仅是这方面研究的一次粗浅的尝试，疏漏和不妥之处在所难免，还有许多东西需要进一步完善，望各位专家和学者批评指正。

作者

2014年8月30日

目　　录

第 1 章

创业型经济发展概述

1.1 创业型经济发展研究背景与意义

1.1.1 研究背景

1. 创业型经济成为经济发展的新引擎

20 世纪 70 年代中期以来，美国中小创业企业取得了突飞猛进的发展，创造了超过 90%的新增就业岗位，逐步取代大企业成为美国经济发展的动力源泉。1985 年，德鲁克率先明确提出了创业型经济这一概念，并逐步被社会各界认同，成为推动经济发展的主导模式。创业型经济是高水平的创业活动和创新活动相互促进和结合，并不断产生大量的新生企业、新经济部门和新兴产业的过程。这些新企业、新经济部门和新兴产业形成与发展的本质是因创新而导致的分工深化和扩展。新的需求基于分工的多样化而不断涌现，这不仅促进了经济增长、扩大了经济活动的领域，同时带动了就业人口的增加。根据《全球创业观察报告》(*Global Entrepreneurship Monitor*，GEM)的研究，由于创业活动水平的差异导致的国内生产总值(gross domestic product，GDP)增长差距占到总体的 30%左右。根据 1996 年 Audretsch 对经济合作与发展组织(Organization for Economic Co-operation and Development，OECD)国家的统计分析，小企业数量多和创业活动水平高的国家经济增长速度快、失业率也相对较低。小企业数量少、创业活动较少的国家经济增长缓慢、失业率也较高。德鲁克在研究美国 1965～1985 年的就业结构时同样发现，20 年间工作岗位数量增长了 50%，其中绝大多数就业机会是由中小企业和新创企业提供的，与之相反，美国政府机构、财富 500 强企业、大型和超大型学校则缩减超过 500 万个就业岗位。根据 David Bireh 的研究，美国至少有 80%的新增就业岗位来源于中小企业而非大企业。同时，成千上万个创业型企业群体的创业、创新活动是经济发展的引擎和重要推动力量，而这些企业的存在又促进了竞争，会在更高层次上促进科技进步，推动创新活动的开展。更为重要的是，发展创业型经济不仅可以解决我国经济转型期遇到的困难，还对经济增长方式转变、产业结构升级、市场经济完善、创业文化形成乃至国家竞争力提升具有重大的战略意义，也是推动我国新一轮经济增长的核心动力。因而创业型经济作为一种经济运行方式，已经从微观到宏观形成了一种自我完善和自我发展的内在机制，成为新经济时代经济发展的根本形式。

2. 我国与国外创业型经济发展存在差距

欧美等发达国家发展创业型经济较早，在长期的实践和探索过程中积累了丰富的经验并且取得了令人瞩目的成效。例如，美国完善的创业教育体系、发达的融资和创业投资体系以及金融危机后促进小企业发展的新举措等促进了美国经济从管理型经济向创业型经济的成功转型。1990 年以来美国每年都有 100 多万个新公司成立，当今美国财富中超过 95%是在 1980 年后创造出来的，可以说是创业者们彻底改变了美国经济，创造出前所未有的商业价值。在欧盟，培养企业家精神，促进自主创业已经成为众多成员国社会经济重建当中的一项重要战略，并将企业支持方案纳入国家行动计划当中。为了实施这一战略，欧盟委员会通过其企业总署、就业及社会事务总署、公平机会总署发起了一系列活动，落实了融资形式多样化的金融工程项目，制定了与企业发展阶段相适应的政策组合，签署了“就业共享承诺”应对经济危机等，对于促进经济转型和发展起到了重要作用。而当这些国家从管理型经济转向创业型经济时，我国经济刚刚从封闭走向开放。20 世纪 80 年代的改革开放推动了我国的创业型经济的起步，并在 20 世纪 80 年代中期到 20 世纪 90 年代中期飞速发展，特别是进入 21 世纪之后，一大批中小型企业和创业企业快速崛起，使得创业经济雏形初现。但我国创业型经济发展仍然处于初期阶段，与发达国家相比差距还很大，必须跨越现有的经济模式和经济形态，才能实现我国经济的快速稳定发展。在经济全球化背景下，我国创业型经济的发展可以借鉴和参考国外建设创业型经济的经验，但绝不能照搬，必须结合我国实际背景进行吸收和利用，并进行创新和提升，只有这样才能形成后发优势，实现更高起点上的经济腾飞。

3. 创业型经济发展政策研究的兴起

风靡世界的创业浪潮以及创业型经济的不断发展，使创业政策研究成为当今世界经济管理领域新的研究热点，原来许多从事中小企业和技术创新、公共政策等研究的专家、学者不断拓展自己的研究领域，开始关注创业、创新创业型企业以及创业政策的研究，并且取得了丰富的研究成果，同时也有越来越多的政府开始关注创业型经济的发展，通过商业基础设施的完善，R&D 资金投入的增加，以及研发机构、孵化器与创业园区的高效结合，提升科研成果的转化率和商业化比率，并通过知识产权制度、利润分配制度、风险资本制度、股权激励制度等鼓励和激励自主创业和企业创新创业活动。例如，从 20 世纪 90 年代中期开始，为寻求提升区域创新活动水平的解决方案，OECD、亚太经济合作组织（Asia-Pacific Economic Cooperation，APEC）、欧洲委员会及联合国国际发展组织等就创新活动对经济发展的贡献进行了考查和研究。之后，荷兰、芬兰、英国等国政府相继制定一系列创业政策，并取得了成功。很多学者纷纷投身于相关创业政策的研究，其中比较有影响的是 Lundstrom 和 Stevenson(2001)提出的创业政策衡量框架，并在理论和实践的研究过程中不断完善。近年来，我国政府为促进创业，高度重视创业环境的改进，人力资源和社会保障部、科学技术部、国家发展和改革委员会(简称国家发改委)等部门制定了一系列创业政策。这些政策已经不局限于单纯提供优惠政策，而是提供系统辅导；不仅重视科技创业和下岗再就业，而且开始重视普遍的创业活动。但是由于我国创业政策制定和实施时间并不很长，还存在很多问题，如创业政策制定缺乏理论基础和理论指导，缺乏全面性、协调性、操作性和前瞻性，创业政策缺乏对我国国情特别是创业需求端的考察，缺乏针对创业型经济这一新经济背景的考量，创业政策执行的力度和效果也有待进一步强化。这些问题都需要我们以创业政策理论框架为基础，对政策的着力点和对象进行系统的分析，识别并激活推动创业型经济增长的关键变量，以科学的理论和合理的政策体系为基础制定政府的创业政策。

1.1.2　研究意义

本书在系统评述以创业、创业带动就业、创业型经济、创业政策等相关研究的基础上，充实和发展以创业带动就业、创业型经济发展以及创业政策等相关理论，对于推进我国以创业带动就业以及创业型经济发展的研究具有重要的理论意义。首先，有助于拓展我国创业经济与管理的研究领域，深化国家以创业带动就业、发展创业型经济、建设创业型社会是后金融危机背景下扩大社会就业的长效机制和有效途径的认识。其次，有助于推动我国对创业型经济的理论研究，探索创业带动就业的有效机制及其构建途径，研究提出政府支持创业型经济发展的制度安排和政策设计，并促进相关理论研究与管理实践的有机结合。最后，在研究中注重定性分析和定量分析相结合、规范研究和实证研究相结合，有助于增强创业型经济研究的科学性。

发展创业型经济已经成为世界各国的国家战略和政策取向，纷纷出台政策鼓励创新创业，以创业带动就业，并以此推动经济的快速发展。但是与发达国家不同，我国正处于工业化进程中，处于经济全球化和知识经济这一大的历史背景下，因此我国在迈向创业型经济时代的过程中将具有自己的特色。特别是，美国次贷危机引发的世界金融危机以及席卷欧洲的债务危机致使全球经济发展面临严峻挑战，对我国经济发展和就业也构成严重威胁。扩大就业和推动经济增长已经成为摆在国家和各级政府面前的首要任务，而发展创业型经济成为破解这一危机的重要选择。本书在揭示创业经济发展动因、以创业带动就业内在机理、创业政策与创业型经济发展的关系的同时，探讨我国发展创业型经济的政策选择模型、政府的作用类型和工具选择，提出符合我国国情的有利于扩大就业和创业型经济发展的相关机制、制度安排和政策设计，这些研究成果对于各级政府构建相关机制将具有直接的指导作用。同时，在分析我国创业型经济发展中的实证资料和结果可以作为我国政府相关部门制定、调整政策时的参考依据。

1.2 创业型经济的内涵及特征

1.2.1 创业型经济的内涵

1985年，德鲁克率先提出的创业型经济(entrepreneurial economy)概念，是一个相对于管理型经济(managed economy)而言的概念，从微观上讲创业型经济是实现企业家自身个体价值的重要途径，宏观上讲则是促进国家经济发展的一种经济形态。Bygrave(1988)认为，创业型经济是美国经济最关键的战略优势，其本质是拥有高水平的创新活动和浓厚创新与创业文化氛围的经济形态。霍华德·斯蒂文森(Stevenson，2002)研究指出，创业型经济是以知识创新为基础，并以创业和创造力为动力推动经济增长的一种经济模式，与传统经济模式相比，更强调市场需求的多元化、注重经济的灵活多边性、突出风险投资和社会资本网络对经济的影响等。相对于传统经济形式，创业型经济是一种新的社会经济形态和新技术——经济范式。大卫·奥璀兹从创业与经济增长的关系方面把创业型经济定义为创业在产生经济增长中的起关键作用的一种经济，他倡导包含创业元素在内的新经济增长模型，并认为创业家(也就是创业者)在创业过程中扮演着最为关键和重要的角色，对创业行为与经济增长之间存在的内在联系做出了机制层面的解释，提出创业的知识溢出效应，同时解释了内生创业理论(李政，2007)。他认为创业型经济是建立在创新和创业基础上的一种经济形态，需要创业精神的培育和创业素质的培养，而新版创新型企业是其主要途径。

我国许多学者也对创业型经济做了大量研究，给出了相应的定义。刘昱(2007)认为创业型经济是知识作为最重要的生产要素，以创业者为企业创新的领军人，在创业精神的激发下，通过创业活动将科研成果等知识要素转化为实际生产力的一种经济形态。景云祥和卫家稳(2006)指出，创业型经济作为一种新的社会经济形态，是建立在创新基础上全方位展开创业的经济形态，是从微观到宏观有效推进创业的运行机制。黄敬宝(2008)提出了一个创业型经济的定义，他认为创业型经济"就是基于企业家的创意、创新与创业活动的经济形态，它是新科技革命、体制环境变革、经济全球化、政策扶持市场与企业规模结构以及劳资关系变化相结合的产物"，创业型经济更加有助于提高就业率、推动经济增长和发展，同时有利于经济体形成一种自我发展的内在循环机制。刘常勇(1998)的研究表明，创业型经济体系的特质是能够对知识加以创新、应用，知识又不仅仅指高科技技术，而创业家的主要功能则在于推动企业创新，创新与创业精神正是形成创业型经济体系的动力。江海洋(2008)认为，创业型经济是在新创业企业和现有企业的内部创业共同推动下，知识、技术、管理、资本与创业精神互融的社会经济形态。刘健钧(2003)认为以企业组织形态为标准可将已有经济形态划分为手工业经济、大公司经济和创业型经济，而支撑创业型经济的则主要是中小型创业企业。郭灿章(2005)的研究表明美国之所以出现创业型经济，主要得益于管理知识的广泛应用，而且还在于美国实行的是市场经济体制，这更不能被忽视。朱萌博(2009)认为创业型经济是一种新经济发展模式，其关键点是一国或地区新创企业在经济增长中发挥极为重要的作用，通过创新和创业活动的相互促进融合，能够不断创造新的需求并提供新的供给，微观层面上满足创业者自我实现的需要，宏观层面上为科学技术的进步和社会经济的稳定快速发展做出巨大的贡献。李政和金晓彤(2008)则认为创业型经济的比较优势在于知识，知识作为一种特殊的生产要素，其特性与土地、劳动力和资本有很大的不同，知识的特点是高度的不确定性、知识传播主体间的不对称性和由此带来的较高的交易成本。

上述概念的侧重点虽然有所不同，但是以上概念存在一个共同点，即各学者在创业型经济的定义上都存在一些"共识"：第一，均强调了创业型经济的创新性，即创业型经济必须进行创新活动；第二，基本都强调了创业家精神在创业型经济中的重要性，即创业家精神是推动经济发展的主要动力；第三，体现了中小型创业企业是创业型经济中创造就业的主体。本书根据以上分析，把创业型经济的内涵归结为以下几个方面。

(1)生产要素结构的变革是创业型经济的理论依据。土地、资本、劳动力是传统经济理论中生产力的三大要素；而知识、技术、企业家精神等新增的生产力要素才是创业型经济的理论基础。

(2)以知识经济为主的产业结构是创业型经济的重要支撑。产业结构是经济发展模式非常重要的组成部分。创业型经济的主体产业结构是以创新、创业为龙头，以技术产品、知识产品、创意产品、信息产品为主体的高新技术产业。

(3)创业企业是创业型经济的载体。由于创业企业提供了大量的就业岗位、推动经济快速发展，因此逐渐取代大企业成为经济发展的中坚力量。特别是在高新技术领域，创业企业是实现科学技术成果成功转化的执行者，因此创业企业是创业型经济的载体。

(4)具有可持续的经济增长方式。创业型经济的发展一方面激发了社会的创新活力和创业热情，推动了经济的增长和科学技术的进步；另一方面创业型经济所具有的高技术、高附加值等属性，使得经济增长方式不再是传统粗放型的发展，而更多是高技术、低能耗、无污染的可持续性经济增长方式。

(5)拥有综合型的创新服务体系。创业型经济的主要动力来源于创新，政府创新服务体系的完善与否直接或间接地影响创业活动的开展，综合创新服务体系既包括理论创新、体制机制创新和制度创新，也包括组织创新、文化创新等多方面的内容，为创业型经济发展提供了可靠的环境保障。

(6)拥有扁平化、服务型的管理体制。传统的规范严格的管理制度已经过时，知识经济时代需要的是像中关村电子一条街实施的那种扁平化的、服务型的管理体制，组织结构、管理职能、服务理念等都以促进创新创业和提高科技转化率为中心进行构建和设置，成为创业型经济发展的孵化器。

(7)创业教育成为主体的教育模式。创业型经济的发展离不开创业教育体系的支持，彻底转变人才观念是发展创业型经济的先导性基础。而创业教育的根本目的是为了培养人们的创业意识和创业积极性，提高创业者的创业能力和创业技能，并培育高素质创业教育人才。

(8)拥有先进开放的创新创业文化。创新创业文化是发展创业型经济的基础和灵魂，先进的、开放的创新文化不仅有助于消除创业者创业前期的顾虑和心理负担，更是创业型经济发展的保障。在创业型经济模式中，人们的生活状态朝着创造型、自立型、主动型、激情型转变，人生理念也会发生根本变化。以创业带动就业的氛围，使得社会风貌也发生根本性变化。因此，营造包括鼓励创新、容忍失败、勇于冒险、海纳百川的创新创业文化氛围是建设创业型经济的必然选择。

1.2.2 创业型经济的基本特征

创业型经济是以创新为驱动，以创业型企业为载体的一种经济形态。整体而言，创业型经济的特征主要表现在以下四个方面。

1. 创新性

创新性是创业型经济最基本和最突出的一个特征。1985 年，德鲁克从创新的角度给出了创业的定义，他强调“市场经济发展的原动力就是创业者的创新”，这便是“创造性地破坏”。创业型企业家具备一种特殊的能力——创新，这种能力通过赋予各种传统资源一种全新的组合和能力来创造财富。创业型经济是创新活动与创业活动在高层次的完美结合，在其形成过程中，创新是创业活动的基础和核心，是创业企业发展的动力来源；创新与创业的结合是创业活动的本质，也是创业型经济发展的基础。Schumpeter(1991)认为，“创新是通过一种新发明，或者更一般地利用一种未经实验的技术可能性，来生产新商品或者用新方法生产老产品；通过开辟原料供应新来源或产品的新销路和通过改组工业结构等手段来改良或彻底改革生产模式”。他强调，创新不完全等同于发明，同样的道理，创新者也不完全与发明者同义，真正的创新者是那些在“不确定”面前敢于承担风险的人，敢于将风险引入经济组织的人。所以说创业和创新行为能够促进经济的增长和进步，正是由于创业者身上存在的这种以创新为基础的精神。

需要注意的是，创新并不是只将众多创新行为简单堆砌和加总，而是在创新理念基础上的有机整合的过程和行动。创新活动是围绕着经济活动的各个方面进行的改组和改造活动，在改组和改造的基础上甚至可以再次调整创业和创新活动的方向。因此，从基本原理上看，创业型经济不仅要求有创新活动，而且要求创新活动须有综合性、多面性，创业型经济的全面和总体的发展不是来源于某个单一角度的单方面的创新行为。

2. 发展的可持续性

创业型经济模式具有可持续性发展的特点。创新、创业是创业型经济的龙头，其主导是知识、信息或创意，其发展载体是创新成长型企业，其特点是信息化、高端化和融合化。因而，可持续发展是创业型经济的一大特点和优势。这主要体现在以下两个方面：一方面，随着科学技术的不断发展，一些拥有高科技含量的创新创业型企业的产业活动具有专业性强和多样性强的优势，因此可以降低交易成本，间接地提高了生产效率，继而会促使创业型经济的可持续发展；另一方面，创业型经济打破传统经济发展方式，通过持续的创新，对知识的重视程度不断加强，随着知识更新和变革的不断深入，创业型经济持续性发展。就我国而言，传统的经济发展方式虽然对经济的发展起到一定的作用，但是也导致了严重的环境污染、生态恶化、资源浪费等多种多样的问题，如果我国继续这种传统粗放型发展方式，经济的发展将超出资源环境的承载范围。尽管以往国家也采取了各种政策措施保护和治理生态环境，但这种“先污染，后治理”的方法和理念难以解决根本问题。因而，只有全力推动创业型经济的发展，使产业结构得到升级、创新水平得到提高，才能实现可持续发展。

3. 风险性

创业型经济的发展伴随着一定的风险性。在创业型经济出现之初，其发展就存在着一定的风险。创业型经济市场启动率和市场退出率都较高，导致了其风险存在的必然性，就我国而言主要有两大原因：第一，进入 21 世纪之后，市场经济趋于完善，但仍存在很多不稳定因素，这对创业提出了更高的要求。在我国创业过程中，由于政府对资源配置的主导作用以及对创业型经济的重要性认识不足，缺少对创业的投入和关注。同时我国尚没有形成完善的风险投资市场，也没有相应的法律法规约束，风险投资公司的成立便成了形式上的组织，在现实市场中不能充分发挥作用。第二，在我国，创业孵化器或创业园区并不能为初创企业提供良好的发展环境，这是因为我国政府对二者的投资较少且支持不够，均处于提供硬件设施和简单生产要素的初级阶段。

基于上述两方面原因，新创企业初进市场时，必然会面临经验缺乏、资金不足、体制不健全等多种多样的问题，况且创业者在创业初期往往市场经验不足，管理经验难以满足经营需要，在资金方面也存在着融资困难等问题。在这种情况下，如果没有内在资本或者外部的风险投资基金协助，这种企业的创业活动往往抵御风险能力极差，如果创业企业遭遇市场波动或者没有达到预期目标则往往会倒闭，导致创业失败。所以说，创业型经济和创业型产业组织的发展，不仅受到软硬件基础的影响，还与相关政策和市场运行机制紧密相关，相对于传统产业形式而言具有较高的风险性。

4. 自主性

创业型经济具有较强自主性。相比传统的经济模式，创业型经济最显著的特点是其经济主体即创业者所具有的创业精神。在创业精神的激励作用下，创业者更倾向于选择创业型经济作为实现自己理想和目标的平台。对他们而言，要在创业过程中发挥自己的聪明才智和创业热情去整合、配置各种生产要素，让创业活动高效有序地进行，以实现自我设定的人生目标或者价值。在这个过程中，把知识转化为现实的生产力和财富，是创业型经济最重要的特点和最突出的核心要素。马克・卡森(Casson，1999)认为："创业者就是专门就稀缺资源的协调做出判断性决策的人。"熊彼特(1990)提出，创业者可以被视为"经济发展的领头羊"，或者换种说法可以被称为"实现生产要素的重新组合"的组织者。除此之外，萨伊(1803)认为，创业者要顺利实现生产经营，必须充分发挥自身能动性，首先必须将资本、劳动、土地等传统生产要素与知识等要素整合、融汇。他认为，创业者要具有"准确预期特定产品的需求和生产方式，快速锁定目标消费者，将各种生产要素进行快速结合"的能力。在创业期间，创业者充分发挥自主性和自身能动性是重中之重。创业者之所以愿意冒较高风险，承担种种不确定的后果，调动各种资源创业，也正是基于创业型经济这种与众不同的自主性。

1.3 创业型经济发展理论及其政策研究进展

20 世纪 70 年代以来，中小创业型企业开始快速发展和崛起，并逐渐取代大企业成为新增就业和社会福利乃至成为推动整个经济发展的主要动力来源。彼得・德鲁克率先确认了创业型经济这种经济形态，并认为这是现代经济和社会发展史上的一次重要飞跃。但是自 1985 年德鲁克提出之后，创业型经济并没有马上成为主导的经济发展模式，而是经历了"提出—遭受冷落—成为主流经济发展模式"的曲折过程，目前正作为一种新的经济发展理论而逐步引起经济管理领域专家学者们的广泛关注。以下我们从创业型经济发展的动力机制、就业以及创业带动就业相关理论、创业政策对创业型经济发展的影响以及创业型经济发展的机制、环境及政策研究等方面分别加以评述。

1.3.1　创业型经济发展的动力机制研究

一个社会持久发展需要从经济内部挖掘内生驱动力，经济增长理论和实践表明，经济增长的内生动力主要来自于大量的创新和创业活动。因为创新与创业活动的开展不仅可以增加企业的数量、创造知识的溢出，还可以增加企业的多样化、促进企业间的竞争，这些都可以非常有效地推动经济的快速发展。因而，企业家的创新与创业活动是推动经济持久发展的动力，可以从本质上提高一国经济发展的效率与质量。因此，创业型经济作为知识、资本、管理与创业精神交融共生的新型经济形态，对推动制度创新、技术创新、产业结构升级以及经济发展方式转变、就业增长有着重要意义。科学认识创业型经济的发展规律，探索创业型经济的发展动力机制显得尤为重要和紧迫。

国外学者自20世纪40年代以来就开始了创业动机的研究，但是创业动机的衡量主要集中在独立性需要、物质奖励、社会认可、自我实现、逃避现状等少数几个指标上（Nancy et al.，2003）。之后，Scheinberg和Macmillan（1988）、Birley和Westhead（1994）、Shane等（1991）相继提出创业动力因素的构成框架。夏清华和宋慧（2011）基本上确立了创业动机研究的理论基础。而实际上国内外关于创业动力和创业动机的研究也是交织在一起的。其中，创业动力强调的是从创业活动内在的、具有决定意义的联系或者因素上揭示创业活动发展的方向或者规律，而创业动机强调的是从创业活动外在的或者说是从创业者的角度表达一种对创业的主观态度或者看法（王延荣，2006）。例如，熊彼特（1990）认为创业活动的动力来源于对垄断利润或超额利润的追逐以及超利润观的“企业家精神”等；顾桥等（2005）则将创业者自身发展和新企业发展结合起来，提出了创业动机理论模型；王延荣（2006）进一步研究了基于创业利益的社会性动机的实现条件，提出创业者自身价值、成就感以及独立性等社会性动机的实现都是在创业者追求创业利益进而使创业企业不断发展壮大的基础上实现的，没有创业企业的发展，创业者的成就感、独立性以及自身价值的实现都陷于空谈；曾照英和王重鸣（2009）把创业动力和创业动机统一起来，认为创业动机是激发、维持、调节个体从事创业活动，并导致创业活动朝着某一目标的内部心理过程或内部动力，是深入研究创业行为的前提和基础。随着研究的不断深入，有学者研究了复合主体的创业动力问题和社会企业家的创业动机问题（傅允生和葛立成，2008；肖建忠和唐艳艳，2010）；李良成和张艳芳（2012）运用因子分析法提取商务支持、金融支持、创业教育、配套措施、创业文化五个创业政策因子，以及内在动力、外在动力两个创业动力因子，并通过实证研究证实创业政策因子与创业动力因子成正相关关系。总体上看，这些研究还是比较分散和经验性的，还没有完全摆脱单一因素或多因素决定论的研究范式，还没有达成一致的学术体系和理论观点。

缺乏系统动力，即动力要素单一化和动力要素间的分散化特别是动力要素资源配置不合理是目前制约创业以及创业型经济发展的重要因素之一。对于创业动力来说，国内外学者大多集中在外在动力机制的研究上，如 Saxenian(1994)发现，创业者投身硅谷创业关键在于硅谷形成的利于创新创业的机制，毛蕴诗和周燕(2002)将这种机制视为一种围绕知识聚集资本的新的要素组合方式，而李新春等(2004)更强调其“创新小生态”和集体学习机制的形成。王伟毅和李乾文(2007)认为日益复杂的环境不确定性是导致创业活动倍增的重要原因。张炜和邢潇(2007)提出创业文化氛围、创业孵化网络、创业政策支持和基础服务设施四个要素构成了创业孵化环境的主要结构纬度。Moyes 和 Westhead(1990)提出资源依存理论、Specht(1993)提出种群生态理论、Shane 等(2003)提出制度理论等解释外在环境或机制与创业关系的理论。Gnyawali 和 Fogel(1994)把环境维度和新企业创建过程连接起来提出了创业环境的整合模型等。但是对于创业只出现在特定国家和地区、政策导向和创业环境的原因还没有做出让人满意的解释，原因在于大部分研究没有系统地从创业动力系统去研究或者只关注创业动力系统的某一侧面，不能说明创业内在动力与外在动力因素之间的相互关系。对于创业型经济发展的动力机制，相对于传统经济，R&D 资金投入和人力资本投入高、创业启动与退出率高、经济增长快等是创业型经济的特点。换言之，创业型经济发展的驱动因素是企业家的创业、创新与创业活动，而非传统的土地、资本、劳动等要素(宫剑和李政，2008)。大量中小企业的创生与成长和大企业内部的再创业活动是推动创业型经济诞生和发展的两股重要力量(景云祥，2006)。现有研究已经确认了创业活动与区域或国家经济增长之间存在正向关联，并将创业喻为经济增长的引擎。Porter 等(2002)根据驱动力的不同将国家经济发展分为要素驱动、投资驱动和创新驱动三个阶段，认为不同阶段中创业活动对经济发展的重要程度不同。其中创新驱动阶段以创业活动的增加为特征，创业是经济发展的主要动力，创新性的知识创造和知识溢出成为发展的重要动力源泉。同时，创业活动也催生了更大的创新压力，企业的创新活动一旦滞后就面临被创新活动水平更高的竞争对手淘汰的危险，即便是那些技术上处于领先优势的企业也需要不断创新，以保持其核心竞争力(方世建和桂玲，2009)。另外，创业企业随着对机会的发现和把握而发展和调整，能够迅速适应乃至创造新的市场需求，不断增加的创业者会挖掘出更多新的经济增长点，从而不断加强经济发展的深度和广度。此外，创业企业的多元化带来知识来源的多样性，由此而引起的互补性知识交换使知识取得更多的效益，因此多元化的服务能够促进经济增长和知识溢出(Jacobs，1969)。

1.3.2 就业以及创业带动就业相关理论研究

鉴于就业问题的全球性和严峻性，世界各国都对此进行了深入而广泛的研究。就业问题一直以来都是西方经济学家重点关注的社会经济问题，从而形成了多种不同的就业理论，如凯恩斯的充分就业理论、古典学派的就业理论、新古典学派的就业理论及新凯恩斯主义的工资黏性就业理论等。关于扩大就业的对策大多近于趋同，但促进就业的措施却各异。西方国家主要采取充分发挥市场机制促进就业的作用、积极发展第三产业和中小型企业、采取灵活多样的创业和就业方式、大力发展教育和再教育事业、建立完善的失业社会保障制度等措施解决就业问题。例如，美国通过针对各类成人设立不同的培训方案，如实行“主流行动计划”、“工作经验计划”、“职业团”、“工作刺激计划”、“青年学徒计划”和“成人基础教育计划”等来使培训和就业更加紧密结合。一些国内学者归纳和评价了非正规就业理论的发展趋势和实际意义，认为促进非正规就业增长是解决失业问题的关键，但在减缓就业压力上的作用存在着工会力量削弱、劳动者就业质量差、企业内部对员工的培训减少等问题。刘仙梅(2008)提出发展中小企业是扩大就业、缓解就业压力的有效途径，应把发展中小企业作为解决就业问题的基本国策。饶健(2008)强调政府应实施积极的就业政策，加强宏观管理，以创业之策解决就业难的问题。

目前，研究者充分认识到创业对促进就业的重要性，白津夫(2008)指出创业是就业之基、财富之源，只有创业社会化，才能实现就业最大化。因为在中国，创业者时代已经到来，只有人人有机会去创业，人人有条件去创业，人人有勇气变成创业者，积极通过创业解决就业问题，才是推动我国社会经济良性和科学发展的必由之路。但是目前以创业带动就业工作受到外部环境等一系列因素的制约，吴先华等(2008)以江苏省南京市浦口区盘城镇为例实证分析发现，缺乏资金支持、没有管理经验和创业环境不佳是制约农村劳动力创业的主要因素。针对创业带动就业中面临的问题，研究者从不同的视角进行了讨论。张志臣(2007)通过对齐齐哈尔市开展创业带动就业案例的分析和思考，指出通过小额贷款等途径为下岗职工提供资金支持有助于延伸其创业领域。王玺(2003)认为建立创业培训机制，通过组织社会力量对下岗失业人员进行创业培训可以弥补失业人员的经验缺失，提高其创业成功率，并指出湖南省长沙市“四·三”模式的成功从实践上证实了创业培训带动就业的功效。高飞等(2008)分析了我国大学生当前的就业形势，并有针对性地讨论了大学生创业对其就业的促进作用。段颖立等(2008)则通过对创业实现就业价值的实证分析发现，推进创业教育，实施青年创业计划是解决青年就业的有效途径。吴家曦和李华燊(2009)、魏立红和刘颖(2008)则分别通过浙江省和宜昌市全民创业活动的实践调查，指出政府支持和外部环境在促进创业带动就业中的重要作用。李长安和谢远涛(2012)研究发现经济增长对创业人数的增加和促进创业带动就业均有积极的正面作用，而实际租房价格、实际职工工资和实际贷款利率等要素价格变动与创业人数或创业带动就业人数均呈反向关系。要采取多种措施减轻企业的要素成本压力，充分发挥创业带动就业效应。实际上，曾创造无数奇迹的硅谷也是一种创业带动就业机制的典范，其所创造的经济价值和就业机会为世人所称道。显然，以创业带动就业正在成为一种新的就业模式，并受到各级政府、企业界和学术界的广泛关注。

1.3.3 创业政策对创业型经济发展影响的研究

由于创业对经济发展的贡献越来越大，各国政府逐渐重视创业政策在提升本国创业活动水平中的作用(傅晋华等，2011)。李政和金晓彤(2008)认为，在创业型经济发展过程中，政府的创业政策发挥着核心作用，高建和盖罗它(2007)也认为创业政策的制定和实施成为推动各国创业活动开展的重要推动力，在促进创业、减少障碍、降低风险、改善创业环境等方面具有重要作用。Gilbert 等(2008)认为，政府的经济政策已经由促进现有企业的发展转变为支持创业和提高创业企业的生存能力。Degadh(2004)提出，创业政策的本质就是刺激创业。Hart(2003)认为创业政策的作用是用来减少初创企业面临的不确定性、鼓励更多的人创业、保障新创企业的生存以及创造良好的创业企业成长环境为新生企业提供更多的发展机遇等。Lundstrom 和 Stevenson(2005)认为政府应当使用各种政策工具来满足创业活动对动机、机会和技术三个方面的要求。Acs(2001)研究创业政策对创业型经济发展的影响作用主要包括个人、企业、经济和社会四个层面：在个人层面，通过创业培训和职业教育政策，引导个人发现创业机会并进行创业；在企业层面，政府部门制定机制体制改革、融资贷款、技术市场化等政策和措施来提升创业活动的水平；在经济层面，政府、金融机构和高校等提供大量的资金和技术支持，从而推动企业发展，促进经济不断增长；在社会层面，主要通过法律和制度来改善社会现状，以更高的效率进行创业、连续创新、加快经济增长以及促进社会公平。Verheul 等(2002)研究了创业型经济发展中政府的作用，建立了发展创业型经济的政府角色模型，归纳出提高创业率的五项政府政策措施。即从创业需求角度，政府通过研发支出、刺激竞争等措施进行干预，从而增加创业机会的数量和可获得性，并影响创业机会的类型；从创业供给的角度，政府通过增加劳动力流动性、区域发展等政策和措施进行干预，从而增加创业家的数量，并影响创业家的类型；通过制定有针对性的政策，提高对创新的投入，并保障资源、技能和知识的可获取性；制定专门政策以影响个人的价值观和对创业的态度等偏好；直接针对个人的决策过程制定政策。

1.3.4　创业型经济发展的机制、环境及政策研究

20世纪90年代以来，随着创业型经济形态及其在经济发展中作用的突显，许多专家、学者开始将关注点转移到创业型经济发展的机制、环境和政策研究上来。作为一种崭新的经济运作方式，景云祥和卫家稳(2006)认为创业型经济下促进创业型经济发展的动力由单引擎推动向双引擎转变，其经济增长逻辑的改变体现在创业推进模式的改变上，由自组织力量单边推动向政府与市场力量合作中多边推动转变。李剑力(2010a)认为创业者、创业活动、创业机会、创业资源、创业环境和政策以及通过个体创业和公司创业(创新)形成新创企业和事业是构成创业型经济发展的重要维度，它们相互作用，共同揭示了经济不断增长与发展的过程，并在此基础上构建了创业型经济的运行机制。陈姗姗(2012)认为创业型经济是从创业单元开始，在政府的主导下，利用完善的管理模式促进经济形态的改变。程安昌(2007)认为，为了促进科技创业，需要建立包括创业管理机制、创业决策机制和创业驱动机制在内的相应运行机制。

创业活动与创业企业所处的环境是相互作用、相互影响的。Moyes和Westhead(1990)指出，任何企业组织都不可能从内部获取全部所需的资源，这就必然形成一种与外部环境因素相互影响的关系。创业企业的创生、起步和发展与获取稳定的、未来需要的必备资源的能力直接相关。Shane(1996)认为创业成功的机会受到制度环境的影响，这些制度环境包括制度本身、经济环境和社会文化环境。Spencer和Gomez(2000)曾以法规性、认知性和规范性三个维度分析了创业活动形式、制度结构与失业等经济因素的关系。社会学派更强调从外部社会对创业现象和创业问题进行研究，而不认为创业是个性或个人背景的产物。Gnyawali和Fogel(1994)认为影响新创企业生存和成长最重要的因素是外部环境因素，创业过程中的创业能力、创业意愿和创业机会等多种因素的组合构成了创业环境，并由此创建了创业环境的整合模型。影响这些因素的环境条件主要有社会经济条件、金融支持和非金融支持、创业与商业技能、政府政策和法规等。他们将新企业创建过程和环境维度关联起来进行研究，建议企业家、政府和社会各界共同创造良好的机制和环境以推进创业的发展。GEM将创业环境因素划分为金融支持、政府政策、教育和培训、政府项目、商业环境和专业基础设施、研究开发转移、有形基础设施、市场开放程度、文化及社会规范九个方面。

国内外学者强调政府是推动创业发展的重要因素，非常重视创业政策的研究和创业制度的设计。许多国家或地区纷纷把促进创业活动纳入政府经济政策的工作范围，把创业政策作为提升经济活力的重要措施(赵都敏和李剑力，2011)。例如，Toivanen(2008)以芬兰为例研究了政府支持机构对创业活动的影响；Ebner(2006)运用熊彼特的理论，分析探讨了政府对支持创业活动的作用；Colwell和

Narayanan(2010)认为发达国家与发展中国家的创业政策应具有不同的针对性。张茉楠(2007a)提出政府应将鼓励和促进创业、投入目标化以及地方性政策作为创业政策的着力点，除此之外政府还要利用多种政策组合工具。张钢和彭学兵(2008)认为创业政策不同于中小企业政策，李政和金晓彤(2008)强调政府创业政策发挥着核心作用，当前创业政策的研究模型和框架主要有 GEM 模型、MOS (moments of service，即服务时刻)模型、欧洲委员会所用框架和欧盟创业绿皮书所用的分析框架等。对于创业政策的选择和设计，Lundstrom 和 Stevenson (1989)构建了一个主要由技能、激励和机会三个维度组成的创业政策因素模型，而后他们以政府创业政策的内容和关注的焦点为依据，进一步完善这一模型，形成了较为完整的创业政策框架。Lim 等(2010)认为制度环境对创业者认识自身的创业知识、能力和意愿会产生影响，并最终决定他们的创业决策，这些制度环境包括教育、金融、法律以及信任关系等。Meek 等(2010)的研究证实社会规范对创业政策作用的发挥具有很大影响，政府在制定创业政策的时候应充分借助于社会规范来发挥更大的作用。一些学者(吴京生，2007；魏江，2004)对创业政策的构成要素、创业精神、创新和创业文化等进行了研究。

综上所述，在创业理论研究方面，国外的理论研究主要基于发达经济体，虽然也涉及一些转型经济体(Thurik et al.，2008)，但十分有限。在创业政策研究方面，由于创业型经济具有很强的异质性和"本土性"，加之各国社会经济发展的阶段不同，因此我们只能参考和借鉴国外学者对创业政策的研究，不能照搬。我们认为，发达国家创业型经济模式的兴起离不开以中国为代表的发展中国家对全球化的参与，正是我国参与全球化的过程与方式形成了我国创业型经济发展的独有特点，而这也是我国制定创业政策的依据。

1.4 本章小结

本章在主要分析了国内外学者对创业型经济概念讨论的基础上，从生产要素禀赋、经济增长方式、发展基本形态、管理体制、服务体系和环境保障、创业教育模式等方面系统性地分析了创业型经济的内涵，提出创业型经济创新性、可持续性、风险性以及自主性等主要特征，对创业型经济发展的动力机制、就业以及创业带动就业相关理论、创业政策对创业型经济发展的影响、创业型经济发展的机制、环境及政策研究进展进行了分析。

第 2 章

中国创业型经济发展状况分析

2.1 中国创业型经济发展历程

2.1.1 创业型经济发展溯源

创业型经济最早产生自美国，20 世纪 70 年代以来，欧美一些国家开始从管理型经济逐渐转变为创业型经济，创业型经济初现雏形。在此之前，知名经济学家熊彼特、钱德勒、加尔布雷斯等一致认为增长和效率仅存在于大企业中，小企业终将由于没有效率而退出市场，至少在竞争中逐渐被大企业淘汰出局，这个时期，管理型经济才是西方主流经济形态。第二次世界大战以后，资本主义经济在大企业领域内出现第一个鼎盛时期，尤其是那些处于垄断地位的大企业，资产几乎以数倍增加。在此环境下，学者们坚信大公司较之于小公司更具效率、更具影响力，因而将研究精力专注于大型公司范畴。然而小企业在美国制造业销售额中的占比迅速从 1976 年的 20%增加到 1986 的 25%，10 年期间，大量的大企业被小企业所取代，小企业逐渐成为美国经济的中流砥柱，数据表明这些小企业提供了 90%以上的新增就业岗位。1985 年，德鲁克敏锐地发现并确认了这一趋势，他认为人类社会的发展需要创新型经济，创新型经济的出现是鼓舞人心的事情，也是经济和社会发展史上的重要里程碑。

20 世纪 70 年代中期，美国涌现出了大量富有创新精神的创业家，大批新创企业竞相崛起。这些企业的发展催生了美国经济新的活力，打破了当时美国流行的“经济零增长”以及长期的“康德拉基耶夫型经济停滞”等观点，不仅促进了科学技术的进步和经济的增长，还提供了大量的就业机会，成为美国经济取得成功的主要动力源泉。

20 世纪 80 年代开始，美国风险投资市场快速发展，政府、企业以及个人也创建了多种形式的技术创新基金，这些创业企业融资政策和机制很好地促进了科技型中小企业的快速成长。因此，其他各国政府纷纷借鉴，通过出台多种产业政策促进新兴产业发展，扶持中小企业进行技术创新。

20世纪末，创业型经济引起了经济学界的广泛关注。蒂蒙斯(2002)指出，20世纪70年代至今，“新的创业一代彻底改变了美国和世界的经济和社会结构，并为未来的几代人设定了‘创业遗传代码’，它将比其他任何一种推动力量更能决定美国和整个世界的生活、工作和学习方式，并将继续成为下一世纪或几世纪的领导力量”。美国硅谷在短短几十年时间内迅速崛起，但是它所开创的高新技术园区已经成为高技术研究开发的重要形式，被称为硅谷模式。这一模式也被视为美国创业型经济模式的典型代表。

美国对创业的研究处于全球领先水平，同时其他各国在创业研究方面也取得了丰硕的成果。欧洲在这方面的研究进步巨大，已经创建了大量有关创业和创业企业管理的研究项目和研究中心。亚洲国家对创业的研究起步较晚，相对欧美国家差距很大，但近年来也取得了很大的进步和发展。日本通产省从1998年起联合文部省开始在全国范围内开展创业教育，其目的是在新一代日本从业者身上赋予和激发创业特性，通过创新和创业活动缩小在新兴产业、创新产业上与美国的差距。随着创业型经济的兴起，其他国家也开始聚焦创业发展，一些国家已经尝试设计自己的创业管理和创业教育课程并成立创业研究中心，很多国家的有关部门和组织也开始对创业实践和理论进行归纳梳理。

2.1.2 中国创业型经济的主要发展阶段

我国创业型经济的起始，应追溯到1978年党的十一届三中全会。从新中国成立初期进行社会主义改造开始，我国在意识形态上受“左”的思想影响，一直片面强调发展单一的公有经济，否定、取消、打压非公有制经济(包含私营经济、涉外经济)。据统计，到1978年，在国民生产总值中，公有经济达99%，其中国有经济占56%，集体经济占43%，剩余近1%为非公有制经济，导致国民经济成分过于纯粹，经济缺乏活力，物资严重短缺。由于创业活动、创业热情往往与创业利益的归属关系密切，与非公有制经济联系极其紧密，因此在非公有制经济在政治上得不到认可、政策上得不到支持的阶段，创业活动几乎为零，创业型经济就无从谈起。

1. 创业型经济发展的初始期(1978～1987年)

这一阶段的特点为非公经济政治地位开始确立，创业掀起第一个高潮。1978年年末，党的十一届三中全会提出将中国的工作重心从政治斗争转向经济建设，先后出台一系列政策、法律，个体经济在政治上开始得到认可，极大地激发了人们的创业热情。社员自留地、家庭副业和集市贸易是社会主义经济的必要补充部分，从计划经济的封闭专断到多种经济形式的同时并存；从在法律范围内的城乡劳动者个体经济是社会主义经济的补充，到实行多种经济形式和多种经营方式并存的格局，政府在发展经济方面的观念开始改变，舆论开始向有利于非公有制经济发展的方向转变。这一时期，个体经济的发展得到了一系列政策的支持。尽管这期间一度因打击投机倒把活动而使私营经济受到一些打压，但从改革开放初期工业部门的相关指标看，工业企业从业人数持续快速增长，工业企业个数、工业企业固定资产净值持续平稳增长，经济活力在一定程度上被激发了起来。从政策上看，这一阶段对个体经济的肯定和鼓励也主要包含在党的文件报告中，开始关注科技成果的商品化问题，对私营经济、创业等问题没有提及。从创业主体看，返城知青、农村剩余劳动力大量进入城市，成为创业主力军，乡镇企业发展迅猛，国民经济成分开始发生较大变化。从政策效果看，效果良好。国家统计局的数据显示，工业企业的企业个数、从业人员、固定资产净值、利润总额等指标持续稳定向好，税收大幅度快速上升，国民经济从面临崩溃的边缘掉头强劲发展，国力明显增强。在 20 世纪 80 年代下海大潮中诞生了中国第一批以技术发展为核心要素的中小企业，主要集中在东南部沿海地区，以机械制造、电子等行业为主，发展速度由慢渐快。

2. 创业型经济发展的平缓期（1987～1992 年）

这一阶段的特点为非公经济政治地位提升，创业进入低谷期。20 世纪 80 年代末到 90 年代初期，创业型经济发展相对迟缓。从政策内容上看，非公经济的地位有了明显提升。1987 年，党的十三大明确指出以私营经济为代表的非公有制经济的存在和发展具有必要性，1988 年的《宪法修正案》规定私营经济是社会主义公有制经济的补充，到了 1989 年，《中华人民共和国私营企业暂行条例》(简称《私营企业暂行条例》)更是明确规定了私营企业的资产属于私人所有。从政策侧重点上看，明显往高新技术创业倾斜。1988 年，针对高新技术产业化发展，火炬计划出炉，在推进高新技术成果的商品化和高新技术商品的产业化方面迈出了重要一步。1991 年，国务院发出《关于批准国家高新技术产业开发区和有关政策规定的通知》，对高新技术产业开发区的建设起到了有力的推动作用。同时，对高新技术产业开发区建立风险投资基金、风险投资公司的政策也开始进行尝试，但政策效果不明显。从经济发展的实际数据看，工业企业增长数持续走低，就业人数增长乏力，利润多为负增长，1990 年工业企业利润总额更是下跌 44%。这种局面的出现，主要是因为在改革开放初期，改革的核心在于促进工商业的发展，在工业领域主要还是以国有企业和集体企业为主，这些企业通过垄断的形式控制了市场，由于缺乏竞争机制，导致企业效益下滑。这种现象的存在，实际上极大地挤压了以中小型企业为主的创业型经济的发展空间，国家在经济发展政策上没有考虑到创业型经济的发展要求，在 20 世纪 90 年代初期至中期创业型经济发展十分缓慢。

3. 创业型经济发展的快速期（1992～1997 年）

这一阶段的特点为非公经济政治地位进一步提高，创业进入第二个高潮期。1992 年年初，邓小平南方谈话为我国的改革开放指明了前进的方向，党的十四大明确了建立社会主义市场经济体制的改革目标，个体、私营经济在以公有制经济为主体的所有制结构中成为社会主义市场经济的必要补充，并将与公有制经济长期共同发展，公共政策更是积极鼓励创办企业，激发更多的创业行为发生。受讲话和政策的鼓舞，下海经商的人大批涌现，许多私营企业开始创建，全民掀起经商热潮。从政策内容上看，非公经济地位进一步提升，政府主导明显。1993 年出台的《中华人民共和国公司法》(简称《公司法》)就是一个显著的标志，政策效果显著。国家统计局的数据显示，1992～1996 年工业企业的固定资产净值增长迅速，连续五年平均环比增长超过 25%，1993 年和 1995 年环比更是超过了 30%。1993～1995 年个体就业人数环比增幅更是达到历史最高峰的 19%、28%、22%。从创业主体看，有一大批行政事业单位的公务人员选择下海，他们具有更高的文化程度、更多的社会资源、更强的社会适应能力，较之以前的创业者整体层次有明显提升。在创办企业的过程中，经过艰苦奋斗和惨烈的市场竞争，有相当一部分有胆有识的创业者在今天已经取得了非常杰出的业绩。

4. 创业型经济的瓶颈期（1997～2002 年）

这一阶段的特点为非公经济政治地位巩固，创业活动相对乏力。从 1997 年起，中国经济体制改革的中心以国有企业改革为重心，国有企业改革进入攻坚阶段。伴随着改革的深入，效益差的企业逐渐被市场所淘汰，大量工业企业关停并转，企业个数急剧减少，下岗人员大幅增加，国家统计局的数据显示，工业企业个数 1998 年比 1997 年减少 64.8%，从业人数下降 21.3%，为改革以来所罕见，就业压力极大。1999 年 3 月的九届全国人大二次会议对《中华人民共和国宪法修正案(草案)》进行了进一步修订，第 11 条增加了“在法律规定范围内的个体经济、私营经济等非公有制经济，是社会主义市场经济的重要组成部分”，这一提法比原有的“是社会主义公有制经济的补充”的提法更明确了其政治地位。

5. 创业型经济的繁荣期（2002 年至今）

这一阶段的特点为创业活动活跃，创业型经济快速发展。国有企业改制以后，国家放开了大部分经济领域的管制政策，并制定了很多促进中小企业发展的政策，使得以中小企业为主的创业型经济迎来一个良好的发展时期。为了解决创业型经济发展过程的资金匮乏问题，经过 2002～2008 年的长期系统论证，2009 年 3 月 31 日创业板在深圳证券交易所正式上线，创业板的上市标志着创业型经济发展融资模式的根本性转变。

2.2　中国创业型经济发展概况

我们从创业活动特征、创业环境差异分析中国创业型经济发展状况。

2.2.1　创业活动特征角度

从创业活动特征角度看，中国创业型经济的发展主要表现在以下几方面。

1. 中国创业活动处于全球比较活跃的状态

根据高建等(2006)的研究，反映创业活动程度的指标是创业活动率，具体通过以下几个指数来反映：①初生创业指数，是指 18～64 岁人口中目前是初生创业者的人所占的比例，具体是指那些积极参与到其拥有或者共同拥有的一个企业中去，且运营时间少于 3 个月的创业者；②新企业所有者指数，是指 18～64 岁的人口中当前是一个企业中拥有所有权的管理者的人数比例，其拥有并管理着一个正在运营的公司，且运营时间多于 3 个月，少于 42 个月；③早期创业活动指数(total entrepreneurial activities，TEA)，是指 18～64 岁的人口中目前是初生创业者或新企业所有权的管理者的人数比例，也就是说，该指数由初生创业指数和新企业所有者指数构成；④现有企业所有者指数，是指 18～64 岁人口中当前是一个运营时间超过 24 个月企业中拥有所有权的管理者人数比例。

下面对近几年来我国各指数的变化情况作简要分析(图 2-1)。

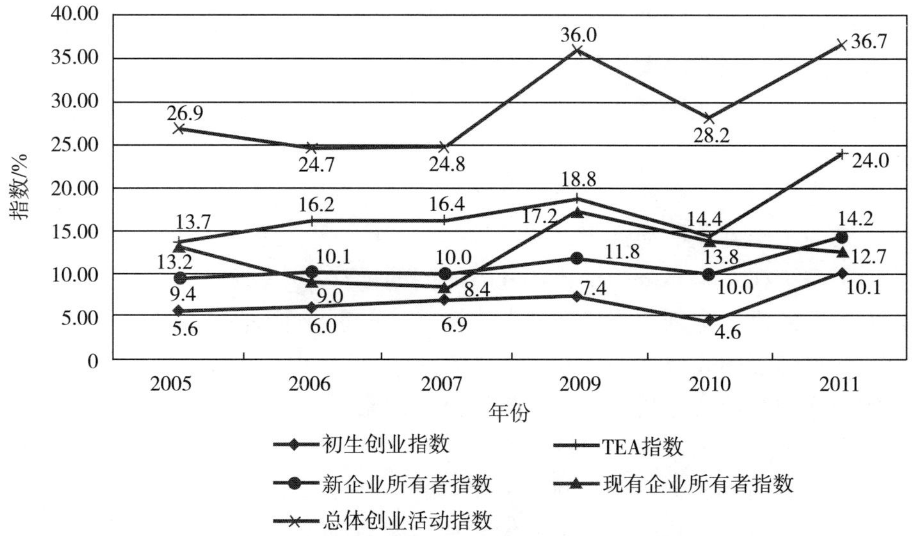

图 2-1　中国各类型创业指数变化趋势比较

注：2008 年数据不可得

资料来源：全球创业观察中国报告——基于 2005 年数据的分析；全球创业观察中国报告 2007——创业转型与就业效应；*GEM Global* 2009 *Report*；2010 *Global Entrepreneurship Monitor Report*；*The Global Entrepreneurship Monitor* 2011 *Global Report*

由图 2-1 可以看出，近年来中国的初生创业指数、TEA 指数、新企业所有者指数、现有企业所有者指数、总体创业活动指数总体上都处于逐渐稳定增长状态，同时各指数在 2010 年都明显降低，之后在 2011 年出现明显提高。自 2005 年以来，TEA 指数几乎翻了一倍，由 13.7%增长到 24.0%，也就是说 2011 年在 18～64 岁人群中有近 1/4 的人在从事或参与创业活动。初生创业指数经过 6 年时间后也几乎翻倍，在 2009 年前其增长变化幅度在 2 百分点之内，2010 年下降了近 3 百分点，之后在 2011 年增加到 10.1%，表明随着近几年的发展在我国 18～64 岁人群中，有超过 1/10 的人积极参与到其拥有或者共同拥有的一个企业中去，但运营时间少于 3 个月。在过去的 6 年时间里，新企业所有者指数是几个指数中变化相对稳定的一个指数，只增长了 4.8 百分点，且主要是在 2011 年有了较大的增长，前几年都维持在 10%的水平上。相反的，现有企业所有者指数则是几个指数中变化最不稳定的一个指数，2005 年为 13.2%，2006 年为 9%，2007 年为 8.4%，2009 年为 17.2%，2010 年为 13.8%，2011 年为12.7%，其起伏变化尤为明显，变化幅度基本超过 5 百分点，2007～2009 的增长幅度高达 8.8 百分点，但是 2010 年、2011 年的下降幅度已有所缓和，不足 1 百分点。这说明我国创建时间超过 42 个月且仍然存活着的创业普及率波动较大，且相当的不稳定，由于企业正发挥着促进经济增长和扩大就业的作用，这一比率反映了创业质量的高低，而我国现有企业所有者指数的变化说明了我国的创业质量极不稳定，需要增强管理和逐步调高。以上指标的变化充分说明了，我国的创业活动越来越活跃。另外，从图 2-1 中可以看出 TEA 指数、初生创业指数和新企业所有者指数以及总体创业活动指数之间的变化趋势有些类似，这时 TEA 指数包括初生创业指数和新企业所有者指数，而 TEA 指数和现有企业所有者指数的加和则是总体创业活动指数。

需要指出的是，女性的创业活动在当前中国整体创业中扮演着越来越重要的角色，成为中国创业活动极为鲜明的结构性特征。尤为重要的是，中国女性的创业活动类型正在发生显著的变化，随着时间的推移和中国经济活力的增强，出现了越来越多的机会型创业，这意味着中国女性的创业活动从生存型开始向机会型转变。这种转变的完成，表明中国女性创业会成为中国经济活力重要的来源之一，成为带动其他资源高效参与经济运行的因素。

2. 机会型创业和生存型创业并存

从事创业的创业者一般有两个主要原因：一种属于生存型创业，另一种属于机会型创业。我国依然保持机会型创业和生存型创业并存的状态，并且两种形式的创业都为就业做出了巨大的贡献。近年来我国创业型经济发展迅速，首先体现在机会型创业逐渐成为主流创业类型。总体来看，机会型创业的比重近几年逐渐超过了生存型创业，但两者之间的差距并没有显著扩大。2005 年 TEA 指数为

13.7%，其中机会型TEA指数为7.3%，而生存型指数为6.2%(高建等，2006)，表明在我国生存型创业和机会型创业所占创业比重旗鼓相当，差距并不大。2006年机会型创业的TEA指数是9.6%，生存型创业的TEA指数为6.3%，两者所占比重分别为59.2%和38.7%[①]。截止到2007年，中国的机会型TEA指数为9.8%，所占比重为60.4%，而生存型TEA指数为6.2%，所占比重为39.6%。通过数据对比可知，近年来中国创业活动的动机已经发生了一定的转变，基本确立了向机会型创业转变。

企业的创业对生产就业岗位以及工作的质量都有直接的影响。创造的工作岗位数相比于公司规模，常常用于衡量创业公司带动就业的情况；而提供工作岗位的质量，则通过提供雇佣者报酬进行衡量，其中最常用的是工资水平、福利、生产率报酬等。全球创业观察项目基于2005年的数据研究发现：由于创业者或者企业所有者从事商业活动的动机不同，因而其创造就业机会的能力也就不同。机会型企业在创造就业方面明显优于生存型企业。在早期企业中，大约17%的机会型企业提供超过5个以上的工作职位，而仅有5%的生存型企业可以提供6个以上职位。甚至超过十分之一的生存型企业并不能创造额外的就业机会。在已有企业中，超过三分之一的机会型企业能够提供5个以上的工作职位，而仅有8%的生存型企业可以做到这一点，绝大多数生存型企业只能提供5个以下就业机会。在预期未来5年内能提供的工作机会方面，机会型企业也要明显好于生存型企业。机会型企业中，超过40%的早期企业和将近30%的已有企业预期未来能够提供5个以上就业机会。而生存型企业中，早期企业和已有企业比例仅为13.3%和7%(OECD，2010)。

根据2006年的统计数据，在新创企业当中，生产新产品和使用新工艺的占50%，五年内至少能够提供20个就业岗位的占29%，能提供1～5个就业岗位的有44%。伴随着机会型创业企业的快速增加，创业活动中各项功能的贡献也越来越大。这表明促进创业互动的开展，保持经济活力、促进经济繁荣，也使就业压力得到缓解。

由图2-2和图2-3可以看出，2006年超过80%的生存型企业提供的岗位数目不超过5个，但是在未来五年超过40%的机会型创业企业可以提供20个以上的就业岗位。

3. 高成长型创新企业发展态势迅猛

创新是一个比较宽泛的概念，因而对其的衡量指标也不统一。例如，考虑一家企业的创新产出，创新产品的数量和质量都要进行统计，其中数量的统计一般

---

① 2006年中国创业观察报告. http://info.china.alibaba.com/news/detail/v0-d1023361268.html，2012-02-15.

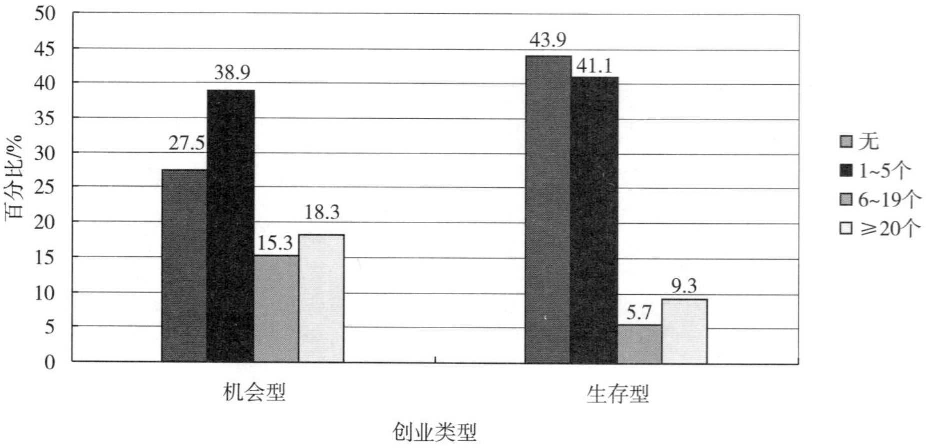

图 2-2 2006 年机会型创业企业与生存型创业企业当前提供工作岗位数百分比

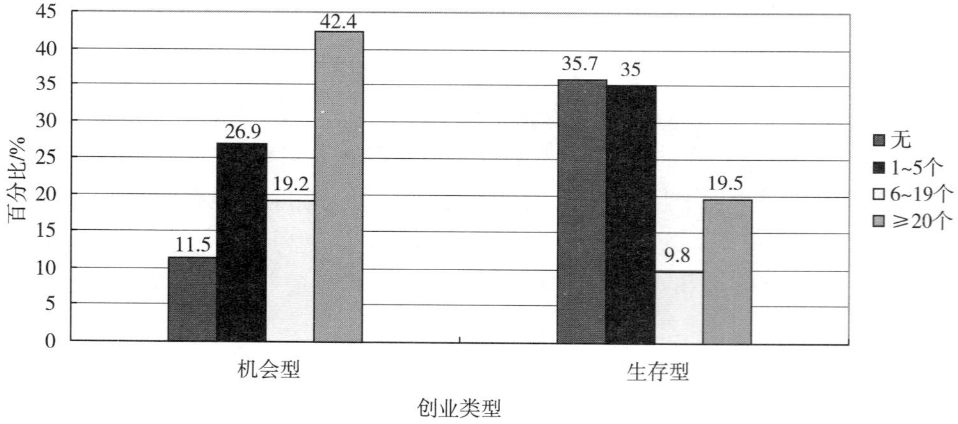

图 2-3 机会型创业企业与生存型创业企业未来五年提供工作岗位数百分比

资料来源：2007 年全球创业观察中国报告

采用 R&D 费用支出、采用的新技术等；而质量的统计一般采用专利的使用、创新的重要程度等。机会型初生企业中提供创新产品和服务的比例远远超过生存型企业。有 17.0%的机会型初生企业认为它们所提供的产品或服务对顾客来说是全新的，另外有 67.2%的企业认为它们的产品或服务至少对部分顾客来说是新颖的。而生存型初生企业中，认为自己的产品对顾客来说是新颖的比例为 12.3%，对部分顾客来说是新颖的比例为 60.1%，27.6%的生存型企业仍承认它们的产品或服务对顾客而言没有任何新颖性。即使在已有企业中，机会型企业的创新能力也明显高于生存型企业，大约 82.4%的机会型企业认为它们的产品或服务至少对部分顾客是新颖的，但仅有约 54.1%的生存型企业持有同样的看法，如图 2-4 所示。

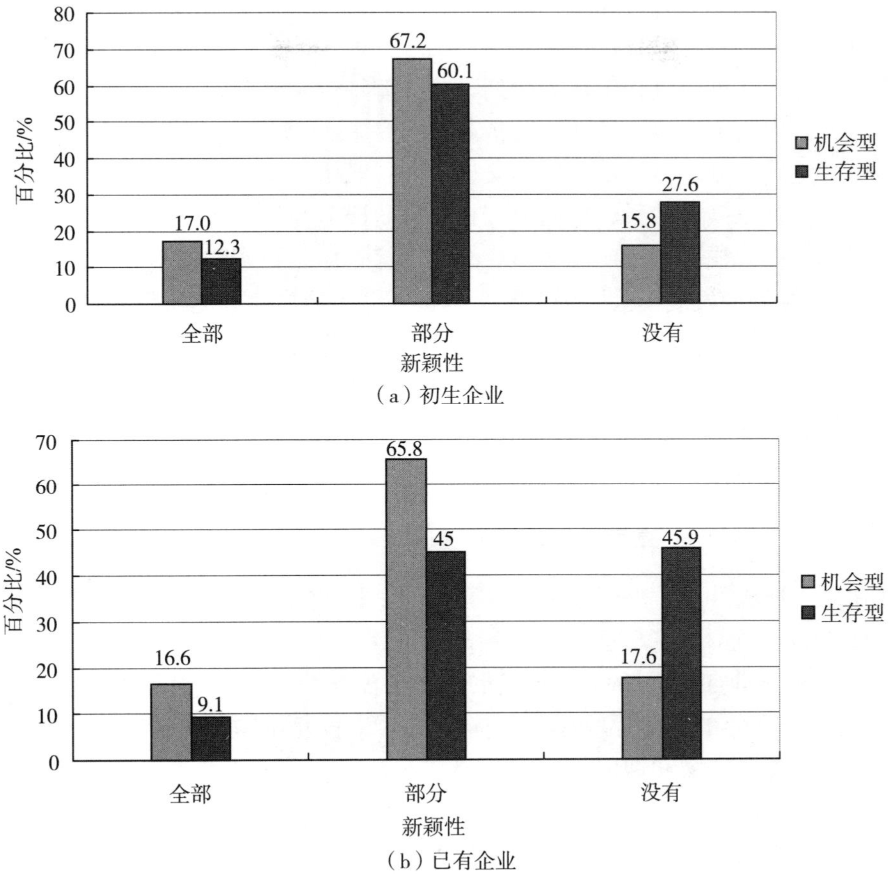

图 2-4　机会型和生存型企业的产品新颖性比较

资料来源：2007 年全球创业观察中国报告

中国企业的生产率较高、成长性较强。创业对生产力的影响是以 GDP 与 GDP 增长率来衡量的，常用的统计量包括公司增加值、每一名工人对 GDP 的增长率。中国实施改革开放战略至今，经济发展速度之高令全球瞩目。2007 年，在所有 GEM 参与国家和地区中，中国是高成长型创业活动最为活跃的国家，在高预期型创业活动中，中国的比例最高，为 1.68%。在高成长型创业活动中中国明显处于前列，其排名仅次于新西兰和冰岛。2005～2011 年，中国实际 GDP 平均增长率高达 11.1%，高出同期其他发达国家将近 4 倍。

4. 中国创业活动地域性特征明显

中国的城市和农村有明显的差异，城市创业更活跃、机会型更高、创业环境更好，而农村对创业文化的认同更高，但相对于城市而言，面对的困难也更加复杂和严峻，农村地区整体创业活动水平低下，创业风险控制机制、风险投资机制以及创业市场机制均有待完善和提高。由于政府对农村的创业发展扶持力度小，因此农村创业资金缺口很大，融资比较困难；创业的社会化服务体系和硬件基础都十分薄弱；在创业过程中还会受到一些体制性因素的制约。

另外，中国创业型经济的发展依赖的是新兴经济体，而非美国的硅谷模式。硅谷模式是美国创业型经济发展的典型代表，其主要特征是产、学、研相互结合的发展方式，以高校和科研机构为依托，科研成果与生产实践紧密结合并迅速转化为实际生产力或者创新产品，形成高技术综合体。在实践过程中，硅谷模式通常分为“区域经济发展模式”“创业栖息地模式”“地区文化和竞争优势模式”三种模式。因此中国应该促进产、学、研的相互结合，建设以研究型大学为中心，高技术创业型公司为依托的创新创业机制，并完善风险投资机制，加大政府对创新创业的扶持力度，重视创业环境的建设以及正确创业理念的引导，尽量缩小城市与农村创业活动的地域性差异。

2.2.2 创业环境差异角度

在创业环境方面，中国与国际上其他国家相比的差异主要体现在两个方面。

1. 中国创业环境总体上处于有待改善的状态

2002～2006 年中国的创业活动逐渐好转，2006 年中国创业环境评分为 3.03，而 2002 年的创业环境评分只有 2.65。2006 年中国创业环境综合指数处于 42 个 GEM 参与国家和地区的第 16 位①。2010 年，在全球创业观察的 60 个成员中，创业环境评分为 2.89，排在第 13 位，高于我国创业活动指数的排名。按照环境条件大于 3 为较好，3 为中等，低于 3 为较差的衡量标准，并考虑到全球整体创业环境的改善，我国的创业环境只能说处于中等水平，还有待改善。从专家评价看，中国的创业环境与美国、英国、法国等发达国家及韩国处于相当的状态，但不如以色列、德国和芬兰等国家。

2. 中国与其他国家相比创业环境的最大弱项在商务环境方面

就 2006 年数据分析，分单项与国际上其他国家的创业环境比较，中国在市场开放程度、研究开发转移方面占有优势，有形基础设施、政府政策、政府项目方面水平一般，知识产权、教育和培训、金融支持方面差强人意，如图 2-5 所示。从 2010 年的资料看，中国与美国创业环境比较的最大弱项在商务环境、文化与社会规范方面。分单项与美国的创业环境比较，中国在市场开放程度、有形基础设施、政府政策上优于美国，即表现在以硬件、规制的环境为主的方面中国的创业环境优于美国；但是在商务环境和政府项目上则是美国优于中国，即表现

① 2007 年中国创业观察报告 . http://info.china.alibaba.com/news/detail/v0-d1023361268.html，2012-02-15.

在软件、规范的环境方面。

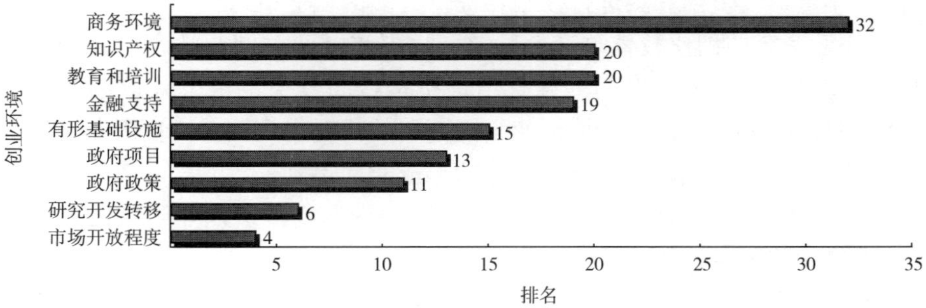

图 2-5　中国创业环境在 33 个国家中的排名

2.3　中国创业型经济发展存在问题分析

2.3.1　创业政策体系不完善，制约创业型经济的发展

尽管中国出台了一系列的法律法规，从多方面有针对性地创建了创业政策，但是与美国和欧洲等一些创业政策完善的国家和地区相比，中国目前的创业政策主要还体现为对创业活动在金融、税收等方面提供支持的基础性工作上，并且这类支持仍然有待进一步完善，更高层次的创业政策如创业教育与培训等仍缺乏深度与有效性。同时各个部门之间没有进行有效的协同，尚未形成统一的认识。政府创业扶持体系以及创业孵化机制尚处于较低水平，创业环境、创业文化氛围营造以及创业服务体系的建设仍然具有很大的改善空间。应该说，我国创业政策的完善还面临诸多问题。

(1)创业政策扶持对象相对狭窄。目前，对创业活动的资助和扶持政策多集中于高科技企业，对非高科技创业活动的政策支持则力度不大甚至少有涉及；现行政策多侧重于对创业活动的金融和税收扶持，对高科技企业的技术研发及成果转化没有实质性的支持，对创业企业的知识产权保护方面并不突出也缺乏针对性；对创业的个人优惠和奖励大多针对科技和研发人员，一旦提到创业教育，各类资源也大多针对在校的学生，对其他个体的创业活动则缺乏关注。这种政策结构从侧面说明了我国当前对于创业的理解仍侧重于有形的发明创造。

(2)创业政策对创业需求考虑不够全面。当前的主流创业政策，如简化创业审批流程、融资支持、税收优惠也能在一定程度上提高创业活动的水平，这种投入端侧重的政策是我国创业政策中最常见的形式。实际上，完善的政府创业服务体系、快捷的交通条件、良好的创业服务配套设施等软、硬件条件更受投资者的关注，而我国的创业政策的制定对需求端的考虑欠缺。因此，政府在制定创业政策时应进行换位思考，加强对需求端的关注，通过提供完善的服务和配套设施等软、硬件环境，吸引创业家进行投资，提供更多的创业机遇。

(3)缺乏系统的创业教育政策。目前，我国政府针对创业教育的鼓励政策和优惠措施较少，几乎没有专门的教育培训机构，高校中也很少开设创业教育课程。创业教育的不足不仅无法使创业氛围薄弱的情况得到改善，更限制了对国民创业精神和意识的培养，这对创业文化的形成非常不利。

(4)创业政策缺乏整合和阶段细分。我国缺少专门负责创业政策的部门和机构，在当前的政策体系和管理体制下，科学技术部、国家发改委、商务部、农业部、中国共产主义青年团、人力资源和社会保障部、中国人民银行等的政策措施中都包含有一些创业政策，因此创业政策体系的构建严重缺失，各部门各自为战、互不沟通，导致创业政策缺乏系统性、整合性与衔接性，很难形成强大的推动力。另外，我国创业政策一般一概而论、千篇一律，没有考虑创业企业在不同生命周期阶段的不同需求，针对性较差。

(5)创业企业金融支持力度不够、创业政策各地不一。虽然我国政府出台了一系列扶持创业融资的政策和措施，为创业活动提供了一定的资金支持，但这些政策措施并没有得到有效的落实，作为创业活动重要主体的中小企业依然面临融资难的困境，资金缺口十分巨大。根据一项对中关村的调查表明，以中关村科技园区的 7 200 家企业为样本，大约有总额为 280 亿元的资金需求缺口。在现有政府融资政策下，缺乏发展资金的中小科技型企业大约占到 90%。相比中小企业对 GDP 超过 50%的贡献，其所获金融贷款的比重仅有 10%左右，着实是一个巨大的反差(辜胜阻等，2008)。创业企业缺少直接有效的融资渠道，特别是国内融资渠道非常有限，根本无法满足创业企业大量的资金需求。

(6)各地促进创业的动机强弱不一。相对而言，经济较为发达的地区对于创业的意义有比较深入的理解，因而重视在政策层面对创业活动的支持，当然由于地区的经济实力强，对于创业企业的政策支持就有较大的余地和空间。但经济相对落后地区尚处于经济增长的“饥渴”阶段，其对经济增长的理解和认识仍坚持以政府为主体的投资带动，客观地说，该地区的政府无暇思考创业活动对经济的长远促进作用，也缺乏大力支持创业活动的经济实力。

2.3.2 创业过程中科技成果转化率低

科技成果转化体系是国家创新体系的重要组织部分，是经济发展和核心竞争力形成的重要保障。如何实现科技成果向现实生产力的转化是当今世界共同关注的问题，也是一个对发展我国科学技术和生产力具有重大意义的课题。现行政策的着力点在于增加创业企业数量、激发创业者的创业热情，但与此同样重要的是如何促进创业成果更快更好地转换为经济和社会利益。应该说，我国当前的创业政策在有效地促使科技转化成为有竞争力的优势产品和服务方面还存在重大缺陷（敬志伟，2009）。

在科技创新方面，同发达国家相比我们还存在很多不足，主要是科技成果转化率严重偏低。科研成果只有转化为现实产品或者生产力才能形成有效的劳动，否则便是无效劳动。目前发达国家的科技成果转化率一般维持在80%左右，我国转化率仅为25%左右，差异非常巨大，而真正能实现产业化的还不到5%，更不能与发达国家相提并论。欧美发达国家高新技术产值约占社会总产值的25%～30%，而我国这一比例仅为2%，远远落后于发达国家。然而从数据上看，近年来我国科研经费投入平均每年增长速度为20%，年平均投入额达到4 600多亿元，每年新增科技成果多达3万多项，但与之相对应的却是极低的科技成果转化率和产业化比率。这种科技经济"两张皮"的现象已经成为目前制约我国产业机构优化和经济发展方式转变的重要因素（王若飞，2010）。

2.3.3　创业型经济发展区域差异大

我国创业型经济发展的过程中，由于各地的资源优势、创业政策不同，表现出明显的地域性特征，形成了各不相同的经济发展模式。例如，以中关村为代表的中国高新技术企业体现了"机会型创业"，温州和苏南的创业活动则大多属于"生存型创业"。对前者而言，多是由该科技人员作为创业者成立的团队企业，创新、创业是其最为突出的特点，其产业涉及的领域技术含量较高，计算机行业、软件开发、生物技术、医药技术以及相关的周边产品是其开发的主要范围；温州和苏南模式则不同，该模式主要由农民或者城镇居民以家庭创业、家族创业和个体创业的形式发起，而其产品以一般老百姓的日用品为主。

30多年来，我国改革开放取得了丰硕的成果，尤其是东部沿海地区取得了突飞猛进的发展，而这些发展从某种意义上来说得益于创业在一定程度上的发展。上海、浙江、广东等沿海地区省市拥有较高的教育教学水平、充足的人力资源，而且当地政府为促进地区的发展，出台了一系列促进创业型经济发展的政策，以上有利条件对该地区创业型经济的发展起到了极大的促进作用，从这个角度讲，政府的目光是具有一定前瞻性的。然而对于欠发达地区而言，没有足够的创新性投资支持，没有足够的信息、政策、金融支持，人力资源缺乏，等等，这一系列因素导致创业型经济的发展迟缓，与发达地区的距离越拉越大。

目前，我国各地区的创业水平差距异常显著，而且差距在不断扩大。其主要表现在以下三个方面。

（1）各地区创业水平差距大，中国不同地区创业水平的差距非常明显，创业率最高的依然是北京和上海两个地区，天津、江苏、浙江和广东紧随其后，这些地区集中分布在京津、珠江三角洲和长江三角洲地带，中部和西部大多数地区创业水平与之相比远远落后。

(2)发达地区与不发达地区差距持续扩大，导致该现象的原因有：一是创业水平高的区域能够吸引更多的资金和人才，集聚优势创业资源，这使得不同地区资源的差异程度不断增大；二是创业活动的巨大差距导致不同地区间经济发展水平差距增大，因为创业活动是经济增长的重要力量。

(3)发达地区之间的差距也有变化。一直以来北京和上海的创业水平处于领先地位，其中上海居首，北京次之，但由于北京的增长速度慢于上海，两者间的差距日趋增大。天津、浙江、江苏、广东之间的创业水平基本处于同一水平，且都远远落后于北京和上海。其中江苏和广东的创业水平保持强劲上升势头，而天津和浙江则相比往年有所降低，总体上看江苏和广东的创业水平有超过天津和浙江的趋势。

2.3.4 高校创业教育发展落后

创业型经济的发展离不开创新型人才的培养，但由于我国创业型经济发展比较晚，创业教育的发展也相对滞后。现在，国内一些高校认识到了创业教育的重要意义，并开设了创业教育的课程，但受制于创业教育系列教材的不足和专业教师的短缺，目前创业教育仅限于课堂教学，缺乏社会实践，这样的创业教育往往流于形式，不能很好地培养学生的创业技能，对创业人才的培养也难以达到预期效果。

相比美国创业教育体系，创业教育研究机构数量偏少是我国创业教育的最大不足，而且这些研究机构的科研成果转化比率也不高。在这些有限的研究机构中，客观地说，从业人员的素质也良莠不齐。另外，创业是一项实践性很强的活动，指导创业活动的人员不仅要有较为完备的理论知识，也要有较强的实践经验，至少有一定时间的从业经历。我国当前的高等学校师资难以满足创业教育的需要。一方面，我国高校大多面临学生多老师少的境况，甚至完成专业课程教学都已经捉襟见肘，再完成创业教育确实难以实现。另一方面，当前高校从事创业教育的教师大多缺乏丰富的创业经验，甚至没有实际的从业经历。客观地说，现行的体系下，高校教师既没有机会也没有积极性从事创业的实践。而具有创业经验尤其是成功经验的社会人员又难以被吸引到高校做专职教师。从实际情况看，当前我国的高校创业教育除少数外大多体现为政府对创业活动的政策解释。

大学生创业教育课程开发难度较大，一方面是由于该课程对实践性要求很高，另一方面是因为大多数高校教师本身就缺乏创业经验和开发创业课程的动力。这使得我国高校创业课程和教材的开发水平总体较低，缺乏针对性、权威性和系统性，难以满足大学生创业教育的需要，突出体现大学生创业教育薄弱之处的是缺乏实训基础。理论上讲，创业教育的本质和核心是其实践性。但是我国创业教育目前还仅仅停留在课堂教学这样的初级层次，主要表现在以下四个方面：一是政府缺乏对创业教育的投入，我国高校拥有资源的水平是参差不齐的。个别学校能够较好地调动学校和社会资源，为学生创业提供一定的硬件和软件基础。但是对于大多数学校而言，其资金本身就十分紧张，社会影响力有限，根本谈不上以学校为主体推动学生创业活动。二是理论与实践脱离、知识与行动脱节。三是教育的配套支持政策不到位，当前体制下，教师的工资、职称评定等涉及切身利益的问题仍需在传统的专业领域实现和完成，让教师转移精力到既花费精力，又难以具体核算成绩的创业教育领域，教师的积极性不高。四是当前高校的专业教师缺乏实践经验，而有实践经验尤其是成功经验的创业者又缺乏理论支持，客观地说，高校现行的薪酬水平也难以吸引其做深入研究。

目前，我国高校的基本理念和任务是完成对学生的专业教育。受教学计划的约束，很难拿出较为宽裕的课时从事创业教学。而且目前的创业教育大多是对政府创业政策的解释和创业精神的激发，对于具体的创业手段和方法、实践的创业经验和技巧的教育和指导则几乎是空白。这既和当前课程体系的设置有关，也和当前高校创业教学人员的匮乏有关。如果从事创业教育的人员自身都是纸上谈兵，接受创业教育的学生的认可度和接受度也难以保证，创业教育的效果无从谈起。

2.4　本章小结

本章主要分析了创业型经济发展历程并通过创业活动特征、创业环境两个方面来分析我国创业型经济发展现状，明确指出中国创业型经济发展过程中存在的创业政策体系不完善、科技成果转化率低、创业教育发展落后及区域间创业经济发展水平差异大等主要问题，为本书对创业型经济发展的具体研究打下基础，进而有助于有效地提出基于就业导向的政府支持创业型经济发展的政策。

第3章

基于创业利益视角的创业型经济发展动因分析

3.1 创业利益理论

3.1.1 创业利益的内涵

在欧洲，当中世纪宗教思想统治人们生活的时候，个人对利益的追求被认为是一种上帝不能宽容的罪恶行为。因此，宗教徒对经济利益的追求也仅仅限于对基本生活用品的需要，其余的经营所得通过捐献等方式向教会集中。亚当·斯密为打破中世纪宗教束缚人类本性的教义做出了积极的努力，提出追求经济利益是经济活动的动机。他认为，人都是自利的，与自私不同，自利是在法律和道德允许范围内为自己谋取最大利益的一种行为，是经济发展的最大动力。

马克思主义理论认为，在商品经济社会里，人们一切经济活动的基本动因或最终目标都是物质利益。人们在经济活动之前，总是根据自己的需要和愿望以及拥有的物质条件，先在观念上形成一定的利益目标；在经济活动中，随时以这个预期利益目标来激励和引导自己的经济行为，并作为他们从事经济活动的动力；在经济活动结束之后，又以利益的实现程度作为检验经济活动成败的主要标准。

西方经济学家们也是把人类追求自身利益最大化作为分析社会经济活动的理论前提。由马歇尔、瓦尔拉斯在古典经济学基础上创立的新古典经济学理论体系中，个人和厂商是最基本的经济主体，他们都是以各自的特殊利益为行为目标，追求自身利益的最大化。最典型的经济人假设就是经济主体总是以利己的动机从事经济活动，试图以最小的成本获得最大的经济利益。从社会经济的总体而言，各利益主体在市场机制的相互影响、相互制约下进行着各自的利益活动，并通过价格机制实现经济主体的利益均衡和资源的优化配置。因此，在现实的经济生活中，利益是一切经济活动的源泉和根本动力。

许玫(2001)首先提出了创业利益的概念，她认为创业利益是创业者获得的物质利益和非物质利益的总称，可以分为宏观利益和微观利益。对于创业利益的内涵，人们还没有一个统一的认识。从狭义的角度来讲，创业利益是创业过程中形成的由创业活动相关者分享的经济利益的总称。从广义的角度来讲，创业利益是一种综合收益，是创业过程中形成的由创业活动相关者分享的经济利益与非经济利益的总称，具体包括创业过程中形成的创新带来的垄断利润、不确定性产生的风险回报以及各种要素投入带来的平均利润等。创业者在创业过程中，必须能够发现和评估新的市场机会，通过制订创业计划和组织创业资源，将其发展为一个企业并对新创企业进行管理，创业利益就是在这一过程形成的。其中，创新是创业过程中由于新生产要素的引入而导致的一种新的生产组合，一旦创业成功，则因创新要素供给的稀缺性、缺乏竞争对手而迅速占领市场，市场领先者可以在一定范围和时间周期内形成垄断效应。因此，创业者可以获得由于垄断而形成的创业收益；由于面临着十分复杂的市场环境，创业活动的收益存在着不确定性，既可能获得创业收益，也可能面临创业损失，并且创业收益与其承担的风险相一致，风险越大，企业的收益期望值越高，创业过程中通过高收益来平衡高风险；经济理论中把生产要素分为四类，即劳动、资本、土地和企业家精神，对应的要素报酬为工资、利息、租金和利润。在没有外部性问题的情况下，市场本身可以合理配置资源，要素获得正常回报，也就是要素的机会成本。创业利益是有创业才能的经营者通过创新获取创业回报。它既包括创新垄断收益、创业风险回报以及创业要素投入的平均利润等经济利益，还包括创业者获得的成就感，企业家精神，社会的尊重，对整个社会的经济增长、社会发展、就业及税收等方面的贡献等非经济利益。

3.1.2　创业利益分类

根据获得创业利益的主体不同，可以将创业利益划分为创业者利益、创业企业利益及创业社会利益。

1. 创业者利益

创业者是创业活动最重要的参与者，是创业活动的主体，也是创业利益的主要获得者。创业者利益可以分为创业者经济利益和创业者非经济利益。创业者进行创业的动机或动力主要在于创业可以获得创业利益。其中，经济利益(即利润)是创业者进行创业项目选择的重要依据。创业者经济利益主要包括：创业者运用创新才能，通过对劳动、技术或管理等要素的重新组合获得的超过市场正常回报的超额回报，它是创新才能和承担创业风险而应该获得的超过正常利润的风险利益回报。

创业者的非经济利益主要包括：企业家精神，这是经济发展的最主要的动力，是创新和创业的精神，是企业家或创业者在创业过程中展现的一种精神风貌和思想状态，主要表现为首创精神、甘冒风险、成功欲、事业心、以苦为乐的精神等；从这个意义上说，创新者的动机又不仅仅局限于正常利润和超额的回报，还体现为创新本身获得的事业的满足和价值感回报。创业者是创业活动的发起人，因为他不因循守旧，比一般的投资者更具有冒险的风险偏好特征，通过创业的控制权，获得剩余利润的索取权及获得社会尊重和成就感，即创业企业由小变大、由弱变强，在创业者个人财富不断增加的同时，也为社会提供了就业机会和经济增长，同时还获得了人们的广泛赞誉、社会尊重和成就感。

2. 创业企业利益

创业企业利益包括企业法人利益、创业投资者利益、企业管理者利益及员工利益等。因为在创业要素提供者中，员工以外的其他生产要素提供者已在创业企业的成长中按市场价格获得了相应的正常回报，一般不再作为创业活动相关者分享创业企业的利润，而其他的创业要素提供者(创业投资者、企业管理者、员工等)应该从创业企业的成长中获得利益。某种程度上，他们成为创业团体，共同分担创业的艰辛和风险，成为创新的利益共同体，他们通过创业活动，不断成长和壮大，创业利益相关者从中获得利益。

创业企业利益也可以分为创业企业的经济利益和非经济利益。创业企业的经济利益主要包括：①创业企业法人利益，即创业企业作为一个行为主体，享有法律赋予的民事权利和义务，拥有独立的法人财产权，这也是创业企业行使民事权利和义务的基础。②创业投资者利益，即创业投资者向创业企业投入风险资本，由于在创业初期，创业项目的前景并不明朗，创业企业的信誉较低、风险很大，创业者从一般的金融机构很难获得资金，而风险资本比较青睐于高风险、高回报的创业企业，因此在创业活动初期，风险资本是创业活动得以开展的最重要的物质基础。但是风险资本的注入并不是为了扶植企业，而是希望在创业企业的成长中获得高额的利润回报。③创业企业管理者利益。在很多情况下，创业者和企业管理者是分离的，创业者雇佣那些富有经验的职业经理人负责企业的经营和管理。企业管理者获取创业企业利益的模式是多种多样的，如年薪制、年薪加利润分成、固定工资加奖金以及期权等。无论哪种方式，企业管理者的薪金是创业企业经济利益的一个重要组成部分。④企业员工的利益。许玫(2001)认为，员工是与企业形成雇佣关系的雇员，已经支付的佣金作为企业员工的劳动报酬，不应参与创业企业利益的分配。但考虑到一般创业企业在发展阶段，由于资金不够雄厚，有可能无法支付员工按市场价值计算的报酬，或者员工被创业活动的良好前景所吸引，愿意以低于市场价格的报酬参与创业活动，再加上创业活动具有极大的不确定性，员工作为人力资本的所有者也同样承担了创业风险，因此也应该拥有分享创业企业利益的权利。创业企业的非经济利益表现在：创业企业的发展为社会提供了大量的就业机会，为人们提供了产品和服务，促进了经济的发展，为社会做出了一定的贡献，同时也获得了社会的广泛关注和人们的赞誉，获得了应有的社会声誉。这种声誉和知名度可以转化为经济利益。如国内外许多知名企业因为具有良好的商誉，赢得了众多客户和消费者的青睐，获得了市场经营的成功。

创业利益的预期是创业者对所开展的创业项目收益能力的预测和判断。创业利益的预期值是受多种因素影响的。

第一，项目本身的预期收益能力。预期收益大小既与创新组合程度有关，也与市场结构有关。创新包括新产品的开发、新技术的应用、独特的功能、新市场的开拓等。创新通过为顾客和企业创造社会价值，得到社会认可和回报，这样才能有新的竞争优势。创新还是一个动态的过程，随着竞争对手的模仿和超越，其创新回报会下降，其市场也会随之萎缩。一定程度的竞争性能激发企业创新，而垄断性越强，企业创新的积极性会越弱。当市场尚未有同类项目出现时，首先创业者对创业利益的预期值就高，而当项目已经趋于成熟、竞争比较充分时，创业项目的收益能力低，创业者对创业利益的预期值就低。

第二，市场需求的大小。当创业者面临较大的市场需求时，每家企业面临的市场份额就相对较大，会使创业者面临的市场风险变低，从而产生较高的收益预期。当客观的市场需求一定时，创业者也可以创造市场需求。例如，消费者有了新的市场需求，现有企业无法满足这种需求，创新企业通过产品创新，生产出满足消费者需要的产品；或当虽然有了这种产品，但价格太高，需求受限，创新企业通过规模效益或技术降低成本、降低价格，从而把潜在的需求变为现实的需求；消费者对现有产品的质量有了更高要求，现有企业无法满足这种需求时，创新企业及时提高产品品质迎合现有消费者的需求等。

第三，市场发育的规范程度。市场规范、竞争有序会减少创业企业的经营成本和风险，提高创业者创业利益的收益值和稳定收益的预期。如果市场混乱、竞争无序、劣胜优汰、逆向选择，那么不但导致恶性竞争甚至大量的不正当竞争行为将充斥市场，逆向选择的结果不但直接损害具有创新性贡献的创业企业的利益，挤占创业企业的市场空间，甚至使创新者为了生存的需要也放弃创新，而加入短期的模仿甚至造假，对创业企业的发展极为不利。

第四，创业盈利时间及创业者资金的可得性。创业者从将各种生产要素投入企业到获得创业收益有一个滞后期，创业盈利时间的早晚受创业项目的收益能力、市场需求状况、企业管理水平、投资水平以及其他一些不确定性因素的影响。如果创业盈利的时间比较早，创业利益的收益期比较长，创业利益的预期值一般会比较高；如果创业盈利的时间比较晚，创业利益的收益期比较短，也会降低创业利益的预期值，减小创业的积极性。此外，创业收益较晚，资金周转慢、回收期长，对资金受限的企业来说，必然抑制其创业投资的积极性。

3. 创业社会利益

创业社会利益体现在经济方面和非经济方面。经济方面表现为创新要素对经济增长的影响、创业企业的集聚效应、创业活动从供给和需求上推动经济增长等。创业社会利益中的非经济利益表现在为社会提供了众多的就业机会，促进了风险投资体系和资本市场的发育，促进了创业经济形态的形成等。

作为专业管理者的各级政府也是创业活动的重要相关者。各级政府为创业活动的进行提供了政策和其他环境条件，降低了创业成本，提供了众多的创业便利，提高了人们的创业积极性，为社会提供了大量的就业机会，推动了社会经济发展，获得了创业利益，可称其为创业社会利益。创业社会利益是创业活动发生后对社会产生的利益增进，是创业者利益与创业企业利益的外部性表现。这里我们将政府作为社会的代理人分享创业社会利益。

3.1.3 创业利益在创业活动相关者之间的分割关系

创业利益主要在创业活动相关者之间进行分割，见图 3-1。

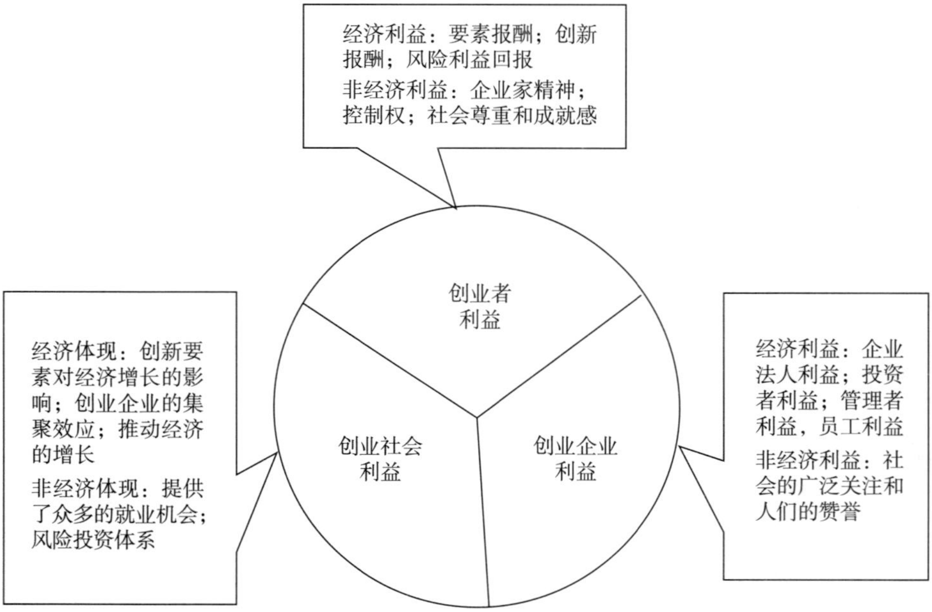

图 3-1 创业利益在各创业参与者之间的分割关系

创业者是创业活动的主体，是创业活动的最主要参与者，也是创业利益的主要获得者。在现实的创业活动中，创业主体的身份并不是一成不变的。从创业企业的规模上分析，对于小型创业企业的创业者来说，它可能既是创业者又是创业投资者，还是创业企业的管理者。而对于中型创业企业来说，创业资金可能主要来源于风险投资基金和金融机构，自有资金的比重可能很小甚至没有任何的自有资金，并且聘请职业经理人来管理企业，在这种情况下，创业者、投资者和管理者是分离的。另外，从创业的不同阶段来看，在创业初期，由于企业规模较小和资金比较紧张，创业者和企业管理者可能是合一的，而随着企业规模的扩大和业务的增加，或者由于创业者素质和能力的限制，创业者和企业管理者逐步分离，而且分离是绝大多数成功创业者的主要选择。本书研究的创业者仅指创业活动开始时的主要创始人，它可能是创业技术的主要提供者，也可能是创业市场的发现者，但不是创业企业的管理者，是熊彼特意义上的创业者。

创业企业利益包括企业法人利益、创业投资者利益、企业管理者利益以及员工利益等，因为在创业要素提供者中，除员工以外的其他生产要素提供者已在创业企业的成长中按市场价格获得了相应的利润回报，一般不再作为创业活动相关者分享创业企业的利润，而其他的创业要素提供者(主要包括创业投资者、企业管理者、员工等)应该从创业企业的成长中获得利益。创业企业作为创业活动的载体，它的不断成长和壮大为这些创业活动相关者获得利益创造了条件。

作为专业管理者的各级政府也是创业活动的重要相关者。各级政府为创业活动的进行提供了政策和其他环境条件，降低了创业成本，提供了众多的创业便利，提高了人们的创业积极性，为社会提供了大量的就业机会，推动了社会经济发展，即获得了创业利益，可称其为创业社会利益。创业社会利益是创业活动发生后对社会产生的利益增进，是创业者利益与创业企业利益的外部性表现。这里我们将政府作为社会的代理人分享创业社会利益。

3.2　基于创业利益的创业型经济发展动因的理论剖析

3.2.1　创业利益对创业活动的决定作用

1. 创业利益对创业活动具有诱导、维持与强化作用

创业利益作为一种价格信号，引导着人们的资源配置活动，合理的创业利益以及利益分享制度为创业活动参与者提供的指导信号和利益保证，对创业活动的开展起着诱导、维持与强化作用。人们从事创新和创业活动的基本动力是为了获取创业利益，因为从事创业活动的主体是经济人，他们从事创业活动的基本出发点是创业利益。马克思主义理论认为，资本主义生产的直接目的和决定性动机就是获得尽可能多的价值形态的剩余价值，资本家是人格化的资本，而资本的本能就是增殖自身，获得剩余价值。因此，资本家投资创办企业的动力就是为了使资本获得尽可能多的剩余价值。

从创业过程来看，创业是一种多种利益主体参与的高风险、高回报的经济活动。在一般情况下，各利益主体在缺乏强烈的外界压力和内在激励的条件下，往往会追求短期利益最大化。例如，一般生产要素的提供者会选择短期即可获利的交易，员工会追求短期工资福利最大化，投资者也倾向于将资金投向那些投资收益比较可靠的低风险项目等。而许多创业者抛弃优越的工作待遇和条件不顾一切地投入到创业中去，其内在动力来源于创业活动带来的创业利益，其他创业活动的参与者也是基于长远利益的考虑愿意将自己与创业企业紧密地联系在一起。例如，投资者(主要是风险投资者)被创业企业的良好前景和高收益所吸引，将风险资本投资到高新技术创业企业，并且愿意忍受短期的大规模资本投入甚至是血本无归的风险，其主要动力也是来源于从创业成功中获得巨大的创业利益。员工被高新技术创业企业的前景所吸引，愿意忍受创业初期的低工资，也是因为一旦创业成功后可以分享创业企业的创业利益。政府推动创业活动也是为了获得创业者和创业企业外溢的创业利益，如经济增长、就业增加、科技发展等。因此，创业利益是创业活动的基本动力。

2. 创业利益决定着创业过程的基本形态和特殊形态

创业机会的搜寻是创业者和创业企业追求利益过程的开始，资源、技术等是创业者和创业企业实现其创业利益的必要条件，摆脱贫穷谋求生存、追求独立以及价值实现等创业动机都是创业者追求利益的动机和目标；创业者是否选择创业，一方面取决于创业利益的预期值是否达到了激励创业者的强度，另一方面取决于创业者对创业成功概率的判断，创业利益始终决定着创业过程的基本形态。

创业利益即创业的预期收益与创业成功的概率的乘积。影响创业成功的概率有主观因素和客观因素：主观方面，如创业者自身的经历、是否曾是创业的内行里手、创业者创业成功判断的把握程度；客观方面，如不可预期的机会、创业帮助政策和市场变化是否对创业者有利。创业者主观预期直接影响创业与否的决策。创业成功概率的预期越高，创业者选择创业的可能性越大。如果创业者对创业成功概率的预期偏低，创业者选择创业的可能性就会比较小。创业预期成功的概率取决于创业者的创业能力以及对创业风险的估计。创业者对风险的态度也直接影响着创业决策。创业者能力是因人而异、具有个体差异性的。创业团队配合协作也最终影响创业成功与否，因为创业往往是团队的行为，不是个人完全能够掌控的，创业能力是个体的创业能力和群体的创业能力的组合，往往缺一不可。创业能力强，创业成功的概率就大。创业风险也对创业决策产生影响。创业结果的不确定性可能给面临风险的人带来损失，也可能带来巨大的利益回报。人们创业往往期望有正的回报，而不喜欢看到自己的利益损失。一般情况下，风险报酬与风险程度为同向递增关系，即所冒的风险越大，其可能获得的风险报酬就越高，高回报往往伴随着高风险，也可以把高回报看成是风险的回报。在创业过程中，创业者要投入大量的人力、物力和财力，要引入和采用各种新的生产要素与市场资源，要对现有的组织结构、管理体制、业务流程、工作方法进行变革。创业者不但面临内部风险，由于市场复杂多变，在创业过程中必然会遇到各种意想不到的情况、各种各样的困难和更为复杂的外部环境，不可避免地使结果偏离了创业预期的目标。创业风险越大，一旦选择创业的项目成功了，获得的创业利益就越大，如果失败了，创业损失就越大。创业风险小，创业成功的概率会大大增加，而创业利益往往也不大。在这种情况下，是选择创业风险大的项目还是小的项目，主要取决于创业者对待风险的态度和承担风险的能力。

3. 创业利益是创业活动的基本动力

如果仅仅认定创业者的创业就是为了经济利益的话，显然是非常幼稚的。从理论层面上分析，经济活动的本质是追求经济利益，创业作为一种经济活动，也是为了追求创业利益而开展创业活动，创业过程实际上是创业利益的实现过程。但是这在创业者心目中并非是最重要的。熊彼特(1990)指出，创业过程中，创新的目的是谋求超额的利润，创业活动的推动者常常被誉为企业家，追逐超额利润或垄断利润及企业家精神本身是创业活动的根本动力。资本主义经济就是在企业家精神的推动下实现创新和发展的。在创业过程中，这一动力是持久且稳定的，没人能否定这一点，其中的原因主要包括以下几点。

(1)应该正确地理解动力和动机这两个概念的区别与联系。动力的英文表达为 motive power、power、driving force、impetus 等，强调的是一种推动的力量；动机的英文表达为 motive、intention 等，强调的是一种意向、意图、目的或者打算。因此，两者的侧重点不同，动力强调的是从事物内在的、具有决定意义的联系上揭示事物发展的方向或者规律，而动机强调的是从事物外在的或者说是从行为人的角度表达的一种对事物的主观态度或者看法。因此，追求经济利益揭示了创业者从事创业活动的内在动力，而企业家精神则从创业者主观上揭示了其开展创业活动的外在动机。二者有机地统一于创业者的创业活动中。

(2)从现实的创业活动以及创业者的生存状态看，创业是以创建企业为目标的高风险的开拓性经济活动。创业者一旦选择创业，就要放弃现有的工作岗位及其他工作机会，还有可能将自己陷入极大的财务风险之中，甚至可能使自己倾家荡产，此时创业者义无反顾地投入到充满艰辛的创业中去，更多是基于企业家精神的内在支撑。当然，创业者自身价值、成就感以及独立性都是在创业企业不断发展壮大的基础上实现的，没有创业企业的发展，创业者的成就感、独立性以及自身价值的实现都是无源之水。实际上，在创业的过程中，创业者总是把全部的精力用在产品的研发、内部管理以及市场开拓上，通过为社会提供优质的产品或服务来获得尽可能多的利润回报，作为企业后续发展的资金支持。因此，创业者追求创业利益仍是创业活动的根本动力。

3.2.2 创业对经济发展的促进作用

在创业型经济中，创新创业精神和创新创业活动是经济增长的关键因素，知识的产出和商业化是经济增长的主要方式，创业企业是经济增长的微观基础，从制度结构、政策和战略上支持并保证经济体系的创新与创业功能，促进企业的不断创生与成长。相比传统的管理型经济，创业型经济具有较高的企业进入与退出率，较高的研发投入和人力资本投资，较高的自主创新水平与中小企业比重等特征。伴随着改革开放和经济全球化的历史进程，中国正在掀起一股空前强劲的创业热潮，并对经济社会发展产生了深刻的影响，但目前创业活动水平还不高。构建创业型经济与社会体系、提高创业活动水平是中国切实转变经济发展方式、建设创新型国家的必然选择与必经之路，也是增强中国经济增长内生动力、实现可持续发展的根本要求所在。

1. 创业与经济发展

熊彼特(1990)认为，创业家组合各种要素进行生产，并通过组合方式的不断改变实现了经济增长。这些新的组合创新带来更好的方法来满足人们的需求或带来新的产品，常常使旧的技术与产品淘汰(即创造性毁坏)，这个创新型企业将通过两种方式占有市场并增加市场中总的需求(通过扩展经济动力的边际)。这样，在动态、有意识的创新者的努力下去改变市场结构，有利于新的创新与盈利的机会。建立在创造性毁灭的基础上，熊彼特建立了他的经济增长理论和长波经济周期理论。鲍莫尔进一步研究认为，创业家才能存在于任何社会，但是创业家的才能是配置在生产性活动上，还是配置在寻租等非生产性寻利活动上，是一个经济体能否取得平稳增长的关键。如果创业家才能配置在非生产性的活动上，因为寻租本身不能创造财富，而且还会因为寻租而导致社会财富的耗散，降低可用于生产的资源，从而不但不会增加财富，还会使原有财富减少，生产可能性边界向原点移动。如果这种创新不是着眼于实体经济的增长与发展，也可能会只是一种导致财富分配的效应，如美国华尔街的金融创新。从创新的意义上讲，美国的金融创新世界第一，但这种金融服务业的创新不但没有促进美国经济增长，反而成为创造少数富人和转移 99%人财富给 1%富人的一种零和游戏。

易于创设和发展是保证发展水平较高的国家取得领先增长的条件，生产性创业者才能获得良好的回报。鲍莫尔在他的创业经济增长理论中就进行了论述。他认为，创业者一直在我们身边，也一直在从事相关的活动，但有时创业家会以寄生的方式存在，而且阻碍经济的增长。创业家如何活动很大程度上取决于游戏的规则，即经济制度中的奖励机制，其实也就是如何引导创业向生产型创业发展而非对社会无益的寻利方面活动。他认为制度和规则变化决定了创业资源的配置，从而最终影响经济的发展。制度和规则以及其他外在因素的变化，改变了创业家阶层的内部结构，同样也会影响企业的数量。他认为熊彼特的创业家理论忽略了创业家生成的政策因素，在对熊彼特的创业活动进行扩展之后，可以把诸如寻租过程的创新也视为一种创新。如发现一个别人没有想到的法律条文，可以利用它为自己带来财富，这虽属于熊彼特意义上的创新，而且个人也实现了所谓创新的利润，但实际上是非生产性寻利活动，对社会是不利的，也浪费了创业者资源。社会经济受益于创业活动的程度，依赖于资源在生产性创业活动和非生产性寻利活动之间的配置比例。一种情况是，如果制度和规则对从事 A 种活动的人不利，那么创业者会转向 B 活动；另一种情况是，创业者也可能受制于这种变化，比如规则变成鼓励 B 种活动而抑制 A 种活动，从事 A 活动的人马上会加入到创业家队伍中来。鲍莫尔后来有关经济增长的观点认为，自由市场中存在的压力促使企业不断进行创新，创新在根本上促成了经济的增长。创业家的作用体现在为经济增长提供关键的技术突破和其他创新要素上。

创新并不等于创业，创新如果在原有企业框架中，则这种创新不能属于创业的范畴；而如果创新的实现是通过创建新的企业来实现的，则它就是创业活动。但创业离不开创新，创新是创业的源泉，也是创业的本质。如果没有创新，创业就失去了生命力。创新也需要创业，创业是实现创新的组织保证。通过创业，实现创新成果的市场化与产业化，将创新的价值转化为具体、现实的社会财富。如果没有创业，创新很有可能会半途而废，停留于研究阶段而得不到推广。美国国家科学基金会的相关报告显示，第二次世界大战结束后，创业企业的创新占全部创新的一半以上和重大创新的 95%。历史表明，每次划时代创新通过市场化的创业催生出一个或若干个庞大的产业部门，为社会、企业带来巨大的财富。例如，1876 年发明的电话，成就了全球通信产业的诺基亚、摩托罗拉、贝尔、朗讯等一大批跨国公司。

优化创业者才能和创业资源配置，提高知识的产出效率和商业化比率是创业型经济发展的核心，其重点是通过创业政策的完善与落实，以及形成合理的创业制度和良好的创业环境，来营造良好的创业氛围和激励机制，培养创新型人力资本。

如果对一般的经济增长模型进行扩展(通过积累人力资本与物质资本以及进行专业化的积累)，那么一旦经济体进入以资本为基础的工业化阶段，经济增长就需要依靠质量的变化来驱动。Schmitz(1989)提出了一个把企业创新才能作为关键要素的经济增长模型。在他的模型中，企业的创新活动对经济增长起着特别重要的作用。他发现，大量的经济现象表明，即使创新程度低的企业也要比仅仅依靠模仿的企业对经济增长的贡献大。

Audretsch 和 Keilbach(2005)解释了创业与经济增长之间的内在联系机制，提出内生创业和创业的知识溢出理论。Audretsch 和 Thurik(2004)认为创业也是经济增长的一种重要组织形式，因为创业将经济增长过程中的一些缺失环节连接起来。创业资本通过创造知识溢出、增加企业数量和促进竞争及企业的多样化三条途径影响着经济增长。创业的知识溢出效应和其他创业理论一样，建立在个人发现和开发创业机会的认知过程之中。但认为这里的机会不是给定的和外生的，而是企业、大学和研究机构有目的、系统地致力于生产知识和创造的结果。通过将知识的溢出进行引导和利用，创业作为一种连接知识溢出和投资的机制，将私人和公共资本聚合起来，对创造就业以及促进社会经济增长产生巨大的作用。

Audretsch 和 Thurik(2004)研究认为，知识溢出、企业数量的增加及企业间的竞争、企业的多样化是创业资本影响创新和经济增长的三种主要途径。Grossman 和 Helpman(1991)深入研究知识扩散的过程，认为知识溢出是推动经济发展的关键机制，知识分量的加重导致规模报酬的递增。因此，知识要素应该广泛受到支持。但是，针对知识在个人和企业间的传递机制的研究和实践比较少。Cohen 和 Levinthal(1989)发现企业提高自身对其他企业所开发技术的吸收能力，就能得到外部新知识所产生的累积投资回报。Audretsch(1995)认为创业是一种机制，知识通过这种机制溢出到创业企业中。企业数量的增加和企业间的竞争为小企业成长提供了良好的市场环境。Porter(1990)和 Jacobs(1984)认为竞争更有利于知识的溢出，企业数量的增加会加剧市场竞争的强度，而竞争越激烈越有助于新生企业的进入。Feldman 和 Audretsch(1996)研究发现，这种竞争效应在制造业领域具有很强的适用性。除此之外，企业的多样化也可以促进创业型经济的发展。创业资本的增加不仅可以推动创业企业的创立和发展，而且还可以使某一特定区域的企业种类越来越多，企业多样性的增加将直接影响到一个区域的发展潜力。

2. 创业与就业增加

创业对就业率的影响是复杂的，国外学者研究发现总体上两者是正相关的。我国改革开放以来，小企业以仅相当于大企业五分之一的人均固定资产吸纳了工业部门 73%的从业人员和由农业部门转移的上亿个劳动力。创业是解决中国就业的根本途径，没有创业就没有企业，没有企业就没有就业。伯奇(Birch，1981)在小企业创业对就业影响的开创性研究中指出，美国 1969～1979 年新增就业机会的 80%是由雇员人数不到 20 人的企业所提供的。超过 1 300 万美国人(如果加上兼职的则有 2 500 万人)开创自己的企业。此类创业者大约有一半从事由咨询企业到平面设计的服务行业；剩下的主要从事销售行业(17%)、技术及管理支持(15%)、修理行业(11%)、其他行业(5%)。在美国，约有 30 万家创业型公司，有 50 多名雇员并以每年超过 20%的速度增长。此外，这些企业还能每年新增约 150 000 个就业岗位。Gallagher 和 Stewart(1986)采用伯奇的方法对英国进行了研究，得出了小企业创造了该国大部分新增就业岗位的结论。Robson 和

Gallagher(1994)的研究表明，1971～1981 年，英国约有三分之一的新增就业岗位产生于员工数小于 20 人的企业。1987～1991 年，英国的大公司为维持其工资水平也在不断减少工作岗位，所有新增就业岗位都是小企业创造的。Baldwin 和 Picot(1995)针对加拿大的研究得出中小企业创造就业岗位的结论。新的和小的企业在不确定中运动，通过以知识为基础的产业创新，它们在创造更多就业机会的同时也带来了更高的薪水。

3.3　创业利益促进创业型经济发展的内在机理

西方经济学家们把人类追求自身利益最大化作为分析社会经济活动的理论前提。由马歇尔、瓦尔拉斯在古典经济学基础上创立的新古典经济学理论体系中，个人和厂商是最基本的经济主体，他们都是以各自的特殊利益为行为目标，追求自身利益的最大化。最典型的经济人假设就是经济主体总是以利己的动机从事经济活动，试图以最小的成本获得最大的经济利益。从社会经济的总体而言，各利益主体在市场机制的相互影响、相互制约下进行着各自的利益活动，并通过价格机制实现经济主体的利益均衡和资源的优化配置。因此，在现实的经济生活中，利益是一切经济活动的源泉和根本动力。创业活动相关者之所以产生创业冲动、积极推动创业，主要动因在于他们可以从创业活动中获得相应的创业利益。

3.3.1　创业利益对经济的促进机制

对于经济增长的贡献来源，经济学界一直存在不同的观点。除创新学派对创业活动对经济增长的贡献有所研究以外，其他经济理论大都忽视了创新对经济增长的影响。实际上，创新是促进经济增长的重要因素。

(1)根据熊彼特的观点，创新是创业活动的基础和起源，没有创新就不能称其为创业。技术创新是创新的主要形式。熊彼特在经济发展理论中对技术创新推动经济增长的意义进行了详细的论述，曼斯菲尔特、海莱纳等根据熊彼特的创新理论提出了一种关于科学发展与技术革新对经济发展作用过程的理论，将技术创新作为企业经济发展的动力。爱德华·丹尼森 1960 年对美国经济增长的原因进行了核算，发现在美国国民产出中有相当一部分无法用资本和劳动力因素来解释，他认为，是规模经济、资源配置和知识进步这三个因素有效地提高了劳动的资本生产率，为原本同等单位的资本和劳动力带来了更高的产出效果，从而推动了经济的发展，这也被称为索洛剩余。根据内生经济增长理论，对于单位投入产出量的持续增长来说，知识进步是最大的和最基本的原因。

(2)技术变革是提高经济效率的重要因素，制度对经济发展也有重要影响作用。戴维斯和诺斯继承了熊彼特的观点和方法，运用制度创新来解释美国等国的经济增长。他们认为，制度创新是能使创新者获得追加利益的现存制度的变革，它往往表现为经济的组织形式或经济管理方式的革新，这种组织和管理上的革新是历史上制度变革的原因，也是现代经济增长的原因之一。

(3)创业活动从供给和需求两个方面推动经济的增长。从供给方面看，创业刺激新的投资，形成新的生产能力，扩大整个经济的供给能力，促进就业和其他生产要素的利用，甚至提高生产效率。从需求方面看，创业企业为社会提供了新的产品和服务，这些新的产品和服务往往会创造出新的市场需求，提高人们的生活质量，从而为社会创造价值，新的需求成为促进经济增长的需求因素。这就从需求和供给两个方面促进了经济的增长。

(4)中小企业是创业企业的主要形式，创业企业的大量产生，提供了大量的就业机会。传统观念认为，经济发展和社会福利的主导力量是大型企业，包括就业岗位、产品和服务等绝大多数社会需要都由大企业创造和提供。但数据表明，20 世纪 80 年代以来，美国等世界经济发达地区，中小创业企业每年提供了 70% 以上的产品和服务，并创造了超过 70%的新增就业岗位。事实上，美国一代新的创业者早已被誉为美国的英雄。这一时期美国创新的发展、就业的增长以及劳动生产率的提高离不开这一代创业者的努力。据统计，20 世纪 80 年代美国平均每周诞生大约 12 000 个新企业，发展速度之快令人惊讶。但在 20 世纪 50 年代，新企业的产生速度仅为每年 93 000 个。1970～1980 年，新创企业为美国提供新增就业岗位大约 2 000 万个，与之相反的是 1977～1980 年，财富 500 强企业消减工作岗位的数量达到 300 万个。

(5)创业活动中创业企业的集聚带来集聚的外部效应，提高了资源的利用效率，推动了经济增长水平和增长质量的提高。法国经济学家佩鲁提出了著名的发展极理论，在一些产业集聚的大中城市，由于有创新精神的企业家的活动，创新企业集聚起来，这些创新企业通过向内的吸收和向外的辐射，形成较大的产业群，这些产业群成批地出现在大城市，这些大城市就自然而然地形成了发展极。发展极通过自身的扩散效应和回波效应对周边地区的经济产生辐射和带动作用，从而带动整个经济的发展。自 20 世纪 70 年代以来，世界上一些高新技术园区出现了创新要素集聚、创新能量不断积累、创新环境和制度条件优化组合的高度协调和互动，推动了经济的快速发展。

(6)创业者、创业企业、政府在创业活动中的互动作用见表 3-1。Carree 和 Thurik(2005)建立了三个层次分析的模型，即个人层次、企业层次及宏观层次。创业活动发源于个人水平，总是由单个个人(即创业者)开始的。因此创业者之所以创业就是由个人的特征——态度、动机、技能及其他心理因素、禀赋因素决定的。然而创业者进行创业离不开创业环境与条件。因此，创业动机与行为是受文化与制度因素、企业环境、宏观环境因素影响的。创业起源于个人，但实现于企业。创业或创新是使个人才能与抱负施展的舞台。从宏观上或国家经济上，所有创业活动构成了一个富有活力的竞争的创新工场，产生新的观点、新的创新。这种竞争会导致市场的多样化与繁荣，也就是说，会实现企业的优胜劣汰，市场挑选出适应下来的企业，而淘汰掉老式的企业。这样，创业者的创业活动就会通过提升生产能力，增加新的岗位乃至产生新的产业，把潜在的生产力转变为现实的生产力。反过来，宏观经济的持续向好，对个人创业也会带来更多的机会。创业者可以从创业的成功与失败中学习，以提高他们的技能、调整他们的策略。

表 3-1　创业者、创业企业、政府在创业活动中的互动作用

分析的层次	创业条件	创业的关键因素	创业利益的影响
个人	创业者个人禀赋	创业者态度、技能、行为	自我实现，个人财富
企业(团体)	有关创业的体制环境和企业文化	创办新企业，进入新市场，创新行为	企业绩效
宏观(国家)	文化、体制	多样化、竞争、筛选	通过竞争促进经济增长

3.3.2　创业动因——创业者追求非经济利益的解释

1. 影响创业的非经济因素

人们在寻求各种机遇的过程中产生创业想法，创业过程因人们对机会的反映不同而异。人们在面临创业机会时表现出来的意愿不同、能力不同，这又反过来对创业过程产生重要影响。学者们多从宏观上关注创业环境对创业的影响以及对创业机遇的把握。虽然这些因素对帮助我们理解创业活动有益，但忽视了个人因素在创业中的作用。创业活动依赖于个人的决策，这个内因因素表明决策者的特征是会影响创业过程的始终的。我们相信对创业理论的扩展需要从创业动因来解释创业决策，我们希望通过对创业者的认知、机会及环境的影响，并通过创业动因来给创业活动更有力的解释。最近的研究更倾向于认为，是人们非创业动因的差别导致了创业意愿和创业能力方面的不同结果。研究者发现，人们的创业意愿与创业机会成本(Amit et al.，1995)、金融资本存量(Evans and Leighton，1989)、投资者的社会联系(Aldrich and Zimmer，1986)以及他们的职业经历有关(Carroll and Mosakowski，1987；Cooper et al.，1989)。

创业动因对创业过程会产生影响。例如，不同的人对风险和机遇的态度和看法的不同，影响着他们的创业意愿(Shane and Venkataraman，2000)。创业利益的不同分配预期会影响他们承担创业风险的热情。如果人们预期创业成功概率低(除非他更乐观或更执着)，创业的意愿也就低。而在创业过程中，不同个体的创业动因对创业的影响是非常重要的。其他因素也会对创业的过程和结果产生影响，因此在研究创业动因时，我们假定政治因素、市场因素、要素因素等这些因素保持不变。

(1)成就的需要。在创业者个性品质中，成就的需要动机起着重要的作用，也受到学者的更多关注。McClelland(1961)认为那些有着强烈创业需要者比低创业需要者更可能去从事创业活动或任务。特别在创业结果要求上，要有更强的责任心，个人的技能强与努力程度度，创业风险不高时，对创业业绩有明显反馈时更是如此。此外，他还认为创业角色就是为了成就需要而不是把它只作为职业。那么那些有着成就需要的人更容易去从事创业的工作。

(2)风险承担。McClelland(1961)提出，风险承担是创业者选择创业的另外一个动因，他认为有高成就需要的人可能只有中等程度的风险承担倾向。Liles(1974)认为创业者会经常面临融资、心理、职业安全、家庭关系等方面的风险。还有一些理论把创业者看做风险的剩余索取者(Venkataraman，2002)。Atkinson(1958)认为个人有较强成就动机的会更偏好中等程度的风险，是因为这种程度风险的创业提供了挑战，而且是可以达到的。另外，防止失败动机强烈的人，会避开中等程度的风险，要么去从事容易完成的工作(因为成功的概率高)，要么从事困难的和冒险的(因为如果失败的话面对别人的指责更能找出借口)。学者的经验研究有的支持了风险承担特性是创业者的创业动因，有的没有发现它与创业者有明显的关系。也就是说，这个因素不像成就动机在创业中的作用那么明显，而且风险因素容易被成就动机混淆。

(3)对不确定性的忍受能力。Schere(1962)认为对不确定性的忍受能力是创业者重要的特性，因为在企业成立之初成功的挑战与可能性是不可预知的。Budner(1962)把它定义为在未知结果时更愿意把创业看做吸引力而不是威胁的品质，因为创业者每天要不断地面临不确定性。

(4)控制点。控制点表现出个体在某种程度上相信自己的行为或个性能够影响结果的信念。外控者相信他们的行为结果在一定程度上是不可控的，而内控者相信他们的个体行为直接影响事件结果(Rotter，1966)。正如McClelland(1961)早期讨论过的，高成就需要的个体更偏好他们可以直接控制行为结果，或者是他们能够看到他们的努力如何影响一个给定事件的结果的情境。这一点又被Rotter(1966)扩展了，他认为内控型的个体更愿意去做企业家，因为他们需要行为能够直接影响结果的职位。对控制点的研究表明，公司的创立者不同于所提到的控制点的一般人群。Shapero(1977)发现美国得克萨斯州和意大利的公司创始人比Rotter (1966)提到的那些职业的其他人都更“内控”。尽管控制点的研究显示公司创始人和普通公众间有很大差异，更多的研究并没有发现在创业者与管理者之间在控制点方面有什么不同。

(5)才能的展示。也有学者认为创业者的动因仅仅是为了显示自己的才能，相信自己有掌控和实施自己资源、技能的能力，能够达到某种给定程度任务的要求(Bandura，1997)。实际上可以把它看做对某种任务的某种信心。这种信心越强烈，他就会越努力，且花费更多的时间，坚持并接受更高目标的挑战，为完成该种任务进行规划、制定策略。这种情况下，他对负面的反馈也表现得很积极。这些品质对创业者和创业过程恰恰也是很重要的，因为创业往往面临复杂的情形，而这时最需要的就是努力、坚持和计划。

2. 创业动因对创业过程的影响

创业动因是通过影响创业者的行为来影响创业过程的。从图 3-2 可以看出，创业动因可影响人们行为的很多方面。这些方面包括成功动机、控制点、独立愿望、热情、干劲等。假定创业是这样一个过程，开始于对创业机会的认识，然后形成如何抓住创业机会发展的理念，再对可行性进行评价，之后对产品或服务进行开发以满足消费者的需求，通过整合人力及金融资源、组织设计和客户管理，最终实现创业。假定这些因素中部分或全部会影响个人在创业中从一个阶段到另一个阶段的发展。在一些情况下，所有的创业动机会起作用；而在另一些情况下，可能只有部分的创业动机会起作用。

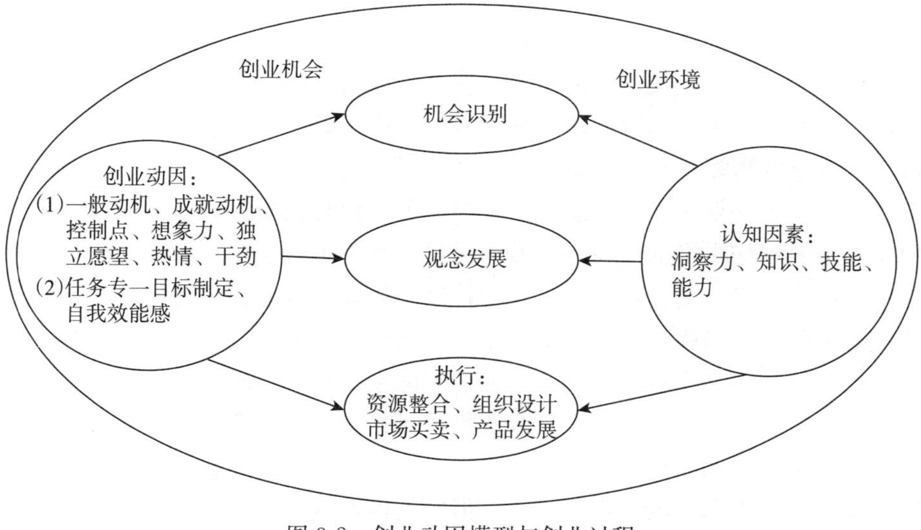

图 3-2 创业动因模型与创业过程

事实上，不仅这些动机会影响创业阶段的转换，认知因素(包括洞察力、知识、技能、能力)也在某种程度上影响创业过程。创业者的行为是所有这些因素的组合或整体起作用的结果(Locke，2000)。第一，创业者需要知道一些相关的知识，特别是行业和相关技术，这两个因素对创业成功是至关重要的。他们可以雇佣有专业技能的人(虽然创业者未必具备该技能)，但他必须拥有足够的专业知识去知道他们做的是正确的事情。第二，创业者必须有技能。这项技能因环境的不同而不同，但至少需要销售能力、谈判能力、领导才能、问题解决能力、团队组建、沟通、冲突管理能力等。第三，创业者还需要有很好的能力。拥有知识、技能、能力可以使创业者有洞察力和组织策略来保证执行的成功。动机帮助创业者首先有积极性去获得知识、技能和能力，并为执行提供动力和能量。人力资本在创业方面的文献(Bates，1990；Schoonhoven et al.，1990)研究表明了某种类型的知识和技能在创业起步和资源整合阶段的影响。

创业机会的确也很重要。早期的学者研究表明，拥有专利技术会使创业者更容易进行创业(Shane，2001)。当认识到有一个潜在的市场或一个高利润的行业，这种机会会影响创业成功的概率。同样地，创业环境的影响也不可忽视。机会对不同的人来说影响是不一样的，人们是否愿意创业与该国的法律、行业发展的阶段、资本的可得性、资本市场环境如何以及该国的宏观经济状况都有关系。但是一旦进入创业阶段，在创业不同阶段的转换中，动机会或多或少地比其他因素对创业的影响更重要。

3.4 发展创业型经济中的政府职能定位

对政府在市场经济中的角色定位，历来都有许多争论。到底是以市场为主还是以政府为主也成为经久不衰的话题。亚当·斯密等自由主义政府论者认为政府越小越好，政府对市场的干预应当尽量减少。修昔底德、马基雅弗利等民族主义论者认为国家的形成本身就是目的，而非统治者与被统治者基于个人目的结合，他们更关注国家的团结和强权对经济发展的重要性。而凯恩斯主义则认为必须由政府出面解决市场失灵的现象，政府通过投资和购买带动民间消费和投资，使经济从衰退中走出来，通过对国家资源的控制和管理，以促进经济增长，凯恩斯更加看重短期问题的解决，而忽视了国家经济增长的长期效应。以哈耶克为代表的新自由主义则认为个人自由高于一切，政府的干预只会扭曲市场，强烈反对国家干预市场经济，政府的任何干预只会扰乱市场预期，不会产生任何效果，即使是在短期。虽然在不同时期政府干预和市场自由的声音会有强有弱，但基本上能够达成共识的是，市场与政府都不可少，但发达国家基本上是以市场为主导的在尊重市场规律的前提下的政府干预，政府干预是为了补充而不是代替市场。而当前我国创业型经济的发展以及创业型社会的构建离不开政府的主导作用，政府不仅要从政策方面引导，而且要切实履行服务职能，创造良好的发展环境，根本目标应该是为市场服好务，为企业开好路。

1. 构建服务型政府

创业型经济的发展具有创新性、开放性、灵活性等特点，但在现实的发展过程中，由于传统管理型政府管理理念的限制和约束，创业型经济的发展往往遭受多重阻力。因此，政府管理理念的转变迫在眉睫。服务型政府的理念不仅是价值理念的转变，政府角色也发生了根本变化，政府不再是高高在上的控制者，而是无私的服务者和兴利者。服务型政府拥有高效的监督机制和民主意识，服务型政府的管理公开透明，政府及时公布相关信息，让更多的公民了解并参与公共决策过程；服务型政府具有较高的效益意识，建设高效、精干、理性的政府行政机构；服务型政府致力于法制管理，将不断完善法制体系建设和执法公平落实。

2. 形成政府、企业、社会组织三位一体的社会结构

实践证明，政府、企业、社会组织构成的三元管理架构是合理有效的社会结构。这种管理架构无论是在社会公共事物的管理方面，还是在实现公共利益最大化方面都十分有效，是维持社会稳定和谐以及经济快速发展的重要基础。政府通过政策的引导和制度的安排，明确三主体各自的职能和责任，发挥着决定性的作用；政府与企业、社会组织之间是职责伙伴的关系；企业和社会组织之间相互合作，与政府互为补充，承接政府难以管理和处理的社会事务，实现公共利益的最大化和经济利益的最大化；企业与社会组织在相互合作的同时，还要对政府的职能进行监督和制约，以保证政府相关政策的开展和落实。

3. 政府和公众的共同参与

全民创业不是政府或公众任何一方能够完成的任务，需要多方一起努力，并相互协调融合。一方面，政府积极发挥引导作用，大力宣传创业理念，营造全民创业的文化氛围，充分调动公众参与创业的积极性和主动性。另一方面，加快推进体制机制改革，彻底改变“以政府为中心”的传统观念，逐步实现“以公众为中心”的政府决策行为模式，将公民权利放在首要位置，并以公民权利为本重构法律制度。通过政府与公众的努力与互动形成合力，共同创造完善的创业氛围和发展环境。

4. 正确处理效率与公平的关系

在社会主义市场经济条件下，效率与公平问题是政府重点权衡的一对关系。公平与社会经济协调发展是一致的。一方面，两者既是历史的统一，也是具体的统一；另一方面，两者互为条件，相互依存。公平和效率都应以社会发展的实际为基础，忽略哪一方面或偏重哪一方面都将导致两者关系的失衡。同时，我们不仅要重视结果公平，更要强调起点和过程的公平。起点公平和过程公平直接关系着最重要的生产要素——生产的能动性和人的创造性，如果一味地强调结果公平，必然抹杀劳动者在实际工作上的差异，出现劳动者的报酬与其贡献脱节的现象。同时，如果不以人的发展为目标而仅仅注重效率，则不仅违背了“以人为本”的核心发展观，还不利于提高效率。另外，过分追求经济效率，尤其是生产效率，很有可能导致实际结果的不公平，在效率不能兼顾公平的情况下，就有可能造成分配不公、劳动者起点待遇不平等，如果由于收入差距过大而造成阶层固化，就难以保证经济持续、健康的发展。因此，我们不能片面地追求经济发展速度和经济效率，而应保证社会经济发展的稳定、健康和可持续性。

社会经济的发展强调的是公平，创业则以效率为先，创业型经济的发展需要两者的完美结合。政府在制定政策的过程中要把握两者结合的度，追求有公平的效率和有效率的公平，实现效率与公平的统一。

5. 完善社会保障机制

满足生存的需求是创业者在创业过程中最基本的心理底线。没有解决基本的生存问题，人不可能产生诸如实现自我价值等高层次的需要。此外，社会经济发展需要稳定和谐的环境，对于创业者来说社会的安全稳定是其创业的基点。因此，要想创造良好的创业环境，政府应完善社会功能和社会保障体系。首先，要建立完善的社会保险体系。社会保险不仅可以预防潜在的危机，还可以抵御因市场竞争而产生的现实风险，是社会保障的核心内容。其次，社会救助制度化。社会救助是社会保障体系的重要组成部分，特别是在新的社会保障体系滞后于经济体制改革的情况下，更要进行重点建设。对于社会经济持续发展来说，有形的基础设施，如“铁公基”，可能不如制度环境更为关键。

6. 树立有限政府的理念

有限政府认为政府能力是有限的，不可能处理全部国家和社会公共事务；此外，有限政府追求能力与智能的相互匹配。市场导向是政府行政管理改革和公共政策创新的基本方向，而有限政府的合理性在于培养、完善和维护有效率的市场环境。政府过于强大，可能会取代市场，造成资源配置的扭曲和社会财富的浪费，给社会福利带来灾难性的损失，即使不是政府完全配置资源，在政府的主导下，也有可能过度干预市场，违背经济规律，造成资源配置效率下降。所以计划经济与市场经济的本质区别不在于政府与市场谁多一点的问题，而在于政府如何定位，是服务于市场还是与市场一样成为配置资源的方式，甚至取代市场超越市场的问题。现代市场经济要求政府尽可能服务于市场，绝不能凌驾于市场之上。完善的市场机制是社会资源配置的基础，完全可以实现个人物品的有效调配。政府的作用在于弥补市场的不足，提供市场机制难以有效提供的公共服务和公共物品。政府应当做到有所为、有所不为，通过政策、法律等手段和措施间接调控市场经济。在政府外部结构上，严格控制行政权力的作用范围；在政府内部结构上，实现权责对等和行政体系的有限化，通过政治、经济、法律服务于市场。

在创建创业型社会的进程中，政府要时刻把握对市场的干预程度，通过政府与公民、市场和社会的互动和合作，实现政府部分职能的合理市场化和社会化。

3.5 本章小结

创业企业利益也可以分为创业企业的经济利益和非经济利益。创业企业利益包括企业法人利益、创业投资者利益、企业管理者利益及员工利益。创业活动相关者主要包括创业者、创业要素提供者以及政府。创业活动发生后对社会产生的利益增进，是创业者利益与创业企业利益的外部性表现。政府作为社会的代理人分享创业社会利益。创业者个人和创业团队，如创业投资者、企业管理者、员工等也应该从创业企业的成长中获得利益。

创业活动依赖于个人的决策，这个内因因素表明决策者的特征会影响创业过程的始终。通过对创业的认知、机会及环境的影响，并通过创业动因来给创业活动更有力的解释。认知因素(包括知识、技能、能力)也在某种程度上影响创业过程。创业者的行为是所有这些因素的组合或整体起作用的结果。创业活动中的创新要素促进经济增长。创业活动中创业企业的集聚效应推动了经济发展。发展创业型经济是转变经济发展方式的必然选择，是提高自主创新能力的必要前提，是推动产业结构优化与升级的最佳途径，是促进以创业带动就业的重要保障。

第4章

以创业带动就业机制的形成机理研究

4.1 创业对就业的带动作用

4.1.1 创业活动对扩大就业的作用

就业是指具有劳动能力的公民在法定的劳动年龄内，依法从事某种能够获取一定报酬或经营收入的社会职业。获取报酬或经营收入可以来自于被雇佣，也可以是自雇所得。而自己雇佣自己同时也会有雇佣他人的需求，因此通过自雇实现就业的创业者不仅解决了个人的就业问题，也创造了新的就业机会。创业本质上是一个创造的过程，包括企业的创造、财富的创造和就业的创造。其中，雇佣的创造就是指创业者在自己实现就业的同时，为更多的就业人员提供就业机会。

国内外专家学者普遍认为创业活动对扩大就业具有积极作用。创业是就业之基和财富之源，只有人人有机会去创业，人人有条件去创业，人人有勇气变成创业者，积极通过创业解决就业问题，才是推动我国社会经济良性和科学发展的必由之路(张项民，2009)。创业是解决就业问题的根本途径。没有创业，就没有企业，没有企业，就没有就业，解决就业问题首先在于提高就业机会供给的能力，创业问题的解决是解决就业供给问题的关键。而当前经济转型使劳动力市场的需求结构发生了改变，创业有利于促进优化就业结构(程新锋等，2010)。Audretsch 和 Fritsch(2002)指出，在创业活动活跃的地区，对于就业的拉动作用非常明显。陈哲和杨旭(2010)以 1995～2007 年的历史数据为样本数据，研究发现，创业人数的增加使就业总人数显著增多，并且由于变量 EP(弹性系数)的系数大于 1，因此不仅是由于创业者自身数量的增加导致了就业总人数的增加，同时创业还带动了就业，派生出了更多的就业岗位。Fritsch 和 Noseleit(2008)通过对德国 1984～2002 年的企业数据进行分析研究，发现在排除地区劳动生产率、人口密度、制造业雇员比率等影响地区就业增长的因素之后，创业企业对就业的增长具有显著的促进作用。van Stel 和 Suddle(2008)研究了 1988～2002 年荷兰 40 个地区的企业数据，证实新企业对地区就业的增长具有显著的正面影响，这种正面影响效应在大约 6 年之后达到最大值。在对人口密度、工资增长、城市化程度等因素进行控制之后，他们发现制造业创业企业最能提升就业，相较于城市化程度较低的地区，处于城市化程度较高地区的创业企业对就业的带动效应更强。Baptista 等(2008)通过对 1982～2002 年葡萄牙的企业和家庭调查数据的研究，发现新创企业对地区就业的间接效应大于直接效应。但是间接效应的发挥要在新企业运营 8 年之后，而且创业企业的类型和质量都有可能决定创业企业对就业影响的滞后时间。Acs 和 Mueller(2008)以美国 320 个城市为样本分析了新创企业对地区就业的影响，发现只有规模适中(雇员少于 500 人但超过 20 人)且处于城市化程度高的区域的新创企业才能带来持续的就业效应。因此，就总体趋势而言，创业与就业是正相关的。

可见，创业型就业不再是一人一岗的传统就业模式，而是一人带动众多就业的就业模式。市场经济条件下，一次成功的创业不但解决了自身的就业问题，还创造出很多就业机会并培养出能够创造就业机会的人。例如，俞敏洪创建的新东方，2012 年仅全国行政支持岗位就创造了近 15 000 个就业机会。不仅如此，从新东方走出来选择自主创业的员工也不计其数，他们又创造出更多的就业机会并培养了一批又一批能够创造就业机会的人。创业者通过自雇和雇佣他人实现就业和提供就业机会，从而实现创业者和就业机会的不断增加，形成良性循环。因此，关注创业，多渠道促进更多有创业意愿的人实现创业梦想，对于有效扩大就业具有重要的推动作用。

4.1.2　创业对就业带动作用的差异性

关于不同创业类型和企业规模对就业的带动效应存在差异的研究，学者的观点有：国外学者伯奇在《小企业创业对就业影响的开创性研究》中指出，美国在 1969～1979 年，雇佣人员数量不足 20 人的小企业创造了 80%的新增就业机会。尽管有人对此结论有不同看法，如布莱克福德(2000)认为，人们高估了小企业提供新增就业机会的能力，但是其作为提供新增就业机会主力军的基本观点还是得到普遍认同的。高建等根据 2007 年全球创业观察中国报告，把创业对就业的贡献分为当前贡献和未来 5 年的贡献，对于未来 5 年的贡献而言，机会型和生存型创业在就业贡献方面存在非常明显的差别，每增加一个机会型创业者，就能带动当年的就业人数平均增加 2.77 人，未来 5 年带动 5.99 人的就业数量。经济学家 Brich 在规范的统计分析基础上指出，新创企业和小企业主在 1969～1976 年提供了美国经济中 82%的新增就业岗位(方世建和桂玲，2009)。赖德胜和李长安

(2009)则认为创设成本低的小规模企业的就业吸纳能力要比大规模企业强得多，扶持中小企业创设能提供更多的就业岗位。

4.2 以创业带动就业机制的形成及作用机理

机制原是指机器的构造和动作原理，这一概念引入经济管理领域后，就出现了经济机制、企业机制、管理机制等概念。将机制引入政府为推动创业带动就业活动而设计的相关政策和制度研究之中，就形成了创业带动就业机制的概念。创业带动就业机制是指为推进创业带动就业而建立的机构系统和制度以及各因素各环节之间的相互关系。现阶段我国就业供需总量矛盾和结构性矛盾都十分突出，扩大就业容量，提高就业效率，以创业带动就业是解决当前就业矛盾的根本途径。创业带动就业机制的形成动因主要包括创业利益驱动、创业成长拉动、就业压力推动、典型示范带动、各级政府策动以及各因素的交互作用。

4.2.1 创业利益的驱动

创业利益可以分为创业经济利益和创业非经济利益。其中，经济利益的大小成为绝大多数创业者进行创业选择的重要依据。创业经济利益主要包括：创业者作为劳动、技术或管理等要素拥有者所获得的市场水平的要素报酬；创业者所拥有的创新才能应该获得的创新报酬；创业者承担巨大的创业风险而应该获得的风险利益回报。创业非经济利益主要包括企业家精神，是创新和创业的精神。创业者每一次的创业实践，仍然受经济性动机的驱使，但较初次创业而言，创业次数愈多，创业动机就愈向高级发展(顾桥等，2005)。

创业利益驱动创业者、政府积极参与和支持创业活动，创业者为获得创业利益会激发较强的创业意愿、努力积累和提高创业技能，进而捕捉创业机会，创业利益又会驱动创业要素(人、资金、技术)的流动，创业要素的流动需要政府的引导和支持，政府为实现创业利益会积极创造良好的创业环境，引导创业要素的合理、高效配置。创业者在创业能力和创业资源具备的情况下为获得创业利益而建立创业企业，为追逐利益最大化，创业者会努力推动创业企业成长(图 4-1)。

4.2.2 创业成长拉动

创业成长包括质与量两个方面：创业成长的主导趋势应体现为规模的增长，即创业者和创业企业数量的增加；质的提升表现为创业者素质和地位的提高、创业企业结构的创新与发展。质与量的成长是动态的互相促进、互为条件的。一方面，质的提升是量的增长的基础。企业经营结构、组织结构、空间结构、技术结构的更新和完善，意味着企业内部更趋向于优化资源配置，创业企业才能获得长

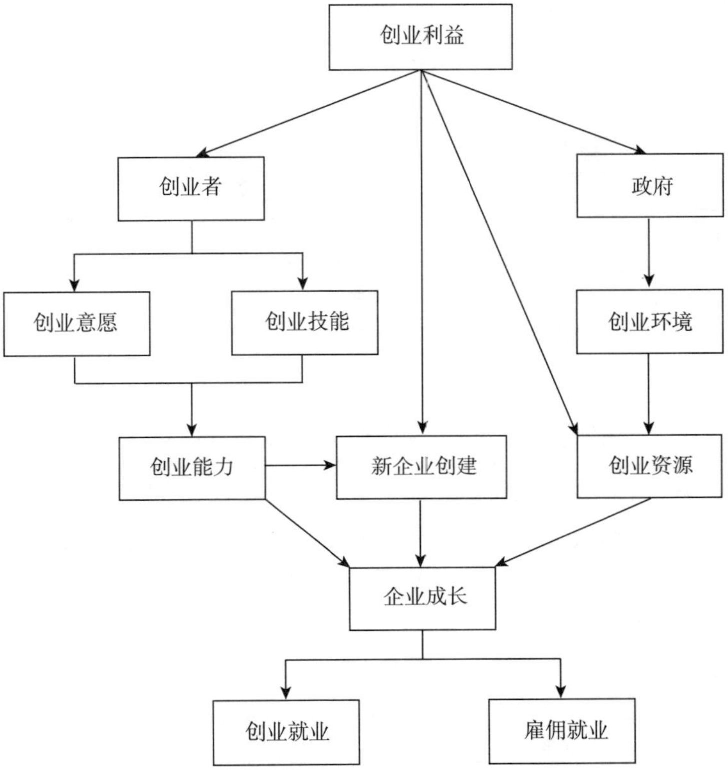

图 4-1　创业利益对创业带动就业机制的驱动机理

期稳定的量的增长。另一方面，量的增长也是质的提升的条件。量的增长为创业企业积累和积聚进一步成长的资源，为质的提升提供物质保证。量的增长也是质的提升的目的之一，如企业经营结构的调整、技术结构的改变，目的也在于追求更多的利润，寻求更多的投资回报。创业既需要活跃性，又需要稳定性。活跃性体现在企业的"新陈代谢"上；稳定性体现在提供给新企业最好的机会以便检验和发挥它们的潜力。创业对经济的影响不仅仅体现在创业者数量上，质量上也非常重要，如创业企业的成长、创新和国际化。同时，创业者和创业活动在大多数国家都受到社会的鼓励并得到人们的尊重。在许多国家，大量的报纸、杂志、电视和电台等各种媒体都开始大量报道各种与创业有关的事件，大大提升了创业者的形象，营造了有利于创业的社会氛围。因此，创业者以及创业企业的成长对创业环境、资源等方面的新需求，是拉动创业带动就业机制形成的重要因素。

量的增长表现为创业者和创业企业的数量增长，创业者的数量增长可以直接拉动创业就业，创业企业的数量增长会拉动雇佣就业的增加。质的提升体现在创业利益的实现和创新等领域（图 4-2）。创业利益的实现可以促进就业效率的提升：一方面可以促进创业就业的长久性；另一方面创业者在创业利益实现的过程中提升了雇佣就业者的专业技能，使得雇佣就业者就业能力增强。

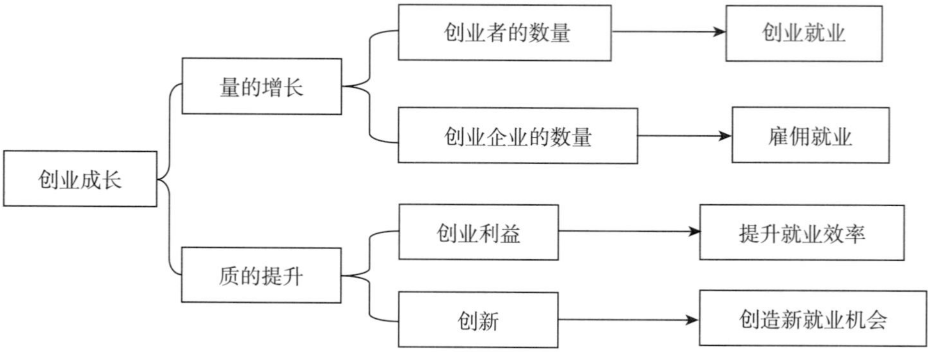

图 4-2　创业成长拉动创业带动就业机制形成的机理

由于创业的过程就是不断创新的过程，创业企业多在原有产业基础上经过不断创新和分工演化而来。从经济学角度来看，追逐创业利益是创业者进行创业的根本目标，而创业企业必须通过更好地满足消费者的需求才能达到自己的目标。为此，创业者需要在需求的引导下寻求以最小投入获得最大产出的途径。在诸多途径中，创新将是最重要的一个。例如，马云创建的阿里巴巴为满足客户的需求不断创新。在规模化的发展过程中，各项工作不断细化，分工逐步精细化，很多业务从一个人到一个小组进而到成立一个独立的部门。阿里巴巴的组织机构有面向企业用户的阿里巴巴企业电子商务和阿里软件，面向个人用户的雅虎中国、淘宝网、支付宝、竞价收入部和集团广告销售部，以及集团财务部、法务部、投资部和企业融资部。不仅如此，阿里巴巴提供的是一个创业平台，又有无数的人在这个平台上实现着就业和就业机会的创造。创业企业实现创业利益都源于为满足市场需求而不断进行的创新。

创业活动率是反映创业者数量和创业企业数量的重要概念。世界经济论坛(The World Economic Forum，WEF)的《全球竞争力报告》根据人均 GDP 以及初级产品占出口份额的情况，把经济体分为三个层次，即要素驱动型经济体、效率驱动型经济体和创新驱动型经济体。GEM 在研究中采用了这种划分标准。根据 WEF 的分类，要素驱动阶段主要是自给型农业和资源型产业占主导，投入要素主要依赖于劳动力和自然资源；效率驱动阶段则是资本密集型产业占主导地位，投入要素主要依赖于资本；创新驱动阶段是知识密集型产业占主导，投入要素主要是知识和技术，创新能力强，高附加值服务业得到进一步发展，成为国民经济的主体。在 2011 年 GEM 研究的 54 个国家和地区中，就平均水平而言，效率驱动型经济体在 2010 年和 2011 年的 TEA 指数接近 25%，其中阿根廷、智利和中国的创业活动率在 2010 年保持高水平的基础上，2011 年又取得了显著的提升。

2011年GEM报告还显示，在所分析的54个经济体中，约3.88亿18～64岁的人积极参与了创业。在这些创业者中，约有1.41亿人在未来5年内计划至少招聘5位员工，而其中6 500万人在未来5年内期望创造20个以上的工作机会。由此可见，创业活动对世界就业增长有显著贡献。

4.2.3　就业压力推动

我国是世界人口第一大国，也是就业压力最大的国家。没有任何一个国家面临像中国这样的就业挑战，即以世界上9.6%的自然资源、9.4%的资本资源、1.85%的知识技术资源、1.83%的国际资源来为占世界总量26%的劳动力人口创造就业机会。而美国则用世界上16.02%的自然资源、31.1%的资本资源、34.93%的技术资源、24.24%的国际资源来为占世界总量不足5%的劳动力资源创造就业岗位。为此，我国应当由以追求速度为主要目标的经济增长，转向以创造就业为中心的经济增长模式(胡鞍钢，2002)。据人力资源和社会保障部统计，我国从1992年开始城镇登记失业人数变化趋势几乎成直线上升状态。人数已由1992年的393.9万人增加至2010年的908万人，失业率也已由2.3%上升至4.1%。据教育部统计，2013年全国普通高校毕业生规模为699万人，比2012年增加19万人，多家媒体都争相报道了"最难就业季"的现实情况。此外，随着国家政府机关分流改革的日益深入，大量农村劳动力涌入城市，以及2008年开始的全球性金融危机，使得就业问题特别是大学生就业问题更加严峻。当前就业形势的第一个压力是就业的结构性矛盾日渐凸显，这与我国产业结构调整和经济发展方式转变有直接关系；第二个压力是劳动力过剩的持久存在，"十二五"期间平均每年新增就业岗位900万个，然而每年需要就业的人数达到2 500万人；第三个压力是农村劳动力快速大规模的转移，目前虽然已经转移2.4亿农村劳动力，但农村仍然有富余劳动力1亿多人(张小建，2011)。

经济学家Knight(1921)指出，失业、受雇就业和自雇就业为个人带来的相对收入直接影响了个人在这三种状态上的选择。Blau、Evans、Jovanovic、Evans、Blanchflower等从不同的角度研究了失业如何推动创业(汤灿晴等，2011)。当失业率上升时，雇佣就业的难度加大，就业的期望收入也趋于下降。伴随经济衰退，大量的企业倒闭或压缩规模，创业要素的获取成本下降，辅助政府各项刺激经济的措施，都有助于降低创业成本。就业压力会推动生存型创业，生存型创业的创业者一方面通过创业来实现自我雇佣，从而直接促进了就业；另一方面，创业活动通过间接地创造就业机会来扩大劳动力需求，从而促进就业(图4-3)。

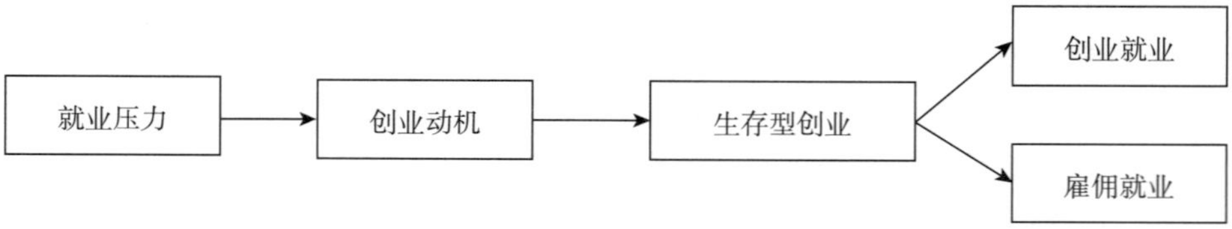

图 4-3 就业压力推动创业带动就业机制的作用机理

李全伦和李永涛(2010)在对河南、山东的农民创业问题的问卷调查研究基础上发现，创业者创业前的职业以企业管理人员、一般职工、农民为主，特别是农民在被调查地区是进行自主创业的主要力量。在我国，生存压力是激发创业行为的主要动力。虽然单个农民创业的规模小，但由于创业个体数量多，农民创业在被调查地区同样提供了大量的就业机会，推动了就业的增长。但在就业层次方面，农民创业只能满足高中以下学历的就业需求，并不能满足大中专毕业生的就业需求；在收入方面，农民创业显著提高了其本身的收入水平，但对其雇佣员工来说平均薪金水平较低。相对于务农来说，农民创业使其收入有明显提升，但相对于务工而言，农民创业企业中的员工工资水平较低。

4.2.4 典型示范带动

在创业带动就业机制的形成过程中，典型地区的成功经验具有重要的示范带动效应。成功典范的大规模宣传，一方面能够创造推动创业就业的良好舆论环境和社会氛围，促进创业动机的形成；另一方面也可以分享成功经验，积累创业经验，完善创业政策，促进创业利益的实现，进而推动创业带动就业(图 4-4)。

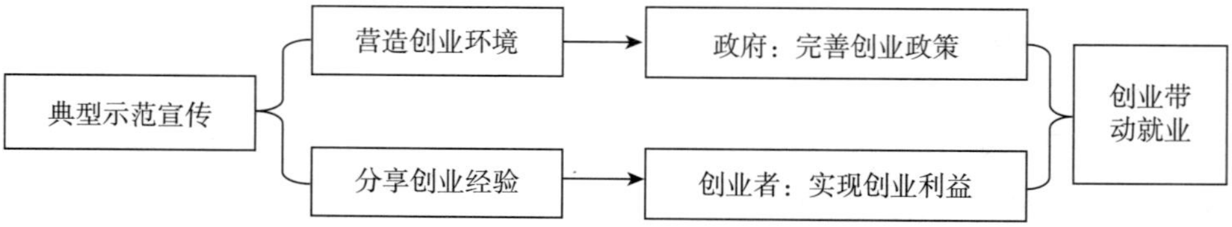

图 4-4 典型示范带动创业带动就业机制的作用机理

2008 年以来，许多地区为促进创业带动就业制定了多方面的政策措施，探索不同的模式，构建了有效的机制，也出现了许多成功的案例。例如，上海市“鼓励创业带动就业三年行动计划”开启之后，累计已经帮助 3.9 万人成功创业，带动上海市 21.86 万人实现就业。根据调研，中小企业是创业带动就业的主要力量，是扩大就业的引擎。激活这一引擎，不仅带来全新的就业岗位增加，更使一个城市迸发出创新的活力。2011 年，上海首次把帮助 1 万人成功创业从原来的市政府考核目标列入市政府实事项目，通过不断完善创业政策、营造创业氛围、强化创业服务，让更多市民真正实现创业的梦想。江苏省“十一五”期间出台了创业带动就业专项工作意见，累计帮扶 40.4 万名城乡劳动者创业，带动 178 万人次就业。2012 年，我国启动了新一轮省级创业型城市创建工作，推行创业培训、政策扶持和创业服务三位一体的工作机制，多措施调动民众创业积极性，全面带动就业工作。山东省以创建创业型城市为总抓手，充分发掘全民创业最大潜能，积极构建创建城市长效工作机制。到 2011 年山东省累计发放小额担保贷款 41.3 亿元，担保基金余额达到 5.3 亿元，回收率保持在 98%以上，累计扶持自主创业 10.4 万人，带动(吸纳)就业近 38 万人。吉林省开展的“全民创业促就业”活动卓有成效，2004～2009 年，累计带动就业 154 万人。同时，吉林省大力推动大学生创业园区和创业型城市建设，确立了 3 个国家级、11 个省级创业城市(韩雪洁，2010)。

一些城市在国家级创业型城市试点建设中出台了一系列鼓励创业带动就业的政策、措施和机制。例如，湖州市自 2009 年年初被确定为创建国家级创业型城市试点城市以来，通过构建“五步创建法”，加强组织领导“建班子”，出台优惠政策“铺路子”，建好服务平台“搭梯子”，创新工作载体“出点子”，形成考核机制“结果子”，已落实各类创业扶持资金 18.34 亿元，收集各类创业项目 3 436 个，建立各级各类创业孵化(实训)基地 119 个，为 1.41 万名有创业培训要求的创业者和准创业者提供了形式多样的创业培训。全市新注册私营企业和个体工商户 16.5 万户，吸纳和带动就业约 50.2 万人。金华市全面开启以实施“3551”创建工程为核心内容的创业型城市创建计划，通过创业带动就业，开展全民创业，全力改善民生；大力开展主题为“激情婺江，创业金华”的宣传活动，并将每年的 6 月作为创业带动就业工作宣传月，主要内容形式多样，包括创业政策教育、创业先锋宣传、品牌展示以及项目推介等。通过这些宣传互动，激发全面尊重创业、参与创业、服务创业的热情。义乌市通过创业创造了今天的世界级市场，并提供了大量的就业岗位。另外，金华市还通过创新创业理念，使传统的“找饭碗型”的就业观转变为“造饭碗型”的创业观，由“输血式”创业转变为“造血式”创业，从“生存型”创业模式转变为“机会型”创业模式(蔡健，2010)。包头市建立健全四个体系实现以创业带动就业，从组织领导、政策支持、创业培训、创业服务等方面入手，狠抓落实，取得了良好的效果。2009 年和 2010 年，包头市先后为 9 000 多名创业人员提供小额担保贷款 5 亿多元，以创业带动就业人数达到 25 344 人；培训创业人员 13 862 人，培训后成功创业 6 060 人。

一些城市所属辖区也在积极探索创业带动就业的新模式。例如，成都市温江区近年来积极探索以大力推进和扶持创业带动就业新模式，通过完善平台搭建体系、金融服务体系、创业培训体系、工作考核体系，全区百姓的创业热情高涨，初步呈现出创业带动就业的倍增效应。自 2008 年 12 月在四川省率先启动全民创业工作以来，温江区新增创业个体工商户和企业达 5 475 户，带动就业累计 33 889人。贵阳市乌当区筹集创业引导资金，支持民营小额担保公司、农村信用联社、区小额贷款担保中心发放贷款，支持就业创业。该区还为辖区范围内有创业培训需求和创业意愿的人员提供定期培训教育，经过培训，创业成功率由 2009 年的 72%上升至 2011 年的 95.31%。

还有一些地区将大学生列为创业带动就业的重点群体，形成了良好的示范效应。昆明市通过多种政策措施带动大学生创业，推动大学生创业园服务机制的建设，通过加强监督和责任追究，保证创业基金的使用和管理公开、透明；通过“大学生就业见习计划”的开展，为 3 600 多名大中专毕业生提供实习岗位；联合省级、市级大学生创业示范园区创建活动。昆明市在加强大学生创业孵化平台建设的同时，还为就业困难的大学生提供就业援助。以大学生创业园区为平台，吸引企业、高校和社会力量共同建设大学生创业基地。在各方面的努力下，昆明市已建成 34 个大学生创业园，成功孵化 32 个大学生创业企业，360 个大学生创业项目处于在孵阶段，带动 6 711 名大学生就业，保证高校困难毕业生 90%以上的就业率①。青岛市创建了 1 个大学生创业孵化中心和 44 个高校毕业生创业孵化基地，形成了全市“一中心、多基地，有特色”的大学生创业支持模式。政府主导，企业参与，通过金融、财政共同扶持，用切实有效的手段引导和鼓励更多大学生参与创业，通过成功的大学生创业案例吸引更多人投入创业的队伍，再通过创业创造更多的就业机会。青岛大学生孵化基地累计入驻企业 1 597 家，总营业额 13.9 亿元，实现税收 5 825.11 万元，扶持大学生创业者 2 953 人，创业带动就业 14 775 人。2009 年至今，青岛全市有 7 899 名大学生自主创业，创业者比重由 2008 年的 0.3%上升至 2011 年的 4.8%，2011 年高校毕业生就业率达到 93.7%。

另外，企业与政府、企业与高校联合，在推动创业带动就业方面也取得了显著效果。在商务部、人力资源和社会保障部、教育部、共青团中央四部门联合支持下，中国连锁经营协会依托会员和广大特许连锁企业，提出大力开展“特许经营助创业带就业”活动的倡议。特许经营在扩大就业方面扮演着越来越重要的角色。截止到 2010 年年底，我国特许企业已达到 4 500 家，开设各类加盟店 40 万个，创造就业岗位超过 500 万个。广州科技贸易职业学院与中国天天投资有限公司通过共建校园文化实训超市，实现就业创业人才培养的实践教学模式创新，该模式既可以实现企业人力资源的增值，又可以提高学生的就业创业能力。尽管就业压力、创业环境等诸多因素的差异，使得跨国界甚至跨区域的创业带动就业模式难以完全模仿，但其对于我国创业带动就业机制形成的示范作用是十分巨大

① http://news.kunming.cn/hot/content/2012-04/20/content_2922876.htm。

的。在典型示范带动下，形成尊重创业、支持创业的氛围，更多的人以更为饱满的热情、更加务实的举措投入创业活动中，在创造了更多就业岗位的同时也带动了创业活动，使创业带动就业工作更上新台阶。

4.2.5　各级政府政策策动

在创业带动就业机制的形成过程中，政府的作用具有双重性。

(1)政府作为创业活动的参与者，其利益取向是通过创造良好的外部制度环境以及对创业活动的支持，推动创业活动的开展并提高其成功的可能性，获得更大的外部性利益，进而促进创业带动就业机制的形成。在一国已有的创业活力水平下，创业政策通过一定的措施促进或抑制着创业活力，创业政策和公共治理是创业水平和质量的关键决定因素。例如，在精心制定并完美实施的政策措施的作用下，华盛顿地区的高科技型创业不断涌现。

政府为创业企业的发展投入了极大的财力和物力，创造了良好的法制、政策和制度环境，也会付出一定的经济成本。政府作为理性人，也应该得到足够的回报，这些回报不是政府的行政行为直接产生的，是政府作为创业过程的参与者分享的创业利益。从产权经济学的角度分析，政府分享的创业利益，即创业的社会利益，是创业者和创业企业利益的正的外部性效益。同时，创业者和创业企业在创业过程中绝不会满足于获得仅仅能够补偿投入的部分，而总是希望获得尽可能多的创业利益。在这种利益的驱使下，政府总是尽可能地为创业者和创业企业提供好的创业环境，提供尽可能好的服务，使更多的创业者投入创业活动中，使创业企业获得更大的发展。只有这样，才有可能获得更多的外部性利益，即政府获得创业利益的原则就是政府在一定的时间周期内，通过创业企业的活动获得最大化的收益。在正常的经济增长情况下，政府可以选择在创业初期对企业进行补贴，包括将企业提供的外部性收益返回企业内部，降低企业的成本，甚至出于长期收益的需要，对创业企业的利益返还可以超过企业对社会的外部性贡献。因为创业企业经过创业起步期后不断发展壮大，对社会的外部性贡献也就更大。虽然政府没有获得企业创业初期的外部性利益，但是政府可以从企业的生命周期的后期获得更大的外部性利益，这样政府获得的总外部性利益将是最大的。政府通过外部性利益内部化的方式推动创业活动的开展。按照公共选择学派的理论，作为公共产品提供者的政府应该按照交换原则将外部性利益内部化，即要对提供这些外部性利益的创业者和创业企业进行补偿，内部化为创业者和创业企业的收益，以降低创业者的创业成本以及创业企业的经营成本，进而促进创业企业的发展。

(2)实现充分就业是政府的职责所在，充分就业是宏观经济政策的首要目标。我国《宪法》第 42 条规定：中华人民共和国公民有劳动的权利和义务。政府通过多种政策和措施，加强对劳动者合法权益的保护，改善劳动条件和环境，并积极推动劳动报酬和福利待遇的提升，保证同工同酬的实现。联合国开发署在《人类发展报告》中指出：就业机会的增加与经济增长和人类基本能力的提高直接相关，但是没有某些扶助政策的实施，经济增长并不能自发转化为就业机会的增长（全国人大常委会法制工作委员会行政法室，2007）。所以，要实现创业带动就业的良性互动，就要采取相应的创业带动就业政策。

我国政府在创业带动就业机制的形成中起到了至关重要的作用。胡锦涛同志在十七大报告中强调：就业是民生之本。要在政府的指导下，切实落实积极的就业政策，完善市场就业机制，改善就业结构，提升就业比率；加强创业理念宣传，提倡自主创业，激励更多的人成为创业者。2011 年全国创业带动就业工作推进会上，张德江认为以创业带动就业，是激发创新活力和提升就业规模的重要途径。创业型经济的发展和探索是未来发展的必然趋势。人力资源和社会保障部副部长信长星指出：高效的组织机制，完善的政策体系，有针对性的创业服务，系统的创业培训教育，自由开放的创业文化氛围，这些因素的相互结合和互动共同推进了创业带动就业工作。2012 年 1 月 24 日，国务院批转了《促进就业规划（2011～2015 年）》（以下简称《规划》）。作为首部由国务院批转的促进就业专项规划，其明确提出：政府促进就业的责任要强化，但政府不可能为几亿劳动力提供现成的饭碗，比起安排就业来，激发创业更重要。

近年来，中央还相继出台了一系列政策、法规推动创业带动就业机制形成。《中华人民共和国就业促进法》（简称《就业促进法》）将鼓励劳动者自主创业、自谋职业作为重点内容。2008 年 9 月，国务院办公厅转发了人力资源和社会保障部等部门《关于促进以创业带动就业工作的指导意见》，明确了创业带动就业工作的指导思想、工作目标以及工作重点，对如何完善创业政策，强化创业培训，健全创业服务等方面提出了具体的部署和要求。相继推出的还有《关于推动建立以创业带动就业的创业型城市的通知》（人社部发〔2008〕87 号）、《中国人民银行、财政部、人力资源和社会保障部关于进一步改进小额担保贷款管理积极推动创业促就业的通知》（银发〔2008〕238 号）等一系列鼓励以创业带动就业的政策。《人力资源和社会保障事业发展“十二五”规划纲要》中要求促进创业带动就业：完善和落实小额担保贷款、财政贴息、税费减免、场地安排等鼓励自主创业政策，优化创业政策环境；健全创业培训体系，通过多渠道加强创业培训，如在高校开设创业培训课堂，政府相关部门长期开设免费创业培训讲座或经验分享会，还可以通过互联网的免费公开课进行创业培训，从而不断提高各层面劳动者的创业能力；建立和完善创业服务体系，完善互联网的创业信息共享平台，各职能部门针对创业者开通创业政策咨询服务等，健全资本市场，拓宽创业融资渠道；完善市场机制，通过市场手段充分利用创业资源，政府可以通过协助构建风险防控体系来扶持创业者；弘扬创业精神，树立一批创业典型，营造良好的创业舆论环境。人力资源和社会保障部《关于做好 2012 年高校毕业生就业服务工作的通知》(人社部发〔2012〕19 号)中要求：扎实推进创业服务。要切实落实大学生创业引领计划，完善创业培训和创业培训机制，进一步简化大学生创业手续，为创业提供安全可靠的融资市场和融资平台。

地方政府也先后密集出台了各种配套措施。经过各级政府的政策策动，我国创业环境得到改善，创业促就业的倍增效应得以充分发挥，有力地推动了就业和经济社会的健康发展。山东泰山区近年来建立政策扶持机制，优化创业环境，先后出台了《关于创建创业型城区促进以创业带动就业的实施意见》《关于进一步改进小额担保贷款管理积极推进创业促就业的通知》等多个政策文件，对市场准入、土地使用、税费减免、财政补贴等七类政策进行扩展延伸。2012 年，深圳福田区开展创业带动就业“星火计划”，组织万人创业大讲堂，帮扶千人创业，树立百名创业典型，促进辖区充分就业。该计划针对来深圳建设者的特点，拓展新的创业技能培训课程，鼓励来深圳建设者参加创业技能培训。地方政府挑选创业项目资源库中符合创业人员的创业项目，认定一批区级创业项目，组织开展“创业项目社区行”“创业项目推荐会”“创业项目讲堂”等活动，推广成熟的创业项目，提升创业成功率。

4.3　以创业带动就业机制的整合模型

创业机制难以自动形成，其形成不仅依靠内在动力(一种内在的、主动的促进创业机制形成的愿望和要求，决定着创业机制形成的基本形态，其源泉就是创业利益)，还需要对创业机制的形成起驱动、诱导和唤起作用的外部动力来推动。外部动力不是单一要素，而是由多种要素构成的体系，其功能的充分发挥是多种动力要素协调运转共同发挥综合效应的结果，主要包括竞争要素、创新要素、制度要素、激励要素以及示范效应等。这两种动力之间存在着相互影响和相互联系的关系。没有外部动力，内在动力就难以启动；缺乏内在动力，外部动力的诱发和促进作用也难以发挥。只有在内外动力的共同作用下，创业机制才会自发启动、不断增强。

前面分别对创业带动就业机制形成的主要动因及其作用机理进行剖析，实际上，以创业带动就业机制是在上述动因的综合推动下形成的。

从创业带动就业机制形成动因的作用方式上看，创业利益是推动创业带动就业机制形成的内在动因，政府、创业企业、创业者等创业机制的构建主体都是为了获得相应的创业利益，是创业利益的内在驱动决定了各构建主体具有了持续、充足的动力。而创业成长、创业政策、典型示范以及就业压力是创业带动就业机制形成的外部推动力量。可以说，以创业带动就业机制就是在上述内外两种力量的综合推动下形成的。从创业带动就业机制形成动因的性质上看，既有经济利益的驱动，也有非经济利益的驱动。政府、创业企业及创业者既获得了创业经济利益，同时也获得了相应的非经济利益。从创业带动就业机制形成的主体上看，有包含政府在内的多个构建主体，创业者和创业企业通过创业成长对创业带动就业机制的形成施加影响，而政府则在创业带动就业机制的形成中发挥着主导作用。因此，创业带动就业机制的形成是创业利益、创业成长、就业压力、典型示范、创业政策等因素综合推动的结果，见图 4-5。

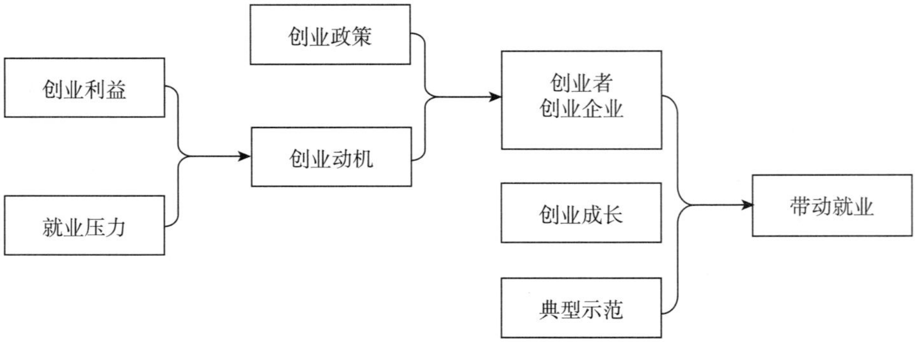

图 4-5 以创业带动就业机制的整合模型

4.4 本章小结

本章从创业活动对扩大就业的积极作用入手，重点分析了创业带动就业机制的形成动因应主要包括创业利益驱动、创业成长拉动、就业压力推动、典型示范带动、各级政府政策策动以及各因素的交互作用；同时理论结合实际地论证了各因素对以创业带动就业机制的作用机理以及不同因素对以创业带动就业机制形成的交互作用。本章还提出：创业者在创业能力和创业资源具备的情况下为获得创业利益而建立创业企业，为追逐利益最大化，创业者会努力推动创业企业成长，进而带动就业。就业压力会推动生存型创业，生存型创业的创业者一方面通过创业来实现自我雇佣，从而直接促进了就业；另一方面，创业活动通过间接地创造就业机会来扩大劳动力需求，从而促进就业。成功典范的大力宣传，一方面可以营造促进就业创业的良好舆论环境和社会氛围，增加创业动机；另一方面也可以分享成功经验，积累创业经验，完善创业政策，促进创业利益的实现，进而推动创业带动就业。在创业带动就业机制的形成过程中，政府的作用具有双重性：政府作为创业活动的参与者，其利益取向促进创业带动就业机制的形成；同时，实现充分就业是政府的职责所在。

第5章

创业政策对创业型经济发展的影响研究

5.1 创业政策的含义与分类

5.1.1 创业政策的含义

创业政策是为激励一国或地区经济主体的创业精神并促进创业活动而采取的政策措施。Hart(2003)认为，所谓创业政策就是为创业者提供创业条件和创造创业环境的各项措施。Degadh(2004)认为，创业政策意味着支持和促进所谓创造与创新，从定性角度，创业政策意味着塑造良好的创业环境、为新创企业提供良好的成长机会等；从定量角度，创业政策意味着激励更多的潜在创业者创建企业、提高新创企业的存活几率；从理论上说，创业政策成功与否，从根本上取决于创业政策的目标和其相应手段能否为其政策作用目标群体所理解和感知。Collins(2003)更直接地提出，“创业政策”就是政府所采取的鼓励小企业创立、成长的政策和支持措施。

从原理上说，创业政策的本质就是激励创业行为，创业政策的基本作用机理是减少初创企业面临的不确定性，表现在创业准备阶段、创业开始阶段以及创业开始后42个月内，通过政策设计和传递动力、技能和机会这三个要素来鼓励和帮助创业者，促使创业企业成活。也就是说，创业政策是指为了鼓励人们创业而制定的相关政策和措施。从创业行为的创新含义讲，创业政策还包含了鼓励和支持现有企业的创新行为的内涵。除了激励新创企业，创业政策依据熊彼特的创新定义，还应该含有在现有企业基础上对技术、市场、产品等的创新和革新行为。实际上，中国当前的创业行为仍然以生存型和模仿型为主，这种以模仿和重复为主要方式的创业行为虽然也能够起到提升就业、促进经济增长的作用，但是从长远看，只有技术、管理、市场等方面的创新才能够最终实现经济的可持续增长、保证产业结构的升级。因此，产业政策将促进创新纳入体系属应有之意。

5.1.2 创业政策的分类

创业政策是一系列的制度安排或者政策工具，用以提升创业水平，其根本目的是促进创业型经济的不断发展。创业对一国经济增长有突出贡献，因此创业政策也受到了各国学者的青睐，相关研究较为广泛。

Lundstrom 和 Stevenson(2001)提出，创业政策是旨在刺激一国或地区人们的创业意愿和精神、提升创业活动水平而制定和施行的政策措施。他们根据六个欧洲国家和四个非洲国家创业政策在经济实践基础上所呈现的不同特征，将创业政策分为四类：一是中小企业政策的推广，主要是促进企业创立、服务支持以及种子基金的建立等政策；二是新企业的创立政策，主要是减少企业进入和退出的障碍；三是细分创业政策，是针对特定人群，用优惠政策以刺激其创业欲望，增加创业活动，如大学毕业生、失业者、技术创业者等；四是全面的创业政策，从创业文化、创业机会、创业能力等方面全面刺激一国或地区创业者的积极性，提升创业活动水平。

荷兰创业经济学家 Thurik(2007)提出政府支持创业经济发展的六种政策建议：第一是增加创业的需求。政府可通过各种可能的方式来增加创业机会的供给量和种类，增加创业机会的可得性，扩大创业发展的空间。第二是增加创业的供给。利用移民政策、补贴等优惠政策去诱导更多的人创业，或者使之成为创业的潜在力量。第三是整合各种资源为创业服务，主要包括金融资源和信息资源，如在创业投资、补贴、担保、创业信息、创业教育等方面的政策建设。第四是加强社会创业文化的培养，让创业理念融入各级教育之中，培养人们的创业意识。第五是通过风险补偿机制，如收入政策、税收政策、破产保护等政策来补偿创业者面临的各种创业风险，使创业者的创业活动能得到基本保障，免除其后顾之忧。第六是降低新创企业的进入门槛，提高新创行业的可进入性。

Acs 和 Szerb(2007)从政策的覆盖面出发，提出创业经济公共政策的四大框架，首先是全球经济政策，主要是贸易、移民以及技术和资本的国际流动政策对创业的影响；其次是全国性政策，包括财政、教育、科学和技术以及诉讼和管制政策；再次是区域性政策，充分利用地区优势，实现地方与国家的“正和博弈”，如一些集群中心、创新基地、特定项目的建成等；最后是针对创业的政策，主要从简化企业形成程序、降低融资难度、保护知识产权、制定优惠税收出发对政策进行设计。

我国学者周劲波和陈丽超(2011)根据 2008 年我国人力资源和社会保障部等部门出台的《关于促进创业带动就业工作的指导意见》将创业政策分为改善创业环境型、提高创业能力型和减少创业风险型三类。其中改善创业环境型政策包括降低市场准入门槛、改善行政管理、强化政策扶持等政策；提高创业能力型政策包括创业培训体系的健全、创业培训力度的加大、创业培训质量的提高、创业培训标准的规范化以及创业基地的创立等内容；减少创业风险型政策则从健全创业服务组织、完善创业服务内容、建立合理的社会保险制度、破产制度、退出机制等出发，设计出有益于创业者的创业政策，对创业者进行政策鼓励。

根据政府在促进创业经济发展中的作用程度不同，可以将创业政策类型主要分为自由放任型、有限参与型、战略干预型和政府主导型四类。所谓的自由放任型，是指国家在对待创业型经济发展上的态度是不管不问的，也就是放任创业型经济自由发展，能发展到什么程度就发展到什么程度，在发展上要依赖于创业者自己去把握，任其自生自灭。所谓的有限参与型，是指国家在创业型经济发展过程中，以市场经济主体的身份参与到创业型经济的发展过程中，通过政策引导以国家投资的方式引导创业型经济的发展。所谓的战略干预型，是指国家将创业型经济的发展当成一项重要的经济战略，采取全方位的措施，从政治、经济、文化等诸多方面促进创业型经济的良性发展、可持续发展，战略干预型往往体现在国家的经济发展报告等重要的文件当中。所谓的政府主导型，主要是指政府是推动创业型经济发展的主力军，政府通过财政、金融、土地等多种政策，通过制定相关的政策目标将政策内容严格落实到创业型经济的发展过程中，用政府的推动力促进其发展(表 5-1)。

表 5-1　创业政策的分类及政府的作用和角色比较

政策类型	自由放任型	有限参与型	战略干预型	政府主导型
政府作用和角色	不闻不问，放任创业型经济自由发展	以市场经济主体的身份参与发展，通过政策引导创业经济发展	将发展创业经济提升为经济战略，全方位促进创业经济的发展	推动创业经济发展的主力军、主要推动力

在发展创业型经济的过程中，我们可以借鉴西方国家的经验，结合我国创业型经济的发展现状，找到一个适合我国创业型经济发展的政策途径。为了放开对市场经济发展的束缚，我国在经济发展中采取了抓大放小的策略，在政策上明确向大规模、集团化企业倾斜。以国有大中型企业为核心，地方大中型企业为主要参与者，控制国民经济发展的重要部门，对这些企业给予大力支持。但是在中小企业发展中，国家的支持较少，这主要是因为中小型企业多数是私营企业，能够给国家带来的税收等综合效益较少，现有的政策对私营企业的支持力度十分有限。由此看来，我国当前的政策类型应该是一种有限参与型。在工具选择方面，国家主要在经济发展政策中鼓励中小企业发展，如降低了中小企业的进入门槛，对科技型中小企业在税收上给予了一定的照顾，并开放了一些原本不允许中小企业进入的行业领域。这些措施虽然在一定程度上促进了创业型经济的发展，但力

度有限，且没有形成合力。

目前各地出台创业政策的主要依据有《中华人民共和国中小企业促进法》(简称《中小企业促进法》)、《国务院关于鼓励支持个体私营等非公有制经济发展的若干意见》以及《国务院关于加强就业和再就业工作的通知》等。现行的创业政策主要集中在以下六部分。

(1)场地扶持类的创业政策。其总体上分为两大方面：一是创业园区和创业园区外的经营用房房租补贴政策。二是中小企业入驻工业园区的优惠政策。另外，还有一些园区提供专项配套服务，如贷款申请指导、代理账簿等。

(2)融资服务类的创业政策。其主要是指各级政府劳动部门、各类小企业服务中心等部门制定和实施的各项融资性创业激励政策，主要包括创业贷款担保政策、中小企业专项贷款担保基金、中小企业贷款信用担保、开业贷款担保、大学生科技创业基金等。政策优惠措施主要涉及创业贷款、担保及贴息等。

(3)税费类创业政策。其主要包括：个人所得税、企业所得税的优惠；失业、农村富余劳动力从事个体经营的优惠措施；高校毕业生创业的税收优惠政策以及劳动就业服务企业的税收优惠政策等。

(4)创业能力提升类创业政策。其主要包括：创业培训的政策，主要针对普通创业者；职业经理人培训的政策，主要针对高级创业者；失业人员创业能力培训，主要针对失业人员。

(5)科技创业类政策。其主要包括科技型中小企业创业基金政策、高新技术成果转化相关政策和大学生科技创业基金政策等。例如，R&D 经费占总收入的比重、自主知识产权产品数、从事 R&D 人员占年末从业人数比重、人员结构、硕士以上人员占年末从业人数比重、产学研合作项目落实数。高新技术成果转化相关政策则包括立项、注册登记、风险投资支持、贷款扶持、税费减免等。

(6)中小企业孵化器的政策。在创业过程中尤其是创业初期，创业者尚不具备建立正规产业组织形式，甚至不具备建立中小企业的能力，或者出于成本顾虑而不愿意创办正规企业的，可以以“中小企业孵化器”的形式从事经济活动。特别是有意从事劳动密集型产业吸纳劳动力的，可以在“孵化器”中成立非正规的劳动经济组织。

5.2 创业政策对创业型经济的促进作用

总体来说，就当前的研究成果和实践来看，创业活动和创业型经济的发展与当地创业政策有着密切的联系。我们甚至可以发现，对于资源禀赋、经济环境相似的地区，其创业活动的活跃程度和创业经济的发展程度也有较为明显的差别，其根本不得不从创业政策上寻找。而且实践和理论也给予我们启示：不同的创业政策对于创业型经济发展的促进作用也是不同的。

目前，关于创业型经济的模型主要有两个，即 Wennekers 和 Thurik 模型、GEM 模型，二者各有其特点。Wennekers 和 Thurik 模型将创业型经济分为个人层次、公司层次和宏观层次。这种划分方法考虑到了不同层面的创业行为的递进影响，有利于对创业型经济作更为细致的分析。GEM 模型相对而言更侧重对创业环境的影响，将创业环境分为一般环境和创业环境条件。这种考察视角对创业的外在影响因素考察更为详尽。本书综合上述两个模型的特点，总体上将我国创业政策的着力点划分为创业环境、创业能力和创业动机三大方面。

从实践看，这三个层次的创业政策的着力点是逐层递进和渗透的。以创业动机为起点，以创业能力为支撑，以创业环境为助力，带动创业活动增加，进而推动创业型经济的发展。

5.2.1　动机层次的创业政策对创业型经济的促进作用

创业动机总体上分为生存型和机会型两类。

在 2011 年的 GEM 报告中，学者们在推动型创业和拉动型创业研究的基础上首次提出了生存型创业和机会型创业的概念。在历年的 GEM 报告中，其主要作者 Reynolds 不断对生存型创业和机会型创业进行丰富完善。而另外一部分学者则以 Reynolds 的定义为基础进行研究。生存型创业是那些由于没有其他更好的工作选择而从事创业的人。Reynolds 等在 2005 年的 GEM 报告中指出，那些为了追求机会而开创企业的创业者被称为机会型创业者，从动机来讲机会型创业者是主动开始其创业活动的。与生存型创业者不同的是，机会型创业者更多地是在已经拥有了较为稳定的经济和社会基础上产生创业愿望的。这些创业者大多已经脱离了“谋生”阶段，而且较为熟悉某一领域，在此情况下，其创业活动大多基于其熟悉的原有领域开展。种种有利条件下，机会型创业者的创业成功率和创业行为存在时间较生存型创业者更长。

我们认为，生存型创业的动机与创业政策间的关系并不十分明朗，生存型创业的发生很难用创业政策来解释和推动，因此创业政策主要体现为对机会型创业的作用。这一层次的创业政策对于创业型经济的促进作用体现在以下几个方面。

(1)转变对于创业的观念。通过创业政策的实施，使创业理念和观念在市场主体中得以普及，鼓励创业主体积极应对，改善创业氛围。

(2)创业政策通过对创业者、创业项目的奖励，塑造创业行为的行为标杆和榜样，通过大众媒体等宣传力量对创业的行为进行激励等促进活动，增加和改变社会中人们对增加创业行为的社会价值内涵，培养整个社会的创业文化和氛围，激发和鼓励市场主体对创业的兴趣和动机。

(3)创业教育政策提供的教育和培训不仅提供了开展创业活动的必要条件，

也让创业者有能力、有机会将潜在的商业机会转换为现实。就现在的经济和社会环境而言，没有良好的教育和培训的创业者是不大容易取得成功的。创业教育政策的目标应该是激发潜在创业者的创业欲望和增加潜在创业者获得创业专门知识的机会；创业教育的方法应该是将创业整合到各种层次的正式教育体系以内。

这一层次的创业政策主要包括：创业培训的政策，主要针对普通创业者；职业经理人培训的政策，主要针对高级创业者；失业人员创业能力培训，主要针对失业人员。

5.2.2 能力层次的创业政策对创业型经济的促进作用

创业能力是一种具有较强的综合性和创造性，且以人的智力活动为核心的心理活动，创业能力与个性特征、心理倾向是密不可分的，创业能力心理作用的发挥在创业实践活动中表现出的复杂而协调的行为动作都是在个性的制约和影响下形成的。

(1)培养市场主体的创业能力，能够起到创业成效的放大器作用。当创业主体萌发创业动机时，是否具备相应的和足够的创业能力将直接决定创业是否成功。对于机会型创业，通过提高创业能力的创业政策有助于机会型创业者准确把握市场机会，抓住创业时机。对于生存型创业者而言，能力培养层面的创业政策能够开拓生存型创业者的视野，增强其创业信心，对个体而言能够增加就业机会，对社会整体而言能够创造出更多的经济活力。

(2)培养创业能力，能够帮助创业者更好地利用创业政策。当前各级政府都出台了鼓励创业的多项政策，但是这些政策并不一定能够为创业者所掌握和利用。有些政策出台后缺乏宣传，公众了解程度不够；有些政策比较专业，需要一定的专业背景才能够理解，因此通过培养和提升公众的创业能力，能够充分发挥创业政策的作用。

(3)创业效果的好坏、创业成功率的高低决定了创业型经济的发展，后者又从根本上取决于创业者能力。通过能力培养，提升创业意识、提高创业能力，不仅能够提高整个社会的创业率，也能够促进创业的后续成功率，为创业型经济的发展打下坚实的基础。

创业能力培养政策主要涵盖高新技术成果转化相关政策、科技型中小企业创业基金政策和大学生科技创业基金政策等。例如，R&D经费占总收入的比重、自主知识产权产品数、从事R&D人员占年末从业人数比重、人员结构、硕士以上人员占年末从业人数比重、产学研合作项目落实数。

5.2.3 环境层次的创业政策对创业型经济的促进作用

同任何社会活动一样，创业活动受诸多因素的影响，这些因素互相影响、互相交织形成了一个有机整体，而创业环境是在创业活动这个有机整体中发挥着重要作用的因素，在环境各方面的支持下，创业活动才能顺利开展。

环境层面的创业政策的目的在于为整个创业型经济提供一个公共物品，以其非竞争性和非排他性为创业行为提供具有良好氛围的舞台。它包括为促进创业而设立的机构、提供的服务、制定的制度、各环节的相互关系。从环境层面上讲，创业政策的形成是一个复杂的系统，涉及政治体制、文化教育、经济运行、法律制度等社会生活的各个层面。它包括税收优惠、资金获取、规制政策、政府服务、政府项目和采购等内容。创业环境的好坏决定了具有创业意识、创业动机的创业主体能否顺利实现创业计划，也决定了具有创业能力的个体能否顺利开展创业行动。良好的创业投资环境能够减少进入和退出障碍。在劳动力市场、社会安全和税收制度上的相应政策能够减少创业者的隐患，减轻新企业在税收与行政费用和管理方面的负担，从时间、资金等方面上减少了创业活动尤其是初期创业活动的成本；同时会鼓励其他行业的投资者或者较为成熟的投资者向初创企业投入资金，有利于发掘和激发潜在的创业者，增加各种创业活动的成功率，可以减少初创企业的生存和发展壁垒，增加成功的机会。

5.3　创业政策对创业型经济影响的评价指标体系

5.3.1　指标体系选择的原则

(1)有效性原则。建立创业政策对创业型经济影响的指标体系，据此对两者间的关系进行实证分析，根本目的在于尽可能真实地用统计学工具和模型反映经济实践。因此，指标体系选择的首要原则应该是有效性原则，即建立的指标体系应该真实有效地反映实际。同时，有效性原则也是判断指标体系是否合适的根本标准。

(2)可操作原则。建立指标体系的最终目的是为了加以应用，因此筛选指标时必须考虑某项指标是否具有较强的可操作性。所谓可操作性，包含了两方面的要求：一是选择的指标应该能够在现有统计体系中获取，或者可以通过问卷调查等方式获得；二是选择的指标应该具有在实践中得以应用的较大可能性。这样，所选择的指标才具有实际意义。

(3)时效性。根据所选择的指标进行的实证分析毕竟只能反映经济事务运行的某个片断，在选择指标体系时应该在有效性和可操作性基础上考虑指标的时效性。尤其是建立由多个指标构成的指标体系时，更应考虑各个指标间的时效关系，尽量避免出现长期指标和短期指标大量地同时纳入体系的情况。尽管从实证分析技术上这样做不存在大的问题，但是这样做的结果却可能影响指标的有效性和可操作性。

(4)简洁性。在有些情况下，仅仅从实证分析的技术角度考虑建立的指标可能十分烦琐，尽管其可能相对精确，但是其烦琐的缺陷却使其难以广泛运用于实际。因此，指标体系的选择应该在技术角度的精确性与实际运用的简洁性间取得平衡。

5.3.2 对现有创业政策指标的选择

对于创业政策的指标选择，主要依据我国现有实践中的政策，主要包括了六大项。

1. 创业融资政策：X_1

我国当前的金融体制改革正在逐步推进，当前的资金来源主要以银行贷款为主，尽管我国已经建立了“创业板”证券市场，但是由于其门槛对于创业企业来说过高，而且从金融系统的稳健性考虑，即使在创业保障较为领先的国家，初创企业也不大可能直接从股票和债券市场获得资金支持。因此，众多的创业企业尤其是初创的“小、微”企业，无法从创业板实现融资。对于创业企业而言，真正可利用的是中央、各地推出的由政府担保的创业资金担保融资。根据各地实际，在这个一级指标下选择了3个二级指标。

(1)小额贷款担保基金投入乘数 X_{11}＝小额担保贷款总额/小额贷款担保基金总额。

这个二级指标中的“乘数”是借用了宏观经济学中的概念，它用来表示小额贷款担保基金数量与其所推动的小额担保贷款总额之间的倍数关系。这个乘数越高，说明小额贷款担保的政策效力越大。

在实践中，各地往往采取建立专门的中小企业担保公司，尤其从事专门的中小企业贷款担保，如北京市的首创投资担保有限公司，同时在《北京市小额担保贷款担保基金管理实施办法》中规定了中小企业担保资金项目的担保余额不得超过中小企业担保资金余额的10倍。

(2)小额担保贷款贴息率 X_{12}＝小额担保贷款贴息总额/小额担保贷款总额。

在这个指标中，小额担保贷款贴息率是政府出资对于符合条件的小额担保贷款的贴息比率。例如，自2009年起财政部、人力资源和社会保障部、中国人民银行联合发文规定小额担保贷款中的微利项目的贴息比例除东部七省市外由中央全额贴息；有些地方还出台了针对特殊群体(如妇女)的小额担保贷款贴息政策。

(3)科技创业基金总额 X_{13}＝一定时期内科技专项基金发放额度。

这项指标主要是针对科技型企业的基金发放，如上海市大学生科技创业基金会由上海市政府每年投入1亿元，由其设立的“创业雏鹰计划”具体负责发放。

2. 创业场地政策：X_2

创业政策中的场地政策主要是指各地针对创业企业的场地支持，由于我国各类统计中尚无创业企业这一指标，而在实践中创业企业绝大多数为中小企业，所以创业场地政策中的主体即规定为中小企业。

(1)中小企业工业园区面积指数 X_{21}＝中小企业工业园区面积占本地区工业园区总面积比例。

有些地方政府直接规定了在本地的工业园区的面积中，中小企业所占的比重，如根据工业园区的实际运行情况，在一定时期后测算中小企业的面积所占比例。

(2)创业园区房租补贴指数 X_{22}＝创业园区或创业用地房租补贴额度与本地区商业用地平均房租之比。

创业园区或创业用地房租补贴是各地针对创业性企业用房的房租补贴，如杭州的大学生创业园，其房租补贴由市失业保险基金和区财政共同承担。补贴方式为每年补贴实际房租(最高为 50 平方米，50 平方米内按实际补贴)的 60%，补贴期限最长不超过 2 年。本地区商业用地房租则选取该年度的简单平均数。这一指标表征了对于创业型企业的场地支持力度，该指数越大则表明支持力度越大。

3. 创业税费政策：X_3

税费政策涉及创业型企业的成本，尤其在创业初期创业型企业收入不稳定的阶段，降低其成本就具有更为重大的意义和作用。

(1)创业企业税收优惠指标 X_{31}＝创业企业享受的税收优惠额度与总纳税额之比。

该指标表征了对创业企业的税收优惠力度。例如，国家税务总局 2009 年下发通知，规定创业投资企业采取股权投资方式投资于未上市的中小高新技术企业 2 年以上，凡符合以下条件的，可以按照其对中小高新技术企业投资额的 70%，在股权持有满 2 年的当年抵扣该创业投资企业的应纳税所得额；当年不足抵扣的，可以在以后纳税年度结转抵扣。

(2)劳动服务企业税收优惠指标 X_{32}＝劳动服务企业享受的税收优惠额度与总纳税额之比。

劳动服务企业是指承担安置城镇失业人员任务，由国家和社会扶持，进行生产经营的股份合作制、集体所有制经济组织。所以将该指标纳入指标体系是因为劳动服务企业的主要宗旨和服务对象就是安置城镇失业人员，而城镇失业人员则是生存型创业的主体之一。例如，针对大学生创业，国家规定经主管税务机关批准，免纳所得税 3 年的企业包括：新办的城镇劳动就业服务企业(国家限制的行业除外)；当年安置待业人员(含已办理失业登记的高校毕业生，下同)超过企业从业人员总数 60%的企业。可减半缴纳所得税 2 年的企业包括：劳动就业服务企业免税期满后，当年新安置待业人员占企业原从业人员总数30%以上的企业。

(3)创业人员社会保险补贴率 X_{33}= 创业人员社会保险补贴总额/应缴纳社会保险总额。

关于创业人员的标准，各地出台的相关政策大多做了具体的规定；各类社会保险的补贴程度不同，在这项指标中取简单平均数。如深圳市规定，对创业企业按深圳市人力资源和社会保障部门公布的当年企业最低缴交社会保险费标准给予补贴，其个人应缴交的部分仍由其本人承担。

(4)补助型就业支出占就业支出总额的比重 X_{34}= 补助型就业支出/就业支出总额。

该指标取自各地财政支出中的就业支出与就业补助支出的比例。需要指出的是，就业支出在财政支出中具有较为明确的统计口径，就业补助则不仅指常见的伤残就业补助。例如，东莞发布的《关于促进本地生源普通高校毕业生就业的实施意见》中规定：2008年后(含2008年)毕业的毕业生初次就业，签订劳动合同一年以上并办理社会保险手续，由市财政给予中专200元/月、大专400元/月、本科500元/月、硕士以上800元/月的就业岗位补贴，工作满一年后发放一次，连续补贴两年。

4. 技术型创业政策：X_4

该项指标主要针对科技创业型企业和创业人员，在这个指标中主要反映了创业政策含义中的“创新”视角和层面。

(1)R&D经费占总收入的比重 X_{41}。

该指标表示R&D经费占国民收入的比重，这一比重在统计年鉴中有明确显示。在年鉴中该指标可以分地区统计和列示，但遗憾的是，没有按照企业类型的统计口径，所以在具体操作时只能采用R&D经费占各地国民收入的比重。

(2)自主知识产权产品数 X_{42}。

自主知识产权通常是指与非自主知识产权相对应的，在一国疆域范围内以本国公民、企业法人或非法人机构为权利主体，对其自主开发、研制、生产的“知识产品”以及获得许可购买他国或他人专利、商标、软件等所享有的一种专有权利。其中，发明、实用新型、外观设计专利可以到国家知识产权局网站查询；对于软件著作权，可以到国家版权局中国版权保护中心的网站查询。

(3)从事R&D人员占年末从业人数比重 X_{43}。

该指标是“R&D经费占总收入的比重”的另一个侧面，一般情况下，各地对高科技企业的规范和要求中大多将这两项指标列入，因此在各地相关年鉴中可以查询该数据。

(4)硕士以上人员占年末从业人数比重 X_{44}。

与上述指标类似，该项指标主要用来统计和测算研究型人员占劳动力的比重。在我国现阶段，从事科技研发人员的学历一般认为以硕士研究生为起点。与“从事 R&D 人员占年末从业人数比重”这一指标相比，该指标更为明确地显示出从事研发和创新人员的比重。

(5)产学研合作项目落实数 X_{45}。

产业竞争力的来源之一在于产学研的结合，该项指标尤为强调的是产学研合作的落实数。它是一个地区的科学研发能力、科技创新能力，也就是所谓高层次创业能力的一个综合体现。该指标可在各地统计年鉴中搜集，但有些地区需做整理和调整。

5. 创业能力政策：X_5

创业行为成功与否归根结底取决于创业人员的素质和能力，甚至能否选择和开始创业也很大程度上取决于创业人员对创业的态度和认识。因此，培养创业能力应该被纳入创业政策体系，应该成为表征创业政策的一项重要指标。在此选择了 3 项二级指标。

(1)创业培训率 X_{51} = 创业培训人数/从业人员总数。

创业培训是对拥有创业意向的人员和中小企业经营管理者进行企业运营和企业创办相关知识、市场经营素养等方面的教育培训，并对创业者在企业的创建和经营过程中基于一定的指导，以此来提升创业者的心理、管理、经营等综合素质，达到提高创业成功率和创业企业生存持久性的目的，使创业者在解决自身就业的同时，带动更多人实现就业。应该说，根据上述创业培训的内涵确定的外延范围比较大，但在实践中由于各地的创业培训主导机构不一、培训内容不一、培训对象不一，因此严格按照上述内涵进行创业培训统计较为困难。对于失业人员的创业培训指标在各地统计年鉴中可以搜集，此外该指标涵盖了各地在各类学校中进行创业教育的情况，但考虑到数据的准确性和各地区间的可比性，没有包含社会普遍意义的创业培训。

(2)职业技能鉴定通过率 X_{52} = 通过职业技能鉴定的人数/培训人员总数。

职业技能鉴定通过率含义较为清晰，这个指标数值可以通过《中国人力资源和社会保障年鉴》和各地的职业技能鉴定中心查询到，但是有些地区的职业技能鉴定中心不提供各年度的职业技能鉴定通过率。职业技能鉴定是一项基于职业技能水平的考核活动，主要内容包括职业知识、操作技能和职业道德三个方面。虽然职业技术鉴定直接培训和提高的是劳动者的劳动和生产技术，但对目前我国生存型和模仿型为主的创业而言，具备一定的技术水准，对某项生产技能有较深入了解有利于提高创业意识和创业能力，因此将职业技能鉴定纳入创业政策指标体系。

(3)人均就业培训支出 X_{53}=就业培训支出/当地劳动力人口总数。

人均就业培训支出表明了各地区在劳动就业培训方面的投入情况，在当前的统计口径下，就业培训一般是指失业人员的再就业培训。尽管这种统计口径不能够涵盖所有的创业能力培训，但是对于生存型创业还是具有较为准确的指征意义。该指标在《中国工会统计年鉴》和各地区的统计年鉴中可以搜集。

6. 非正规企业孵化器的政策：X_6

对于创业企业和创业行为而言，一旦创业行为启动，最大的阻碍和困难大多来自于企业初创期对外界环境适应力差。一个较为成熟的市场环境必定是由严格的规范构成的，这有利于市场活动有序进行、有利于市场效率的提高，这种规范的严格性体现的是对税收、经营场所等的要求。但初创企业尤其是创业型企业往往力量微薄，难以满足规范的市场要求。这时，以企业孵化器的形式为创业企业提供宽松的经营环境成为有效的创业政策。

(1)创业中心在孵企业数 X_{61}。

该指标统计企业孵化器内容纳的企业数量，这是衡量企业孵化器效果的一项重要标准。如前所述，孵化器内企业可以视为创业企业，所以孵化器内企业数量自然成为衡量创业政策为创业行为提供支持的力度。该项指标较难搜集，在《中国开发区年鉴》、部分地区政府网站、年鉴中可以查询。

(2)企业孵化器数量 X_{62}。

该指标含义和搜集同上。

5.3.3 创业型经济指标的选择

对于创业型经济发展的衡量指标分为三个方面：一是直接衡量创业活动的活跃程度，称为创业活动率；二是度量创业活动对于经济的贡献程度，称为创业贡献率；三是测算创业活动中创新行为转化为实际生产力的程度，称为创业研发转化率。应该说，这三类指标各有千秋，从不同的视角度量创业型经济的发展程度和水平。

其中，创业活动率主要由 GEM 提出和应用，它又可细化为初生创业指数、新企业所有者指数等若干细化指标。这类指标的优点在于能够准确地在整体经济活动中识别出创业活动，在繁杂的经济数据中挖掘出专属创业行为和创业经济的指标。总的来说，作为统计指标的有效性和准确性是这类指标的突出优点。但是，这类指标在实践中的可操作性和简便性上存在着障碍。这类指标是由 GEM 提出和统计，各项数据都借助 GEM 在世界各地的调查和调研。其一，由于 GEM 在各国的推行情况不一致也不十分稳定，由此导致数据难以保证持续和完整。以我国为例，GEM 在中国的合作方是清华大学，在中国开始创业调查和研究不过 10 余年时间，即使不考虑其中的间断，其得到的数据也难以满足统计分析对样本容量的某些技术性要求(如时间序列分析)。其二，由于知识产权等原因，GEM 的原始数据比较难以取得，这就给其他的基础性研究带来了困难。

创业贡献率指标主要是指创业活动对于就业、创新、国民收入等的影响。这类指标的逻辑思路是创业型经济的发展会带动就业、创新、国民收入等经济数据的发展，这种带动作用越强说明创业型经济发展程度越好。由此可以看出，创业贡献率严格地说是衡量创业活动对于经济活动的影响，是对创业型经济发展水平和程度的一种间接度量。另外，在计算创业贡献率时同样无法回避如何具体选择和理清创业主体的问题。

研发转化率指标从性质上讲与创业贡献率类似，是对创业型经济的一种间接度量。它的逻辑也是根据创业活动的一种影响和结果来代表和指征创业活动本身的发展和变化。其优缺点与创业贡献率类似。

综上所述，创业活动率、创业贡献率和研发转化率三类指标都能够从不同的角度体现创业型经济的发展，具体应用时需要根据实际情况选择。为克服单一维度指标的局限，另有一些学者采取了综合的办法，如 Munier(2004)用创业活动数和新公司增长的合成构成创业指数(entrepreneur ship index)来表示创业强度。Reynolds(2009)用成人人口中正创建一个新企业的人和不到 42 个月企业的所有者型管理者数构成总创业指数。秦正云(2007)用私营企业和个体企业新增户数、私营企业和个体企业中的就业人数反映创业精神，间接衡量创业活动。

在度量创业政策对创业型经济的影响时，创业贡献率和研发转换率不太适合作为被解释变量。这是因为作为解释变量的创业政策中本身就含有就业、研发等内容，这就很容易使回归分析失去意义，也不满足统计学的技术要求。

由于本书需衡量各地域间的创业水平，而我国目前没有统一的创业衡量指标，也没有直接的创业统计口径，考虑到上述指标的优缺点，借鉴前人的研究成果，本书采取创业企业数量和创业增长率综合指标。我国各类年鉴和统计资料中还没有“创业”这一口径，本书用私营企业、个人独资企业作为创业企业。创业增长率则相应地采用私营企业、个人独资企业的净增长率。

利用以下公式测算创业型经济发展水平：

$$Y_i = S_i + U_i \quad i=1, 2, \cdots, n$$

其中，Y_i 为 i 地区创业型经济发展水平；S_i 为 i 地区私营企业、个人独资企业数量增长率；U_i 为 i 地区私营企业、个人独资企业工业增加值。

该公式没有表示量纲一致问题，具体计算时，应加以考虑。

5.3.4　数据来源和处理

本书选取了全国 18 个省(自治区、直辖市)的数据(包括上海、北京、江苏、天津、浙江、广东、福建、山东、辽宁、新疆、山西、四川、重庆、湖北、吉林、河北、河南、黑龙江)，之所以没有将全国所有省份纳入考察范围，是因为目前我国还没有统一的创业指标统计体系，上述指标在各地区的统计情况是不一致的，有些数据在某些地区缺失，有些数据在某些地区统计口径相差过大难以处理。另外，由于不同的数据来源的时间不完全一致，所以本书以 2010 年为数据取得期限。除前文指明外，其他数据来源为《中国统计年鉴 2010》、《中国火炬计划统计资料》、《中国科技统计年鉴》、《中国工商行政管理年鉴》、18 个省(自治区、直辖市)的政府网站、18 个省(自治区、直辖市)的统计年鉴。

本书将创业政策划分成 6 个一级指标、19 个二级指标，后续研究主要采取一级指标进行分析。之所以如此，主要是当前我国并没有系统的创业政策，上述二级指标是根据已有的理论研究和实践筛选出的，在具体选取过程中根据实际情况做了归并和微调。而且根据当前我国各地区实践来看，创业政策尚处于初期的总体推进阶段，各地的实际情况也有较大差异，对创业政策的规划不宜过于详细，否则研究结果在实践中难以操作，缺乏实践意义。对于二级指标与一级指标的归并标准，鉴于目前仍然缺乏足够的理论研究和实践，所以研究者在确定各指标权重时多采取层次分析等方法，但这相当于先验地赋予各项指标以影响力，势必影响后续研究，因此本书赋予二级指标以均等的权重。

5.4 创业政策对创业型经济影响的实证分析

因子分析是指研究从众多的变量中提取公共因子的一种统计方法，最早由英国心理学家 C. E. 斯皮尔曼提出。因子分析可在许多变量中找出隐藏的具有代表性的因子。将相同本质的变量归入一个因子，可减少变量的数目，还可检验变量间的假设关系，并用少数几个“因子”来反映原始变量与“因子”之间的相关关系。

5.4.1 创业政策的因子分析

本书利用 SPSS 18.0 统计软件进行因子分析。将代表创业政策的 X_i ($i=1, 2, \cdots, 6$)输入 SPSS 18.0，提取 2 个公共因子，特征根和累计贡献率见表5-2，相应的碎石图见图 5-1。

表 5-2 创业政策的因子分析

解释的总方差									
成分	初始特征值			提取平方和载入			旋转平方和载入		
	合计	方差的百分比/%	累积百分比/%	合计	方差的百分比/%	累积百分比/%	合计	方差的百分比/%	累积百分比/%
1	3.696	61.608	61.608	3.696	61.608	61.608	3.225	53.743	53.743

续表

解释的总方差									
成分	初始特征值			提取平方和载入			旋转平方和载入		
	合计	方差的百分比/%	累积百分比/%	合计	方差的百分比/%	累积百分比/%	合计	方差的百分比/%	累积百分比/%
2	1.370	22.829	84.437	1.370	22.829	84.437	1.842	30.694	84.437
3	0.589	9.819	94.256						
4	0.230	3.832	98.088						
5	0.092	1.526	99.615						
6	0.023	0.385	100.000						

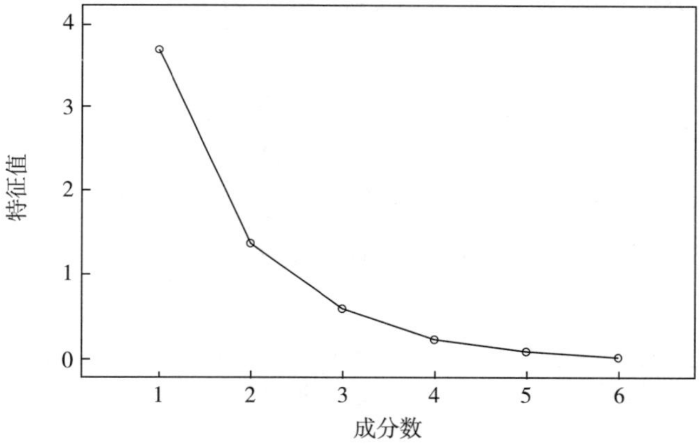

图 5-1　因子分析的碎石图

由表 5-2 中可以看出，由于成分 1 和成分 2 的特征值大于 1，因此被提取出来，而且由于第三个特征根相对下降比较快，我们也只选取两个公共因子，对成分 1 和成分 2 旋转后其累积贡献率为 84.437。

由图 5-1 可见，成分 1 和成分 2 的特征值大于 1，可以被提取出来，其余变量特征值过小，不予提取。

表 5-3 为旋转后的成分矩阵。从旋转成分矩阵可以看出，经过旋转的载荷系数产生了明显的区别，第一个公因子在 x_1、x_2、x_3、x_4 上占有较大载荷，说明这 4 个指标有较大的相关性，经过分析，发现这 4 个变量均与环境层次的创业政策有关，可命名为环境因子。第二个公因子在 x_5、x_6 上有较大载荷，有较大相关性，归为一类，因其主要与能力层次的创业政策有关，故将其命名为能力因子。由此提取出了具有较强相关性的两大类因子，接下来分别将这两大类因子合并，为后续的回归分析打下基础。

表 5-3 旋转成分矩阵

项目	成分	
	1	2
x_1	0.905	0.389
x_2	0.928	0.259
x_3	0.889	0.300
x_4	0.847	−0.189
x_5	0.153	0.905
x_6	0.120	0.824

5.4.2 创业政策与创业型经济的回归分析

设定线性回归模型如下：

$$Y=\beta_0+\beta_1 X_1+\beta_2 X_2+\mu$$

其中，Y 代表创业型经济的发展水平；X_1 和 X_2 代表上述因子分析后得到的环境因子和能力因子，同样利用SPSS软件进行线性回归分析，结果如表5-4所示。

表 5-4 回归分析结果

模型		非标准化系数		标准系数	t	Sig.	β 的 95.0% 置信区间	
		β	标准误差				下限	上限
1	（常量）	1.969	0.959	—	1.011	0.328	3.012	1.075
	X_1	1.371	0.873	0.106	1.425	0.677	1.290	2.233
	X_2	1.598	0.889	0.449	1.797	0.093	0.297	3.493

回归分析提示了一个与一般印象不同的结果，不论是非标准化系数还是标准系数，能力因子（也就是主要代表能力层次的创业政策）对创业型经济的影响均大于环境因子（也就是代表环境层次的创业政策）。

5.4.3 实证研究结果分析

1. 创业初期对资金，尤其是政府的资金支持依赖较为明显

因子分析中，创业融资政策对环境因子的载荷最大。这说明创业行为初期对外部融资有较明显的依赖，不论是生存型创业还是机会型创业，在面临新的市场机会时，是否具有较为充裕的资金支持，是能否启动创业行为进而获得创业成功的重要影响因素。实践证明，在创业行为中尤其是创业初期，由于创业者对行业或者新市场不熟悉，或者是由于创业者较小的生产规模尚不能获得规模报酬，因此期望创业行为初期即获得较为丰厚的资金回报是不现实的。由于资金回笼比较慢，此时创业者往往在扩大生产规模所需资金上捉襟见肘，甚至基本的简单再生

产也难以为继。如果单纯依赖自身积累，创业行为大多会半路夭折。

外部资金来源大体分为两类：风险投资和政府资金支持。我国当前的风险投资运营上不健全，规模也相对有限，而且风险投资大多青睐具有高收益、高风险的行业，对具有普通市场前景的创业行为往往并不介入。因此，对于绝大多数的创业行为，其外部资金大多需要政府资金介入支撑。政府的资金投入大多以针对小额贷款的担保和贴息为主要方式。贷款担保主要解决了创业启动时既缺乏资金也没有相应抵押物的困境；贷款贴息主要解决了创业初期资金链紧张无力偿还贷款的困境。此外，融资性创业政策还可考虑专项的融资支持，如二级指标体系中的“科技创业基金”，以此表明政府对创业行为的政策意图。

2. 创业行为对于成本的变化较为敏感

创业政策的因子分析中，创业的场地政策包括专门的生产经营场地和房租补贴；税费优惠政策包括创业企业税收优惠、社会保险补贴等，对环境因子的载荷也较大。这说明创业行为对于税费、场地费用等成本支出较为敏感。

由于创业行为的风险和不确定性，一般认为创业初期(理论界大多以 42 个月为标准)其投资回收是较慢的，甚至可能出现净亏损。但是根据我国目前的税制规定，会计制度比较健全的大中型企业实行比例税的企业所得税，有可能享受抵免等税收优惠；而对作为创业行为的主体形式——个人独资企业、合伙企业征收个人所得税，实行税收抵扣等优惠的幅度和可能性相对较少。对于一些定额税费，虽然额度不大，但对创业初期的小企业、微型企业仍是负担。对于存在雇工行为的创业企业，由于《中华人民共和国劳动法》(简称《劳动法》)和劳动者权益保护趋向严密，雇工企业的支出负担客观上也逐渐增加。企业需要代缴的社会保险等费用逐渐成为企业重要的一项支出。对于流动性较差的创业初期的企业来说，能够减免一定的税费，对其成本的降低和竞争力的提高作用是较为明显的。

由于近年我国房地产价格的快速上升，场地费用支出成为企业的沉重负担。各地现行的做法是开辟出专门的工业园区作为中小企业、创业企业的场地。在这类园区中税费、土地等费用往往有较大幅度的优惠，可以在一定程度上解决创业中的场地问题。但是由于各地繁华地段的土地价格很高，各地的工业园区等专项场地往往设在较为偏远的市郊，事实上很多工业园区是落后地区吸引投资的一项策略，因此这些场地所处地段谈不上有什么区位优势。这类场地对于生产型企业还可适用，但对于非生产型的企业却没有什么吸引力。尤其对于很多规模、实力较小的创业企业而言，地处偏僻很难开展经营。因其没有影响力，因而发挥大企业的“虹吸效应”更无从谈起。很多创业者不得不选择场地紧缺的繁华地段，而这样高昂的费用是创业者难以承担的，对于创业者适当的场地补贴会有效地控制成本。

3. 企业孵化器的创业促进作用值得重视

从实践来看，很多创业企业和创业者在创业初期缺乏的往往不仅仅是单项扶持政策，而是整体、全方位的政策支撑。各地现行的企业孵化器在很大程度上起了创造适合创业环境的作用。实践中的中小企业孵化器在税收、场地等方面大多提供打包式的政策优惠，甚至有的地区承诺为创业者实施量身定制的政策支持。这既降低了创业者在政策层面的搜寻成本，也提高了政策透明度，有利于市场竞争。

中小企业孵化器的另一大作用是知识和管理的溢出作用。中小企业孵化器集聚了大量的各类型企业。这些企业和创业者物理距离和空间距离的接近使得各个企业间、创业者间可以相互影响。各种创业理念、知识和管理可以相互交流和沟通，起到类似产业集群的作用。在这种沟通和交流中既可以使高效的管理和知识迅速拓展，也可以无形中促进孵化器中各企业和创业者间的合作。

另外，客观地说，很多创业企业和创业者在初期的行为往往在规范方面有欠缺。这种行为在普通市场中既容易受到法律、制度的规制甚至惩罚，也容易使创业者丧失市场机会。中小企业孵化器可以利用整体的优势对创业者进行法律制度的宣传和教育，减少创业者违规的可能性，也可以以孵化器总体化简和消解创业者非正规行为带来的不良影响。

4. 能力层面的创业政策作用重大

从回归分析可以看出，能力层面的创业政策包括技术型创业政策和创业培训政策，这类“软”政策对创业型经济的发展作用甚至超过了资金、税费等“硬”投入。

技术型创业政策主要针对现存企业的技术型创业而言，作为创业的一种类型，技术研发带来的新产品和新市场的开拓给企业进而给整体经济带来的促进作用是巨大的。按照熊彼特的理论，这种创新带来的经济发展要超过仅靠资本等传统要素投入带来的经济增长。本书的研究不仅印证了熊彼特的这一论断，更进一步揭示了这种技术创新的来源，即相应的二级指标体系，包括了 R&D 经费和人员投入、自主知识产权研发、产学研合作等方面，从而为政策实践提供可操作性指引。

作为创业能力层面政策的组成部分，创业培训政策同样解释了其对创业型经济的巨大促进作用。与既存企业技术创新带来的创业型经济发展不同，创业培训政策大多针对初次创业行为。本书的研究揭示了对初次创业行为进行的创业培训，其对创业经济的促进作用是加倍的，其“边际效应”甚至大于 1，类似宏观经济理论中的“乘数”作用。

更令人“惊异”的是，这两类创业政策间在因子分析中显示出了较强的相关性。从相关性和回归分析的基本原理看，这个结果大体上意味着这两类政策与创业型经济发展具有共同的相关关系。这从一个侧面反映了在一个较为发达的创业型经济中，这两类政策均有较好的贯彻和实施。

5.5　本章小结

创业政策的本质是激励创业行为，基本作用机理是减少初创企业面临的不确定性，表现在通过政策设计和传递动力、技能和机会这三个要素来鼓励和帮助创业者，促使创业企业成活。从我国当前的政策实践来看，创业政策可以分为场地扶持类的创业政策、融资服务类的创业政策、税费类创业政策、创业能力提升类创业政策、科技创业类政策、中小企业孵化器的政策六大类。从当前我国创业政策的着力点来看，大体上可以分为创业动机、创业能力、创业环境三大层次。从实践看，这三个层次创业政策的着力点是逐层递进和渗透的。以创业动机为起点，以创业能力为支撑，以创业环境为助力，带动创业活动增加，进而推动创业型经济的发展。根据创业政策类型构建创业政策指标体系和创业型经济指标，在此基础上进行因子分析和回归分析。根据分析结果可以看出，创业初期对资金，尤其是政府的资金支持依赖较为明显；创业行为对于成本的变化较为敏感；企业孵化器的创业促进作用值得重视；能力层面的创业政策作用重大。

第6章

创业政策的国别比较

6.1 创业政策形成的历史渊源

创业活动贯穿于人类社会的始终。20世纪以来，人类的创新创业活动持续不断。特别是第二次世界大战后，各国致力于经济振兴，重视产业发展，在政策上形成的一个共识就是，大型组织或大公司能够推动产业发展和经济增长。为此，政府实行特别法规、税收优惠、保护贸易政策，扶持这些企业降低成本、提高竞争优势(Reynolds et al.，1999)。但是这一时期的产业政策对创业活动的鼓励仅仅是整个产业政策中的副产品(Audretsch and Thurik，2001)。20世纪80年代开始，政府认识到中小企业在经济中的作用越来越明显，纷纷成立管理与扶持中小企业发展的机构，出台有关中小企业的政策，指导本国中小企业的发展。

其中，一些西方发达国家较早认识到中小企业的作用。例如，英国中小企业咨询委员会认为：英国经济缺乏动力的原因就在于制造业中的中小企业数量减少。如果中小企业的创业和发展得不到支持，新产业和就业新领域也就无法产生。美国小企业管理局(U. S. Small Business Administration，SBA)认为，美国未来的发展很大程度上取决于中小企业的新产品、新服务和新技术的突破，由此创造出新的产业群和新的市场。因此，SBA在20世纪80年代提出的政策，注重废止或减少阻碍中小企业发展、拖累中小企业生存与发展的繁冗制度、义务和规则，进而使中小企业的经营状况得到了改善，降低了破产率，促进了经济增长。第二次世界大战后，日本政府采取了一系列的措施来促进中小企业发展，制定《中小企业基本法》，在通商产业省设立中小企业厅，指定金融、税制、信用保证等方面的专业行业给予支援，放宽中小企业向政府系统的金融机构贷款的政策，加强民间资金贷放的信用保证，认购中小企业在充实自有资本过程中而发行的公司债券和股票等，促使中小企业设备的现代化，提高中小企业技术水平并使其经营管理合理化，推动中小企业的发展，同时在税制上采用了援助和减免税收的措施(唐海滨，2007)。

德国政府通过实行贴息和拨放专款两种政策手段，加大对中小企业的资金支持力度：一是实行贴息政策，鼓励德国的两大政策性银行——德国平衡银行和德国复兴信贷银行向中小企业放贷。二是拨放专款，通过拨放专款来增加中小企业参加各种展会的机会，帮助企业寻求贸易机会、拓展市场。2003 年 1 月，德国联邦经济与劳动部颁布了德国中小企业发展战略。该战略的目标是通过给中小企业带来新的活力，提升就业率，从而带动整个经济社会的发展。其重点是为创办新企业以及企业的生存减轻负担(贾磊，2012)。

澳大利亚的中小企业政策始于 1970 年。在此之前，澳大利亚和其他发达国家一样，认为大企业是经济发展的主要力量，对小企业采取“放任自流”的态度。联邦政府的小企业办公室成立于 1973 年，到 2000 年，所有的联邦政府或州政府都设立了小企业办公室。1984 年，澳大利亚颁布《小企业发展法》，明确支持政府的中小企业发展政策。从 1988 年开始，澳大利亚统计局定期发布中小企业统计数据，同时对中小企业进行税收改革，如创业扶持、减少申请程序、其他金融支持、培训等。进入 21 世纪后，澳大利亚政府对中小企业的扶持力度加大，而这些措施逐步和创业政策相融合，成为推动澳大利亚经济发展的动力。2001 年，政府发布“促进青年企业家计划”和“国家创新意识战略”规划，旨在鼓励新一代企业家积极创业。更多的促进创业活动表现在教育、培训、宣传、创业研讨会、小企业月活动、成立小企业孵化器、创业网络建设、针对不同目标群体的政策、创业资金扶持等。

20 世纪 60 年代，加拿大政府的工业战略重点在于产业 R&D。到 20 世纪 70 年代，政府重点放在帮助大型企业提高国际竞争力、振兴传统产业、鼓励创业。同时，加拿大政府还重点向科技研发进行补助，或以税收抵免的方式提升加拿大企业的竞争力。1982 年，加拿大在区域产业扩张部成立了创业与小企业办公室，首先对创业和小企业研究以及大学课程提供资金援助。在 20 世纪 80 年代末，加拿大建立了针对小企业和创业的国家战略，加拿大成立创业专责小组。此后，加拿大政府批准了 1989 年创业国家政策，并对一些政府部门进行重组、更名，以利于新的国家政策的实施。国家创业政策的目标是鼓励“创业文化”，以使创业成为加拿大人的职业选择；其他部门对以往的政策进行审查，以满足政策对促进新创区域和小企业成长环境的需要。

创业政策是对现代产业政策和中小企业政策的延伸和拓宽，与传统的产业政策的较大区别是：传统产业政策主要针对大型企业或组织；而创业政策则针对新创企业和小企业。创业政策和中小企业政策也有两个显著的差异：一是中小企业政策所扶持的对象是现有企业，而政策的实施是为了激发企业的活力；创业政策支持的对象不仅包括现有中小企业，还包括潜在的创业者。因此，创业政策更多强调企业变迁的过程，而不是组织有多大，创业政策也强调经济环境和条件对创业者决策过程的影响。二是中小企业政策范围较之创业政策要小。中小企业政策仅仅关注企业层面，而创业政策涉及个人、企业、集群或网络，尤其是创业政策对集群或网络的影响关系一个产业、部门甚至国家的变化。在这个意义上讲，创业政策比中小企业政策更为重要，同时中小企业政策仍然是创业政策的核心(Audretsch，2002)。

从20世纪90年代开始，随着全球化、现代信息技术和知识经济的传播，创业活动和创业政策在全球普遍得以重视。有研究认为，创业能够促进经济增长。Reynolds等(2000)通过实证分析，得出了创业活动程度与经济增长的关系的结论。他认为，区域经济增长和创业优势存在正相关。因此，对于一区域的经济增长，需要由政府实施政策加强对创业环境的培育。由于人类对创业活动逐渐产生新的认识，因此政府不断尝试出台一系列的政策，来鼓励创办新企业和促进新企业增长。于是，由美国和其他OECD国家推动的去规制和私有化替代了规制和公共所有权在全球扩散开来。此外，人们对于知识的认识，促使政策不断保护知识的生产和商业化，而不仅仅是允许知识市场化。由于以知识为基础的活动存在市场失灵的情况，巨额成本和带有极大不确定性的新一代知识常常放大创业企业的失败概率(Audretsch，1995)。这也是知识经济时代，发达国家争相鼓励创新创业的一个原因。从政策角度来看，单个企业的成功，对当地经济的贡献是有限的，因此利用知识的特点，通过政策的影响使知识本地化，将促进本区域、本国经济增长。这种政策的演化，反映了政府对不断变化的竞争力源泉的认识，即一国竞争力来自新兴的知识要素而非先前所谓的资本和劳动力要素。这表明，当竞争力来自资本和劳动要素时，对于大企业，政府政策往往是适者生存，而对于小企业，政府政策往往采用保护主义原则。而当知识被看做新兴市场的竞争力源泉时，政府政策往往调整为保障新创企业和新企业能力的提高，即实施所谓的创业政策。

6.2 不同国家创业政策的分类比较

在创业活动中，对经济发展影响比较大的创业政策包括：减少创业壁垒与障碍的创业政策；创业能力政策，如提供创业教育和培训的创业政策；创业的税收和规制环境；创业融资的政策等。政策对于创业活动的干预，出现在各级政府行为中。下面将根据研究的视角，从国家层面对创业能力、创业障碍或壁垒、技术创新、创业融资税收等方面的政策进行比较分析，观察各国实施创业政策的异同，了解创业政策促进各国经济发展的效果。

6.2.1　创业能力政策的比较

在创业的预备阶段，创业者对未来的创业充满渴望和激情。但是仅有创业意识和激情是不够的，创业成功还需要创业者具备创业能力，如创业者所处行业和相关行业的专业知识、创业组织能力、业务拓展能力、理财和管理能力等。创业者一方面可以在实践中积累和磨练这些能力，另一方面需要通过有效的创业教育来获得，而后一种更常见。20 世纪 80 年代末，联合国教育、科学及文化组织已经认识到创业教育在经济增长中的作用，提出创业教育和学习是创业能力的护照，就像进出主权边境的通行护照一样，将之列为第三本护照。同时要求各国把创业教育提高到与学术性教育和职业性教育同等的地位(共青团上海市委员会，2008)。

1. 创业意识、 创业文化培养的比较

为什么有些人创意层出不穷，而有些人甘愿埋头于自己的本职工作，兢兢业业？一些国家和地区创新创业能力强，偏好尝试不同形式的创业活动，从而带动了本区域的创新能力，为本地经济注入了活力；而有些国家或地区创业活动寥寥无几，从而影响了本区域的经济活力。其实，这种现象和创业意识密不可分。有研究者分析，创业意识一方面来自于前人和周围环境的影响，另一方面来自于创业者本人的信息和知识储备。这两方面都可以从创业教育获益。创业教育促进了更多的创业，其重要性不可低估。Lundstrom 和 Stevenson(2002)对此曾有过这样的表述：创业是人们在学习过程中的一个选择，尤其是年轻人的选择。在这个学习过程中，不仅自身的知识影响他们的选择，而且榜样更起着积极作用。

一些国家的经验表明，要成功实施全面创业教育方针，需要在国家层面的课程大纲中纳入创业教育，利用各种教学资源，采用以学生为中心的学习和以项目为导向的教学模式，融合各种社会资源，取长补短。一些国家利用政府、社会资源以及网络资源共同进行创业培训、咨询，其难度在于缺乏一种经济部门与教育部门之间的协调机制。美国是在现代教育体系中实行创业教育最早、最成功的国家之一，创业教育成为美国科技创新取之不竭的动力源泉。美国创业教育经历了从课程教学到专业教学再到学位教学、从片面的功利性职业训练到非功利性的系统性教学过程。美国大学生创业教育的目标是为学生的多元化发展服务。美国式教育鼓励个人奋斗、冒险和创新，不怕失败，敢于尝试。德国要求在中小学阶段就开始鼓励企业家式的思维。

创业教育已成为欧盟诸国的共识。欧盟认为，创业精神是创业成功的必备条件之一，呼吁各成员国将创业教育纳入所有学校的课程中，并支持学校开展创业教育，保证能够把创业教育落实到教育体系中。德国对于创业意识的教育，始于学生尽早具备创业所需的知识和技能等方面的能力。例如，德国政府和金融研究机构联合主办，在中学、大学开设创业课程，很早就教育学生们尝试自己开公司，并让他们熟悉和接触企业管理及经营等方面的知识；创业中心举办创业成功人士演讲，进行团队辅导，宣传校友创业典型；同时，教授在授课中注重灌输创业理念。英国政府提出，创业教育不仅是教育如何创建企业，更在于培养学生的创业精神和创业技能，并将创业作为未来职业的一种选择。在创业意识教育方面，英国成立了“创业远见”机构引导创业行为，通过全国性的运动培养14～30岁青年的创业精神，提高英国创业文化的水平；通过鼓励参与主体多元化，广泛吸纳各级政府、各类创业协会、企业、民间等各种社会力量支持大学生创业。

日本创业意识教育的特点是通过改革原有机制，促使大学和研究机构积极投身于创业活动中，以教育体制改革培育竞争意识。韩国的创业意识培养的一个特点是侧重于对大学生的创业教育，通过转变大学生的就业观念、激发他们的创业热情来培育创业意识。为此，韩国政府采取了不少保护和鼓励大学生创业的政策措施。另一个特点就是，创业意识是韩国国民素质教育的一个方面，韩国重视对国民素质的教育，倡导以学生为中心的自由、平等的教育理念，注意教育的多样化，重视开发学生的潜力和主观能动性。

根据GEM 2011年报告，澳大利亚、德国、英国、法国、芬兰等国处于创新驱动发展阶段，见表6-1。在上述国家，对于创业活动的认同度都很高，尤其是对创业成功者比较赞赏，其社会地位往往比较高。最高的芬兰高达83.0%，最低的日本也超过一半，为54.7%。媒体对创业活动的关注度也比较高，澳大利亚、芬兰和韩国尤其突出。在对创业活动中的职业选择上，法国人和韩国人都认为与创业有关的职业都是比较好的。只有日本对创业作为职业选择的赞同比例较低，仅为26.0%。创业失败不仅对于创业者有较大影响，而且也会波及周围人对创业活动的看法。此项调查数据显示，韩国人、澳大利亚人、日本人和德国人对此的反应都远高过其他国家。对于芬兰和美国的创业者来讲，后顾之忧相对较小。对于创业机会的感知方面，芬兰创业者远远高于其他国家，然而这些创业者对自己的创业能力却并不自信，得分较低。而澳大利亚创业者则不然，对创业机会的把握和创业所需能力的要求几乎是同步识别的。美国创业者对创业机会的感知能力较弱，但创业能力却相对较高。对于日本来讲，创业者不仅对创业机会的感知能力低，对创业能力不自信，而且创业意愿更低。

表6-1 2011年创业意识、愿望和社会态度的国别比较(单位：%)

国别	机会意识	能力感知	失败恐惧	创业愿望	创业的职业评价	成功创业者高社会地位	媒体关注
澳大利亚	47.8	47.4	43.2	12.3	54.0	67.7	69.5
芬兰	60.8	37.3	32.0	7.1	45.5	83.0	67.4

续表

国别	机会意识	能力感知	失败恐惧	创业愿望	创业的职业评价	成功创业者高社会地位	媒体关注
德国	35.2	37.1	42.0	5.5	55.0	78.3	49.7
英国	33.3	42.5	36.1	8.9	51.9	81.0	47.3
美国	36.2	55.7	31.2	10.9	—	—	—
法国	34.9	38.4	37.1	17.7	65.8	67.9	46.9
日本	6.3	13.7	42.2	3.8	26.0	54.7	57.0
韩国	11.2	26.7	45.1	15.7	61.1	67.2	62.2

资料来源：2011 年全球创业观察报告

除此之外，各国在进行创业意识教育方面，利用各种媒体形式进行创业宣传，营造创业氛围。报纸、杂志、电视、网络等形式的快速传播，使人们在短时间内即可获得创业典型的消息和对创业典型创业过程的报道。例如，在欧洲、美国、加拿大都进行小企业周活动，瑞典有创业周活动，这些活动不仅在一周时间内开展多种形式的创业宣传，同时制定各种扶持措施、签订扶持项目，而且往往和奖励创业者相结合，以激励更多的人参与创业活动，带动更多创业行为的发生。

2. 创业教育体系和政策的比较

表 6-2 是对美国、日本、英国、德国、韩国等国家创业教育体系和政策的对比。从中可以看到，各国对创业教育普遍寄予厚望，并在不同领域采用了不同的促进政策，对创业教育方面的努力都非常重视，但是侧重点却不同。

表 6-2　创业教育与培训的国别差异

国家	教育内容	培训项目	教育组织机构与资金来源
美国	覆盖研究生、大学、中学的创业教育课程体系，招收创业学硕士和博士研究生	小企业创新研究计划，创业计划大赛，小企业技术转移计划，金融扫盲计划，向中学生普及金融、投资、营销、商务等专业教育	柯夫曼创业中心、大学创业中心、创业研究会、创业家协会、家庭企业研究所、新墨西哥企业发展中心、国家独立企业联合会、创业教育基金、美国小企业投资公司计划、信用卡借贷
日本	学校创业课程，编写事业计划的研修	商业和服务业的创业支援培训、国外市场开拓培训、展示会、研讨会、咨询角、表彰制度	国家和地方政府的支援政策、资助金、补助金、各种创业计划竞赛等、创业风险资金、创业风险支援
英国	构建“创业教育矩阵”，全国性的“商业连接”组成的网络	高等教育创业计划、大学生创业项目	英国科学创业中心、全国大学生创业委员会、企业创办计划、小工场计划、小工程公司、王子基金、大学挑战基金、科学创业挑战基金、高等教育创新基金、威尔士学生创新奖学金

续表

国家	教育内容	培训项目	教育组织机构与资金来源
德国	重视专门职业教育培训；定期举办培训教育	小型高技术企业创新风险投资计划、中型企业和研究机构合作计划、FUTOUR 计划、欧洲复兴创新 ERP 计划	青年企业家项目、校友创业指导、技术研究协会、创业奖学金
韩国	大学生发展方向与网络教育、与创业有关的专业培训班、创业素质教育	大学生创业学校、大学生就业制度和组织、大学生创业社会团体设计系统化	大学设立了技术转移中心、创业支援中心、创业同友会与创业同友联合会、创业支援中心、回乡创业咨询服务中心、创业基金

美国、英国、德国、日本、韩国等国创业教育政策着重点有所不同，扶持内容具有不同的特色，扶持资金来源多样化。各国都普遍对大学生创业非常重视，制定了一系列大学生创业教育的政策，各国普遍认为青年是自主创业的先锋和主力军。美国作为世界经济领先的国家，在创业教育方面，无论课程体系、教学内容、培训项目以及资金支持均处于领先地位。例如，2006 年美国有约 6 000 位不同领域的教师开展有关创业方面的教学或实习，其中 50%是全职而且定期的。大学提供的创业课程每年使 40 万名学生参与创业教育，包括本科生、硕士研究生、博士研究生等不同学位的学生①。

6.2.2 消减创业障碍的政策比较

一个新企业的创立会遭遇制度性的障碍或限制，从而增加了创业活动的成本，直接或间接影响创业活动，形成了创业活动的进入壁垒。2004 年世界银行研究报告指出，一个国家政策规制对企业创业效应所形成的进入壁垒作用是相当明显的，这些进入壁垒通常会通过在设立新企业所需履行的手续数量上、完成手续所需天数上、完成手续所需支付成本以及登记所需的最低资本额要求等变量上反映出来，且变量越大，表明政策规制导致所形成的进入壁垒越高，对于该国创业活动的负面效应就会越明显。

Lundstrom 和 Stevenson(2002)提出创业启动的规制环境是创业活动中需重点关注的方面之一，大多数国家或地区采用了商务环境影响评估测试方式，审查、评估新法律和规章对小企业的影响。同时，政府为了解小企业与大企业在监管和行政方面可能存在的不同要求，还特别重视企业负担问题。Da Rin 等(2005)认为促进创业行为的发生并不是只简单地提供资金，更关键的是要为创业者和创业资本家创造获取回报收益的条件，创业政策的选择不仅仅简单地刺激创业资本筹集，而应该营造一个更加宽松的环境。此外，许多国家采取措施简化政

---

① A Kauffman Foundation Report. A Census of Entrepreneurship in American Higher Education Investments and Outcomes, 2006.

府行政职能，如建立了一站式调控机构、一个窗口办结业务，还有的国家已成立了政府调控监管的网站，提供咨询支持。Autio(2011)、Bowen 和 DeClercq(2008)认为不确定性的规避与创业进入成反向关系，即对未来越是担忧，就越不愿创业，创业者的增长预期表现越低。基于此，世界各国非常重视消减创业障碍。

法国政府不断推出优惠政策，鼓励个人尤其是失业者创业：中小企业部全力推动"福利盾"保护计划，目的是减轻新创小企业的负担；年营业额低于 7.6 万欧元的新企业，按照实际营业额缴纳 14%的社会福利税；雇员不足 50 人、营业额低于 3 000 万法郎的中小企业免征企业所得税。在美国、英国、澳大利亚、加拿大等创业活动活跃的国家，创业的手续简单、周期短、费用低，创业的进入壁垒较低。许多国家已经采取措施改进烦琐的登记手续以及征税等政府行为，例如，法国政府将创业者创业后 3 个月内提出的申请失业创业补贴表格由原来的 12 页改为只有 1 页。一些政府免除新企业创业阶段的一些行政义务，减少创办新企业的成本和时间，简化监管和行政程序等。

有些国家正在对本国影响新企业进入的政策进行审查，如竞争政策、公司法、破产法、专利法等。为了保证小企业能够和大型私有企业、公共部门展开公平竞争，荷兰政府于 2003 年组成了一个市场管理协作委员会，起草了专门提高效率的竞争法。其目标是为了保证一些部门更加自由化地开展工作，开放原来封闭的部门，如健康保健、公共住房、专业服务等，并修改一些苛刻的规制以提高竞争力。英国 1998 年制定了一些政策以保证自由竞争和消除滥用管理的行为。澳大利亚、冰岛、加拿大政府重新审查了本国的不公平贸易措施。爱尔兰政府于 2000 年审查了本国的竞争法，对其他影响市场运行的规制进行精心审查。

英国、荷兰、西班牙、瑞典等国家为解决对企业活力有影响的破产程序保护问题，而采取措施加以改革。通过改革破产程序法案，更多的企业免于破产的命运，重组后有机会起死回生。即使一些企业遭遇破产，也不限制这些所谓的创业失败者有机会再次创办其他企业，旨在采取措施尽可能减少这些曾经失败的创业者的休整期。例如，英国 2002 年企业法的破产制度允许失败的创业者尽快再次创业，但条件是失败的原因并非因创业者本人而致。

6.2.3　技术创新创业政策的比较

一些研究发现，创新政策和创业政策两者之间出现趋同趋势，如基于技术或者高成长的企业。Lundstrom 和 Stevenson(2005)在研究 13 个经济体的创业政策时发现，创新型创业已经是一些政府制定政策的优先考虑。事实上，欧洲并不缺乏发明，真正缺乏的则是创新和创业活动以及创新精神，现有政策和支持措施还远远不够。同时，发达国家和地区的经济发展表明，政府在技术创新创业中扮演着十分重要的角色，风险投资是推动技术创新创业的一个有效工具。在这些国家的经济发展中，风险投资对技术创新创业的作用得到充分体现，发达经济体创建了科学园，且形成了相当的数量规模，成为支持技术创新创业的主要力量。下面，仅针对美国、日本、德国等国家的创新创业政策进行探讨、对比和分析。

美国技术创新创业政策的特点是，政府注重提供公平的市场环境，致力于创建有利于技术创新创业的外部环境，不干预企业技术创新创业活动。作为发达经济体和世界经济的领导者，美国不乏创新举措。首先，美国开展创新活动的时间较早。美国有70%的技术创新来自于中小企业。为促进技术创新活动，20世纪50年代，美国提出了一些为促进风险投资发展的优惠政策。例如，允许小型企业投资者从其一般收入中抵消由此项投资带来的所有资本损失，并将长期资本收益税的最高税率下调至20%；如果美国政府采购创业企业产品，可享受价格优惠。其次，美国的风险投资是全世界最具特色的，有两个特点：一是相当广泛的投资范围；二是技术含量高的行业是相对集中的投资重点。最后，美国的风险投资主要采用有限合伙制的形式。多数情况下，美国80%的风险投资来源于有限合伙公司的风险投资额。人才资本与货币资本的统一性在有限合伙制企业上得到了显著的体现。而体现风险资本家、风险投资家、各种中介机构组成的高效运作的机制保证了风险投资的市场化运行，适应了新情况下高新技术产业发展和新经济形态的需求。

日本是政府主导型的市场经济国家，其促进技术创新的创业政策特点往往带有干预色彩，这与美国有很大的差异。

介于美国和日本之间的是德国政府的技术创新创业政策，包括从宏观管理体制和立法，到人才培训、技术创新和税收信贷等方面的政策支持，形成了一个多项法律和政策措施配套协调的体系，促进了技术创新创业。其比较突出的特点是，银行是德国风险投资重点扶持的投资主体，目的在于鼓励金融机构进行风险投资，主要组织形式是附属于金融机构的风险投资公司。在中央财政预算中，德国安排有扶持创业的专项资金。

从表6-3可以看出，虽然这三个国家都是发达国家，但是在实施技术创新创业政策时，美国的步伐迈得更大，这些创新政策支撑了美国经济发展的领先地位。日本作为东方国家，其经济行为带有浓郁的东方文化色彩，在借鉴美国创新举措的同时，能够结合本国特色，形成自己的创新政策特点。德国作为欧洲国家，在创新政策方面介于美国和日本之间，采用了促进本国创新能力发展的政策。

表 6-3　技术创新政策的国别比较

项目	美国	德国	日本
风投模式	合伙制，投资的范围广泛，相对集中于科技含量高的行业	投资主体是银行，由银行对风投项目再投资	金融机构附属风险投资公司
政府作用和政策	自由市场经济体制；提供公平的市场环境和立法，重视研发投入，鼓励和培育风险投资业，不直接干预技术创新活动	宏观管理体制和立法，人才培训、技术创新、税收信贷等，形成了一个多项政策措施配套协调的体系	政府主导型的市场经济，主动干预技术创新创业活动，研发资金主要用于可商业化的技术
法规和税收	《国家科学技术政策、机构和优先目标法》《联邦技术转移法》《小企业投资法》《机会均等法》《小企业技术创新开发法》	《财产投资法》《德国金融市场促进法》	《高技术工业智密区开发促进法》《技术城法》

6.2.4　创业融资税收政策的比较

创业者在创业活动过程中，不管是生存型创业还是机会型创业，必然面临一个重要的阻碍因素，即融资约束或资本约束。一个好的创意、一项创新成果的商业化或者一个新市场的识别，如果缺乏一定的金融资源支撑，创业活动就难以实现。如果内部融资不足以完成创业过程，那么就需要借助外部渠道进行融资。van Gelderen 等(2005)认为，创立一个新企业所需的资源往往是创业者的个人能力所达不到的，并且初创者放弃创业计划的重要原因往往是资金的缺乏。当资本要求较低和资本筹集渠道更加容易、便捷的时候，能够较为显著地提高新企业形成的可能性。为潜在创业者或面临金融约束的创业者提供一定程度的金融支持，成为激励创业的金融政策的目标。在当前的创业政策实践中，在减少创业活动金融约束方面，许多国家和地区的政府纷纷采取不同的措施(Reynolds et al.，2000)。

支持创业活动的金融激励类政策，普遍以小企业为支持对象，但也包括有选择性地支持风险更大、技术要求和创新型更高的创业企业。针对启动阶段和增长期的创业活动，表 6-4 对 5 个国家的融资政策进行了对比，5 个国家对创业行为都有政府贷款、补贴和基金。另外，比较突出的是，各个国家都对创业企业和风险投资寄予厚望，纷纷出台扶持政策。在美国，高科技中小企业向银行贷款必须由 SBA 提供担保。1982 年美国通过的《小企业投资法》规定，可以使用年度 R&D 经费(最大比例 1.25%)，目的是为了支持小企业发展技术创新活动。

在日本，研究开发企业培植中心的设立，为风险企业向金融机构的贷款提供债务担保业务。一般情况下，政府将担保的倍数效应提高在 10～15 倍，目的就

表 6-4 创业融资来源的国别比较

融资工具	加拿大	英国	美国	芬兰	荷兰
政府 SME 贷款或担保项目	•	•	•	•	•
小微贷款基金	•	•	•	•	
扶持成长型企业的特殊贷款	•		•	•	•
政府贷款或补贴	•	•	•	•	•
政府扶持的风投项目/基金	•	•	•	•	•
天使投资或私人投资的税收减免	•	•	•	•	•
天使网络/数据库	•	•	•	•	•
失业者创业资助	•	•		•	•

注：SME(small and medium enterprises)即中小型企业

资料来源：Stevenson L，Lundstrom A. Patterns and Trends in Entrepreneurship/SME Policy and Practice in Ten Economies，2001

是吸引民间资本大量进入风险投资业。在新加坡，政府规定，凡连续 3 年投资于高科技产业且亏损的企业，将获得 50％的补贴。政府提供“种子资金”给风险企业，大大降低了投资风险，且对民间风险投资起到了导向作用(杨继波，2008)。

最近几年，发达国家对创业者的补贴从正规部门开始转向非正规部门。据 Reynolds 等(2000)估计，80％以上投资于非正规部门的天使基金支持了新创企业。不同国家的创业支持政策有不同的模式，有新加坡模式、以色列模式、澳大利亚模式、印度模式和智利模式。这些由政府直接注资的模式的主要缺陷在于难以与市场机制竞争，而且退出问题较多。

除了创业融资政策，影响各国创业发展的财政政策还包括税收政策。政府干预经济活动的一个重要工具就是税收。对于创业活动，税收政策的效应表现为如何影响创业者的决策选择。例如，注册成为正式企业的新创企业所获得的收益与税收所带来的成本之间的衡量。税收激励政策主要体现为以下三种形式：前端激励，即达到为了实现扩大创业投资数量的目的，将税收优惠的政策用于所有从事创业投资活动的产业；后端激励，即为了达到实现提高创业投资素质的目的，仅提供税收优惠政策给取得成功的创业投资活动；混合形式，即前端激励和后端激励组合运用的政策(苏启林，2004)。

通过研究欧盟数据，de Mooij 和 Nicodeme(2006)认识到，低公司税率政策的实行将鼓励人们选择创业，从而降低被其他公司的雇佣率。Gordon 和 Tchilinguirian(1998)认为，个人所得税率与公司所得税率之间的差别，将会影响到个人是选择受雇于他人还是选择创业。创业活动的发生在一定程度上得益于低公司所得税政策的安排，该政策鼓励了新企业的进入，刺激了创业活动的发生。高税率的政策通常对创业活动起消极作用，资本利得税总体上遏制了创业行为发生，资本利得税的降低将刺激创业活动的发生，尤其在提升高新技术型新创企业的存活率方面效果尤为显著(Keuschnigga and Nielsen，2003；Da Rin et al.，2005)。表 6-5 对美国、德国、英国、韩国的创业税收政策进行了比较。

表 6-5　创业税收政策的国别比较

国家	创业税收政策
美国	提供特殊的税收激励，鼓励对不发达地区的创业投资，如《新市场税收抵免方案》，规定投资者如果投资在促进低收入地区发展的“社会发展基金”，可以从所得税中获得税收抵免
德国	出台《免税法》，对中小企业在贸易税类、所得税、财产税等税种实施免税待遇；将中小企业免交营业税界限从 2.5 万马克提高到 3.25 万马克
英国	中小企业的公司所得税税率从原来的 30%下调至 10%；中小企业利润的纳税起征点由原来的 4 万英镑提高到 5 万英镑；提高固定资产折旧率
韩国	个人对创新项目进行投资时，政府会给予 30%的税款返还形成《租税特例限制法》、《中小企业创业支援法》、《技术开发促进法》和《鼓励外资法》等较为系统的税收优惠体系；农渔业区的中小企业可享受所得 50%免税的优惠

虽然各个国家出台了不同的政策，但是这些政策也存在着一些共同点，如多样化的税收优惠方式：减免税收、高税收起征点、优惠税率、费用扣除、再投资税收减免、盈亏相抵等多种方式，各国为实现不同的政策目标实行不同的优惠方式，即使同一政策目标在不同的实施阶段，税收优惠也存在差异化。同时，各国还通过颁布一系列的法律法规，让中小型企业了解税收优惠政策。此外，政策本身的特点要求具有一定的连续性与稳定性，而各国必须根据自身发展阶段的国情对政策进行必要的细微调整，以适应经济发展的需求，有利于政策目标的实现。表 6-5 中所列国家在制定税收优惠政策时，不仅体现了政府的政策目标，对重点领域实施税收优惠，而且在制定税收优惠政策时，考虑到了与本国政府的产业政策、区域发展政策相协调。

6.3　创业政策实施效果的比较

GEM 2011 年全球报告发现，全球创业活动方兴未艾。其中，54 个参与该研究的经济体，创业者数量接近 4 亿人。新创企业比例不断增加。

从图 6-1 可见，美国、英国、法国、德国、日本、芬兰六国新创企业率在过去的 12 年里有了比较大的提升，说明这些国家的创业活动 2011 年远比 1999 年活跃。这些国家的创业政策对创业实践活动有一定的推动作用。

6.3.1　创业能力政策实施效果

创业能力政策的实施，对不同国家和地区的影响是不同的，这一差异从

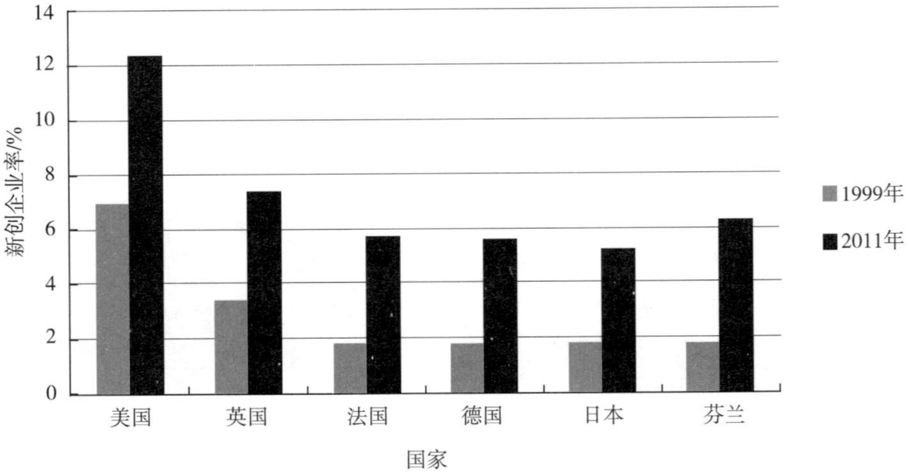

图 6-1 1999 年与 2011 年新创企业率比较

资料来源：1999 年和 2011 年全球创业观察报告

GEM 的创业态度调查可见一斑。根据 GEM 对创业态度重要性的解释，创业态度表达了人们对创业者和创业的一般感受。一个社会可以从这样一部分人那里获益，即能够认识到有价值的商业机会，能够感知到需要什么能力以及怎样应用这些能力去创业的人。如果一个社会总体上对创业持积极的态度，那么无论是创业文化氛围、融资来源，还是网络体系以及其他支持都将对当前和潜在的创业者有所帮助。表 6-6 是对英国、法国、德国、意大利、日本、美国六国劳动年龄的居民进行访谈后得到的调查结果，主要包括以下几个方面。

(1)对创业者人数的比较，法国最高，为 45.6%，说明法国过去两年创业参与度很高；英国居中，为 31.1%；日本最低，为 14.0%，说明日本参与创业活动的比例很低。

(2)对所在地未来创业机会的认识方面，美国人认为机会最好，所占比例为 32.2%；法国次之，为 31.9%，接近美国；同样，日本最低，仅为 5.0%，说明日本居民对创业机会的认同度不高。

(3)对创业者来讲，经过一定的创业教育培训将对潜在创业者进行创业有什么样的影响？从观察结果来看，差异很大。美国的创业教育和培训举世公认为最佳，其居民的自我感觉也很棒，为 54.0%，超过一半居民认为自己已经拥有创业所需的技能、知识和经验，也说明美国的创业教育和培训普及面之广。紧随其后的是英国，为 47.2%，将近一半的英国人对于自己所拥有的创业能力自信满满。而日本仍最低，仅 9.4%，说明日本的创业教育和培训还有待提高。

(4)如果曾经有过创业的经历，对以后的创业有什么影响呢？从表 6-6 中数据可以发现，对此的认识，国别差异不大，处在 31.7%～43.2%，尤其集中在

36.0%～43.2%。法国人对创业失败的后果更敏感，高达 43.2%的人认为，如果创业失败了，将影响其以后的创业决策。而美国人对创业失败更加宽容，仅 31.7%的人对此比较在意。

111 表 6-6　劳动年龄(18～64 岁)创业态度比较(单位:%)

国别	过去两年我所了解的创业者人数	我所在地区未来 6 个月有不错的创业机会	我拥有创业技能、知识和经验	对失败的恐惧会阻止我创业
英国	31.1	26.8	47.2	36.0
法国	45.6	31.9	33.8	43.2
德国	27.9	27.0	36.6	38.6
意大利	29.9	24.6	39.4	39.1
日本	14.0	5.0	9.4	37.7
美国	24.9	32.2	54.0	31.7

资料来源：2011 年英国创业观察报告

根据 GEM 的分类，所有参与国或地区分为三类，即要素驱动型经济、效率驱动型经济和创新驱动型经济。表 6-7 中的国家全部属于创新驱动型经济体。表 6-7 中数据是对于居民的长期和短期创业态度和感知机会能力的观察和研究。例如，劳动者对于创办企业能力的认知、甘愿承担风险的水平、对创办企业所存在风险的感知、社会对创业价值的认识程度以及创业者的社会地位等，这些指标也反映了一个社会对创业意识的宣传、创业技能的培训、政府对创业的重视程度和支持态度等。而创业能力的展示则来自这些因素的集成效果。可以看出，在感知机会能力方面，芬兰和澳大利亚数值很高，两国对创业能力的重视从小学已经展开，对劳动者的影响也很明显。处于亚洲的韩国和日本相对逊色不少，只有 13.0%和 5.9%。在已获得技能和能力方面，美国、澳大利亚和英国表现最佳。说明这些国家针对创业所开展的系统教育和职业培训，使得劳动者能力普遍较高。法国、德国的劳动者对于创业失败的恐惧要高于其他国家。对调查劳动者的数据说明，未来 3 年愿意创业的比例差异较大，如法国人恐惧失败，但仍然对创业抱有激情和希望。美国、澳大利亚的创业热情也较高。尤其值得一提的是韩国，乐于未来创业的比例达到了 11.8%，高于美国和澳大利亚等国。而日本劳动者对创业的兴趣并不大。

表 6-7　创业态度和感知创业机会比较(单位:%)

国别	感知机会能力	已获得技能和能力	失败恐惧	未来 3 年创业的意愿
澳大利亚	45.7	53.2	36.3	10.8
美国	34.8	59.5	32.2	10.4

续表

国别	感知机会能力	已获得技能和能力	失败恐惧	未来3年创业的意愿
英国	29.2	51.8	38.9	6.9
法国	33.9	37.3	43.0	16.0
德国	28.5	41.6	44.4	7.8
韩国	13.0	29.0	34.3	11.8
日本	5.9	13.7	35.1	4.9
芬兰	51.1	39.5	32.1	7.3

资料来源：2010年全球创业观察美国报告

6.3.2 消减创业壁垒的政策实施效果

Mike Herrington提出，推动劳动力流动和交流、开放市场、消除腐败、减少政府的繁文缛节都有利于改善以创业为核心的经济环境。许多国家一直致力于实施消减创业壁垒的创业政策，但各国的实施效果却不尽相同。世界银行每年对183个国家的营商情况进行统计，该项目针对下列情形：一个创业者必须克服的合并和注册一家新公司的行政和法律障碍，这些障碍涵盖审查开业的程序、所需时间和投入成本，还包括了创办商业企业和生产企业以及启动资本额要求。表6-8列举了澳大利亚等8个国家的开业所需手续、开业所需时间、开业成本以及最低资本额4项数据。

表6-8 2011年创业启动各种约束条件的国别比较

国别	开业所需手续/个	开业所需时间/天	开业成本占人均收入比重/%	最低资本额/万元
澳大利亚	2	2	0.7	0
加拿大	1	5	0.4	0
法国	5	7	0.9	0
德国	9	15	4.6	0
日本	8	23	7.5	0
韩国	8	14	14.7	0
英国	6	13	0.7	0
美国	6	6	1.4	0

资料来源：http：//www. doingbusiness. org/data

由于采取了有针对性的创业政策，一些国家的创业门槛已经大大降低。由表6-8可知，上述国家的一个共同特征是，对创业企业启动资本金都不作要求。这一做法，使得创业企业的进入要求降低。加拿大和澳大利亚在创业启动期的创业约束和障碍最小，表现在新创企业手续简单、审查时间短、花费成本少。各国开业所需手续的申请都大大简化，手续最多的国家德国也仅需要9个手续即可申请下来。开业所需天数，上述国家差异很大，澳大利亚仅2天时间即可完成开业，而日本创业者必须花去约23天的时间等待。其他国家的创业者等待的时间都在15天以内。对于开业费用占人均收入的比重，各国也存在差异，韩国创业者花费最高，占比为14.7%，其他国家都相对较低，加拿大最低花费仅占人均收入的0.4%。

以加拿大和澳大利亚为例，加拿大是发达国家中第一个实施全国性的创业政策的国家(1989年)，此后加拿大政府为创业者不断减少各种障碍，提供创业机会，对于加拿大的创业活动都起到了关键作用。大西洋加拿大机会机构(Athanic Canada Opportunities Agency，ACOA)对加拿大政策实施效果进行了评估，结果显示：加拿大企业的自雇率提高、创业率提高、企业数量增加、新创企业和现有企业增加了就业、私人部门净就业率增加、企业生存率提高、出口企业和出口数量都有所增加。澳大利亚积极改革烦琐的行政规制，以利于小企业创建。目前，澳大利亚拥有100多万个企业，其中97%为小企业(20人以下)，多数都属于私人部门，新创小企业创造了主要的新工作岗位。它们创造了GDP的1/3、全部就业的45%。

表6-9是世界银行数据库的数据信息，由该数据可知一些国家企业经营方面的成本和该国对于投资者的保护程度。对于注册资产所需的成本而言，以所占总资产比重来计算，其中美国最低，仅占0.5%，其次是加拿大，仅占1.8%，占比高的国家是法国，达6.1%。成本提高，投入实际生产活动的资本额将会相对减少，不利于创业活动的开展。对于投资者来讲，需要国家政策和法规来保证其利益和收益，在这方面以1～10来表示政府对投资者的保护力度，数值越大说明保护程度和力度也越大。从表6-9中可知，美国、加拿大和英国得分很高，在这些国家投资，投资者的安全感会更强。而德国、法国和韩国的保护力度相对要小，不利于吸引投资。创业企业纳税总体情况，整体税率最低的国家是加拿大，仅为29.2%，最高的是法国，高达65.8%，其他国家整体税率在37.3%～48.6%。纳税成本高将降低创业收益，则不利于创业活动的进行。在企业经营期间，对于合同的履行，也反映了企业能否顺利成长。如果执行合同成本高，则不利于企业的生存和发展。这里以索赔率来反映合同执行情况。韩国是索赔率最低的国家，仅10.3%，而同为东方文化国度的日本则高达32.2%，其他国家的索赔率都不大于23.4%。这些数据虽然仅能从一个角度说明某一现象，但总的来讲，对于创业者而言，仍是市场经济的遵循者，要按照利益最大化原则来作决策，如果成本高，则收益相对降低，从而降低创业活动的激励动机。

表 6-9　2011 年创业成本和纳税成本等的国别对比

国别	注册资产所需成本占资产额比重/%	保护投资者实力指数(1～10)	整体税率/%	执行合同成本(按索赔率)/%
澳大利亚	5.0	5.7	47.9	20.7
加拿大	1.8	8.3	29.2	22.3
芬兰	4.0	5.7	40.8	13.3
法国	6.1	5.3	65.8	17.4
德国	5.1	5.0	48.2	14.4
日本	5.5	7.0	48.6	32.2
韩国	5.1	5.3	29.8	10.3
英国	4.7	8.0	37.3	23.4
美国	0.5	8.3	46.8	14.4

资料来源：http://www.doingbusiness.org/data

6.3.3　技术创新创业政策实施效果

随着科技的进步和发展，技术创新创业成为推动经济发展的重要力量。特别是在欧美国家，制定了一系列政策促进技术创新和创业，使通过技术创新和科技成果转化进行创业成为职业时尚。

1980 年美国联邦政府国会制定了《公共法》，认可了从事科研项目的大学、私人企业和非营利机构中的研究人员在使用联邦资金进行科研过程中产生的专利，并承认对其拥有控制权，享受由专利所带来的收入，从而极大地增加了专利的批准数量、专利许可的执行数量和专利版税收入，与此同时，技术转移中心的数量也有明显增长，以硅谷为代表的大学研究园数量迅速增多。2004 年，硅谷获批准的专利共 9 060 项，占加利福尼亚州总数的 47%、美国专利授权总数的 11%。2005 年，硅谷的风险投资额占美国风险投资额总量的 26%，因此帮助众多以高新技术创立的企业创业成功。在美国技术创新创业政策的带动下，硅谷通过采用吸引全球资金、人才、技术的政策，形成了与全球经济高度互动的发展模式。英国在 20 世纪 70 年代开始推进技术创新创业政策，从 1970 年建立英国第一所大学科技园——剑桥科学园到 2008 年，加入英国科学园协会(United Kingdom Science Park Association，UKSPA)的大学科学园已经达到了 70 多个。1987 年有 607 家企业入驻大学科学园，而到 2008 年，比 1987 年增长了 2 478 家，高达 3 085 家，这些入驻企业进入大学科学园的同时提供了 73 603 个工作岗位，其中有 82%的企业都是独立初创的高科技企业。

R&D 投入是技术创新的有力保证，R&D 投入的规模是一国对技术创新重视程度的反映，同时也表明政策支持的程度。技术创新政策的施行，如果缺乏

R&D 投入的保障，简直就是一堆空文，缺乏现实意义。图 6-2 是德国、日本、美国、韩国 R&D 投入占 GDP 比重的变化情况。从图 6-2 中可知，从 1997 年到 2007 年各个国家的 R&D 投入占 GDP 的份额不断增加，尤其是韩国和日本增幅最高。2007 年，两国的 R&D 投入占比远远超过美国和德国，显示了两国政府和社会对技术创新的支持。

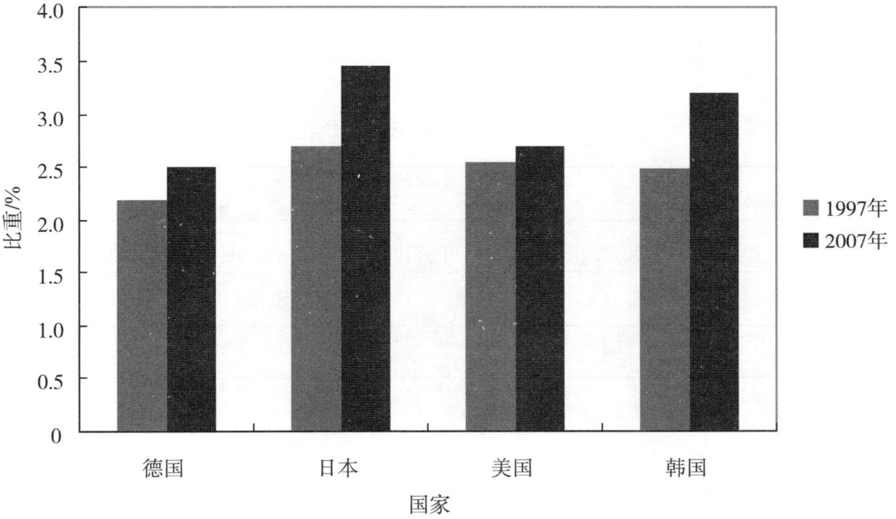

图 6-2　R&D 投入占 GDP 的比重

资料来源：世界银行数据库，http：//web. worldbank. org

高新技术产品是高新技术成果成功商业化的产物，其批量问世是高新技术企业成功创业的标志。换言之，高新技术产品的产值一定程度上反映出高新技术企业的数量和规模，并间接反映了技术创新创业政策实施的效果。在技术创新创业政策的推动下，各国高新技术产品出口额占制成品出口额的比重都实现了大幅度的增长。美国在技术创新创业方面起步较早，20 世纪 90 年代已经处于较高的水平，并一直维持在相对较高的水平。英国、韩国和日本都取得了较大幅度提升，尤其是韩国上升幅度最大。英国和日本的高新技术产品出口额占比在 1990 年处于相同的水平，到 2000 年分别增长了 6%和 5%，这与两国的技术创新创业政策是直接相关的。

6.3.4　创业融资税收政策实施效果

创业融资是制约创业者初创企业和创业企业初期发展的最大难题。虽然各国政府致力于解决创业融资的问题，但就当前整体形势来看，很多国家的创业融资体系还很难对创业企业提供有效支持。非正式融资仍占创业企业启动资金的绝对主导地位，创业投资和首次公开募股(initial public offerings，IPO)还未成为重要的金融来源。但是各国在对创业融资政策的探索和实践中，仍取得了很多成果和进展。

表 6-10 列举了英国、美国、中国、日本在创业政策中的典型创业融资项目和政策以及这些政策带来的直接效应和连带效应。英国的青年创业计划是 1983 年英国政府基于英国王子基金（The Prince's Trust）对青年创业项目进行融资资助的项目，旨在解决当时渐趋严重的青年失业问题。该计划自实施以来共帮助 5 万多名青年人创办了自己的企业，而且这些新创企业的存活率也较高，60%以上的企业在创建后的第 3 年仍在继续经营。目前，英国政府这种为创业者提供融资的青年创业计划的项目模式已在 30 多个国家成功运行。此外，英国政府的另一个创业融资政策——高等教育创新基金，也为英国创业者特别是大学生创业者提供了良好的融资平台，其政策的实施效果受到专业人士的好评。高等教育创新基金仅在第 3 轮就累积提供 2.38 亿英镑的资助，其中以往项目的后续资助为 2 000 万英镑，资助新创业项目 124 项。2004 年，通过对由英国科学技术办公室（UK Office of Science and Technology，OST）资助的知识转化项目进行中期评估结果的研究发现，受到高等教育创新基金支持的大学创新能力有明显增强。

表 6-10 各国典型创业融资政策效果对比

国别	创业融资政策	政策效应
英国	青年创业计划	累计资助 55 000 人创业，排名前 50 的创业企业年营业额累计 1.5 亿英镑，每年提供就业岗位 1 700 多个
	高等教育创新基金	资助新创业项目 124 项，累计提供 2.38 亿英镑的资助
美国	美国 SBIC 融资担保模式	扩大了政府资金的杠杆作用，使 SBIC 吸引的私人资本快速增长
中国	火炬计划	促进我国高技术成果商品化、产业化和国际化，实现技术专利的转化率提高 20%
日本	国民生活金融公库两级信用保证制度	不需担保品即可为创业者提供营运及设备资金，鼓励新创企业创业

美国政府的创业融资政策更多的是鼓励自由市场中的融资，形成了其独特的模式。1986 年，美国小企业投资公司计划（Small Business Investment Company Program，SBIC）开始向小企业投资公司提供两种融资担保方式，即担保债券和参与式证券，一定程度上解决了小企业投资公司融资期限及规模与股权投资方式的不匹配问题。根据美国小企业管理局的统计，1996 年 SBIC 吸引的私人资本为 45.2 亿美元，2000 年增加到 104.1 亿美元。2007 年年末，SBA 向全国范围内的小企业提供了约 94 亿美元的资金支持（李朝晖，2010）。

日本中小企业创业在融资方面主要以政府金融机构支援为主，在信用补充方面主要以信用保证协会的两级信用保证为主，以中小企业投资育成的公司对中小企业进行投资主要以鼓励中小企业投资、成为创新企业为主。中小企业的金融公库融资以长期的设备资金为主，对于促进新创企业的成长有相当贡献。

20 世纪 80 年代中期以来，为了促进科技与经济结合，我国政府先后制定并实施了攻关计划、火炬计划、星火计划等多个科技计划。其中，旨在促进我国高技术成果商品化、产业化和国际化的火炬计划，主要面向高新区的企业(基本上是风险企业)，并建立与其相配合的火炬基金。该基金在新加坡上市筹得资金高达 1 亿美元，在一定程度上这部分资金替代了风险企业所需的风险资金、创业基金，对孵化和促进一批高技术中小企业的成长发挥了重要作用。

表 6-11 是 1995 年以来火炬计划资助项目的主要经济指标，从表 6-11 中数据可以看出，1995～2005 年资助的项目数基本上实现了五年翻一番的快速增长，同时在项目工业总产值、产品销售收入、利税总额以及出口创汇等经济指标方面也都实现了五年翻一番的跨越式增长。2005 年之后，各项经济指标进入了稳步增长阶段，每年资助项目数基本稳定在 5 500 个左右，但在工业产值等精致指标上取得了一定幅度的增长，这表明火炬计划项目的产出能力和效率大大提升，特别是在产品销售收入指标上增长幅度最大，2010 年已经达到 4 099.2 亿元的销售收入，与 2005 年的 2 145.1 亿元相比翻了一番，可见火炬计划项目的创业企业在把握消费者需求和产品营销方面有了很大的提升。总的来说，火炬计划是我国高新技术创业融资支持的典范，从数据层面看，这项政策取得了不俗的效果。

表 6-11　火炬计划项目主要经济指标

年份	统计项目数/个	工业总产值/亿元	产品销售收入/亿元	利税总额/亿元	出口创汇/亿美元
1995	1 859	286.8	251.3	51.7	4.3
2000	2 797	1 153.4	1 073.0	254.4	14.1
2005	4 829	2 572.0	2 145.1	418.4	36.3
2006	5 514	3 112.0	2 982.0	535.0	61.0
2007	5 447	3 392.2	3 247.8	606.4	67.7
2008	5 684	3 563.8	3 380.6	575.5	93.0
2009	4 952	3 293.6	3 165.1	571.5	79.6
2010	5 428	4 369.7	4 099.2	777.0	92.7

资料来源：2011 年中国火炬统计年鉴

表 6-12 是美国、英国等国在创业税收激励政策上的比较，税收政策在不同的国家体制和经济环境下产生了不同作用和效果。其中，美国在创业税收政策上的优惠最全面，并取得了良好的政策效果，自实施这些税收优惠以来大大鼓励了创业者的信心，降低了新创企业创业初期的生存难度，使得创业企业能够更好地成长和发展。新加坡的创业税收政策相对比较保守，仅限于降低资本利得税率、减免其他种类税收、以其他应税收入冲销创业投资损失等方面，但仍然产生了良

好的效果。

表 6-12 创业税收政策激励措施的国别比较

项目	美国	英国	日本	韩国	加拿大	新加坡
降低资本利得税率	•			•		•
资本利得免税	•	•	•			
减免其他种类税收			•	•		•
以其他应税收入冲销创业投资损失	•	•		•	•	•
加速折旧	•		•	•	•	
税收抵免	•	•	•		•	
税收抵免权转让	•					
递延纳税	•	•				
对资本或技术投资的税收支出	•		•	•	•	
开征特别的税收						
技术开发准备金				•		
对小企业降低所得税率			•		•	

6.3.5 综合创业政策实施效果

一国人均收入增加的原因是多方面的。如果某一时期的政府政策主要侧重于创业活动，那么人均收入的提高从某种程度上讲也是创业政策的一个效果。以欧盟国家为例，创业政策侧重于中小企业政策、创新政策和竞争政策，尽管这些政策还存在这样或那样的问题，但是特定的模式使得国家政策的尝试形成一种综合优势。图 6-3 是对法国等六国 2000 年和 2010 年人均收入的比较，可以看出，法国、德国、日本、英国和美国人均收入增长幅度都比较大，只有韩国人均收入增长幅度相对较小。

失业率是经济活动的风向标，如果失业率过高，则表明一国经济疲软和不振，创业活动也将不活跃，如果失业率较低，则经济活力较高，创业活动活跃，同时人均收入也将增加。图 6-4 是失业率的国别比较，1997～2009 年也是创业政策在各国普遍得以应用的一段时间。法国和德国的失业率相对较高，但是法国在 2001 年后，将失业率控制在 9.2%的水平以下。而德国却在 2004～2006 年失业率高达 10.3%～11.1%的水平。日本、韩国、英国、美国的失业率相对较低，一般在 6%以下的水平，个别年份较高，在近期的金融危机中，各国失业率都有所上升，其中美国失业率最高，2009 年达到 9.3%。韩国的失业率最低，说明该国在 1998 年的金融危机之后经济发展稳中有升，也许也得益于政府创业政策的较好实施。

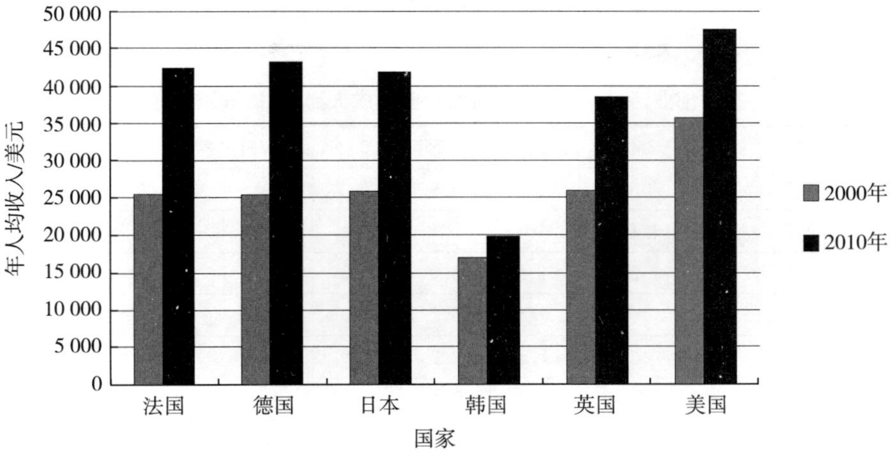

图 6-3　六国年人均收入变化比较(按 PPP 以美元计算)

注：PPP(public-private partnership)即公私合作关系

资料来源：世界银行数据库，http://web.worldbank.org

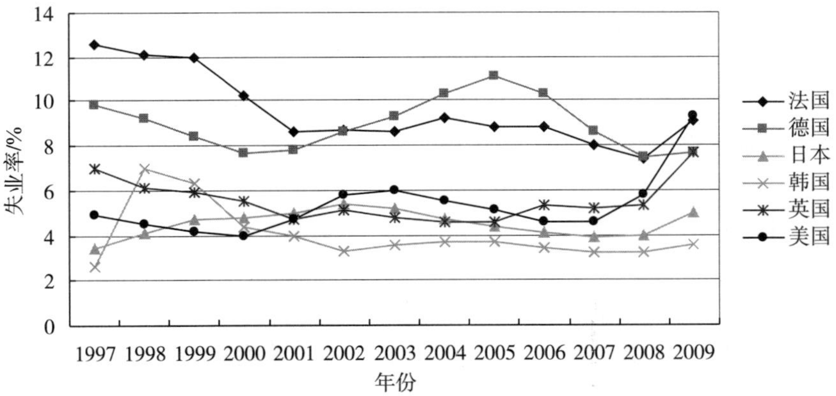

图 6-4　1997～2009 年失业率的国别比较

资料来源：世界银行数据库，http://web.worldbank.org

创业政策对经济活动的影响往往具有滞后效应。但经济波动对实际经济活动的影响却相当快。表 6-13 是 2001～2010 年芬兰等国家的整体创业活动率的比较。整体创业活动率考察了一国或一地区成年人参与和准备参与创办企业的人数占成年人总人口的比重，是对创业活动水平的一个衡量指标。在表 6-13 中，芬兰在过去的 10 年间整体创业活动率稳中有升；法国变动幅度稍大，但整体创业活动率不断提高；德国在 2008 年金融危机后，整体创业活动率有所下降，随后有所上升，但幅度很小；英国基本保持平稳增长状态；日本的整体创业活动率不断提高；美国整体创业活动率在金融危机之前一直遥遥领先，处于两位数的高位，也说明美国创业政策和创业支持成效明显，但金融危机导致创业活动受到极大影响，尽管如此，美国的整体创业活动水平仍高于其他国家。

表 6-13 整体创业活动率(准备和创办企业的成人比重)的国别比较(单位:%)

国别	2001 年	2002 年	2003 年	2004 年	2005 年	2006 年	2007 年	2008 年	2009 年	2010 年
芬兰	4.5	4.6	3.1	4.4	4.9	5.0	6.9	7.3	5.2	5.7
法国	2.6	3.1	1.6	6.0	5.4	4.4	3.2	5.6	4.3	5.8
德国	5.8	5.2	5.2	4.4	5.1	4.2	—	3.8	4.1	4.2
英国	5.4	5.4	6.4	6.2	6.2	5.8	5.5	5.9	5.7	6.4
日本	1.9	1.7	2.8	1.5	2.2	2.9	4.3	5.4	3.3	3.3
美国	11.0	10.6	11.9	11.3	12.4	10.0	9.6	10.8	8.0	7.6

资料来源：2011 年全球创业观察报告

通过上述比较和分析可知，各国实施创业政策后，各种创业壁垒减少了，束缚创业者的制度障碍减少了；各国加强了对创业能力的投入，并取得一定的成效。各国对于创业税收和融资的支持，使得创业者比以往获取资金支持的机会和途径更多了，技术创业活动大大丰富了。总之，实施创业政策的国家人均收入增加了，创业活动增多了，技术水平提高了。尽管所研究的国家都采取了创业政策来引导本国的创业活动，但是一国或地区创业活动活跃程度的高低，并不是一种因素作用的直接结果。

6.4 本章小结

创业政策在不同国家和地区，由于各自的国情差异，也不尽相同。总体来说，各国乐于制定创业政策，其实施的目标是为了激励创业从而促进创新、经济增长和发展。许多国家创业政策的制定也着眼于促进本地区的就业。本章对一些国家所实施的不同创业政策进行了对比分析，尤其侧重于创业能力政策、创业壁垒消除政策、创业融资税收政策、技术创新政策等。通过不同国家的政策分析发现，这些政策对一国创业活动影响较为广泛和深刻；并对一些国家实施不同的创业政策效果进行了具体分析，研究发现，积极实施创业政策的国家，创业活动明显优于其他国家。

第7章

创业型经济发展的政策选择模型研究

7.1 创业型经济发展政策选择的维度分析

7.1.1 创业类型——生存型和机会型

2001年，GEM开始关注完全不同类型的创业，在对总体早期创业活动(从创业到企业成立三年半的时间内)进行分析时，将创业动机类型区分为机会型创业与生存型创业。生存型创业是指创业者把创业作为其不得不做出的选择，因为其他选择不是没有就是不满意，创业者必须依靠创业为自己的生存和发展谋求出路。机会型创业是指创业者把创业作为其职业生涯的一种选择，看到有比目前工作机会更好的创业机会而选择创业。当然，两种类型兼具的创业者也存在，在全球创业观察报告中，可以看到参与各国和地区均有比例很小(3%以下)的人群属于双重类型的创业①。

研究发现，生存型创业的创业者进行创业选择时，其年龄、受教育水平、即将进入的行业都比机会型创业的创业者更宽松。机会型创业往往集中在发达地区的大中型城市，生存型创业则广泛存在于各类型地区，尤其是经济不发达地区。2011年GEM指出，在美国只有21.2%的创业活动是生存型的，58.9%属于机会型创业；而在澳大利亚，这两个数据分别为15%和73.1%。比例比较高的机会型创业分别为这些国家的创新和经济增长提供了巨大的推动力。在机会型创业方面领先的国家是新西兰、澳大利亚、丹麦、挪威、瑞典、美国等国家。生存型创业领先的国家主要分布在经济相对不发达国家，如巴基斯坦、墨西哥、巴西、波兰、匈牙利和阿根廷。

① 资料来源于2007年全球创业观察中报告。

不管是机会型创业还是生存型创业，其成长模式都不是固定不变的，在创业过程中，随着创业者、经济环境、资源可用性等条件的转变，创业类型也会随之而改变。根据2007年GEM中国报告，中国的全员创业指数从2002年的12.3%逐步上升到2007年的16.4%。从国际视野观察，中国的全员创业活动指数名列前茅，2007年在参加全球创业观察的42个国家中排第6位。2007年我国生存型创业占39.6%，机会型创业占60.4%，说明中国的创业活动在向机会型创业发展。

从图7-1可以看到我国创业转型的变化情况。创业转型的发生意味着创业者特征、创业活动过程和产出特征的变化。尤其是产出特征方面，不同的创业类型对就业、出口和市场等的当前贡献和潜在贡献是不同的。一般来讲，机会型创业在各项贡献中的作用比生存型创业更大①。

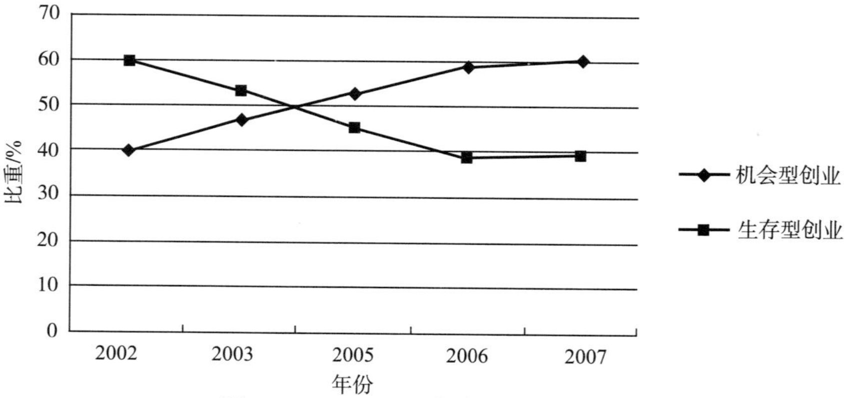

图7-1 2002～2007年中国的创业转型

注：清华大学中国创业研究中心没有发布2004年的创业报告，所以此处缺2004年数据

池仁勇和梁靓(2010)对生存型与机会型创业者，从创业者个人特征、创业投资回报预期、创业壁垒和创业资金来源方面进行了分析比较。

(1)创业者个人特征。这是一个对生存型创业与机会型创业的区分影响显著的因素。创业者个人特征包括创业者年龄、创业者学历等方面。创业者年龄反映出创业者的工作经验与社会阅历。而创业者学历因素反映出创业者的受教育背景与创业动机。不同学历创业者的创业动机存在显著差别。学历高低与生存型创业比重成负相关，学历高的创业者更多是机会型创业，反之则为生存型创业。

(2)创业投资回报预期。创业投资回报与创业风险成正比，高投资回报往往意味着高风险。对于失败的恐惧，生存型创业者比机会型创业者高两倍。因此，生存型创业者比机会型创业者期望更低的风险。同时，由于生存型创业者是被动

① 资料来源于2007年全球创业观察中国报告。

地参与到创业活动中，急于摆脱创业前的窘迫状况，因此相比较于机会型创业者，他们更期望较短的投资回报期来收回投资成本，以规避投资风险。

(3)创业壁垒。无论是生存型创业还是机会型创业，在选择创业时都必须考虑自己所能筹集的创业起步资金与创业活动中将要遇到的技术壁垒。对于生存型与机会型创业者来说，生存型创业是迫于生活压力不得不做出的选择，一般在创建企业时并不具有充足的资金；而机会型创业是创业者职业生涯多项选择中的一种选择，所以进行创业决策时，是否拥有财务资源是主要的影响因素之一。

(4)创业资金来源。无论是生存型还是机会型创业者，个人资金、合伙集资、家人和亲戚都是他们的主要创业资金来源。但是机会型创业同生存型创业相比有较高的成长预期，且对于地方的经济发展有积极的促进影响，而生存型创业者往往在企业没有达到最优规模时就受到其他因素阻止。同时，经济欠发达地区以生存型创业为主，企业不容易从地区金融机构和政府中获得资金支持，而机会型创业比生存型创业则较容易获得更多的银行贷款和政府支持。

生存型创业与机会型创业的研究是创业研究领域的一个重要方面。国内外学者从不同的角度对两者进行了研究。池仁勇和梁靓(2010)对生存型和机会型创业者做了很好的总结，表 7-1 是对四个方面差别的比较。

表 7-1　生存型与机会型创业者差异

创业者及创业需求要素分类		生存型/机会型倾向	参考文献
创业者个人特征	创业者年龄	25 岁以下	生存型倾向
		26～44 岁	机会型倾向
		45 岁以上	生存型倾向
	创业者学历	高中及以下学历	生存型倾向
		高中以上学历	机会型倾向
创业投资回报预期	创业投资回报率	投资额 2 倍以下	生存型倾向
		投资额 2 倍以上	机会型倾向
	创业投资回报期	回报期 2 年以下	生存型倾向
		回报期 2 年以上	机会型倾向
创业壁垒	创业起步	资金 5 万元以下	生存型倾向
	资金	资金 5 万元以上	机会型倾向
	技术壁垒	技术壁垒低	生存型倾向
		技术壁垒高	机会型倾向
创业资金来源	银行贷款	银行贷款少	生存型倾向
		银行贷款多	机会型倾向
	政府支持	政府支持少	生存型倾向
		政府支持多	机会型倾向

因此，生存型与机会型创业者在创业者个人特征、创业投资回报预期、创业

壁垒和创业资金来源四个方面存在着差别。这些差别也将影响到创业者在创业过程中的贡献以及政府政策的着力点。

影响创业活动的主要因素是不同的环境和动机，从政策角度来看，了解机会型和生存型创业的动机和特征对政策制定具有很重要的意义。Reynolds(2002)认为，生存型创业者可能并不需要机会型创业者的推动要素。因此，在政策制定时，要考虑这两种创业者应区别对待。同时，生存型和机会型创业的绩效也不同，Reynolds(2002)认为，政策制定时，需要考虑不同的政策范围以支持两种不同的创业类型。

7.1.2 创业过程——起步期、成长期和衰退期

创业是一个连续活动的统一体。从萌发创业动机到启动创业、企业生存、企业成长、企业破产等，创业活动处于一个不确定的状态。创业者在创业过程中经历不同的阶段，各阶段呈现不同的特征。一般来讲，创业过程是指创业者产生创业动机，发现创业机会并对创业机会进行识别，然后将创业机会转化为企业，以及创业者对新创企业进行成长管理的过程。同时，创业过程具有高度动态、流动、模糊和混沌的特征(蒂蒙斯和斯皮内利，2005)。

对于创业者来说，创业过程可分为三个阶段：第一阶段为创业起步期，潜在创业者产生创业动机，同时发现创业机会，对创业机会进行识别，并有可能引致创业行为；第二阶段为成长期，创业者创业行为已经发生，是在创业初期所进行的创业活动，又分为企业成立后头三个月的初生期和 42 个月之内的新企业期；第三阶段为创业者经营时间超过 42 个月的已运行企业，其中又可分为现有维持现状的运行企业、关闭企业和高成长企业。此外，不应忽视关闭企业的后续行为，因为其中有些创业者可能成为再创业者，如图 7-2 所示。

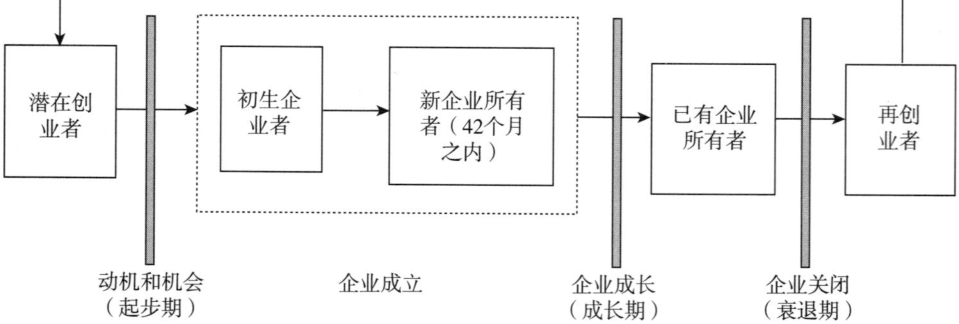

图 7-2 创业者创业过程

创业过程充满艰辛和不确定性，这个过程的长短因不同的创业者特征而有所差异。在创业过程的任一阶段和时期，都可能因各种各样的原因而导致创业过程

中止，其中不乏创业者本人的决策失误，或者创业环境变化(如政策变化的原因)，也可能由于资金短缺而被迫破产或经营不善而退出等。

7.1.3 政策导向——激励和技能

Hart(2003)认为，创业政策涉及面很广，可以从个别地区到整个国家不同层面促进创业活动。而减少创业或新企业面临的不确定性影响才是创业政策的作用所在。但是，创业政策应该侧重于什么呢？许多学者进行了研究，看法也不尽相同。例如，Kayne(1999)的观点指出，促进新企业的创建和增加应该是创业政策的主要关注领域，创业政策的内容应该包括税收、融资资本、规制、知识、创业教育等方面。而 Lundstrom 和 Stevenson(2001)的观点认为，创业活动是创业动机、创业技能和创业机会耦合的结果，创业动机、创业技能和创业机会是设计和构建创业政策及其理论框架考虑最重要的因素。对此，他们提出，激发人们的创业热情是首要任务，其次是要帮助有创业意愿的人掌握创业所需的知识和技能，还有要为潜在创业者提供资源和环境支持。

政府在创业活动中起着什么样的作用？政府是应当直接介入创业活动还是致力于营造创业环境或者利用政策导向作用引导创业活动？学者们对该问题的选择存在分歧。国内学者赵都敏和李剑力(2011)对此做了总结，认为政府政策与创业活动的关系表现在如下三个方面。

(1)政府直接介入。通过研究 Lerner 和 Avrahami(1999)、Gilson 和 Schizer(2003)、George 和 Prabhu(2003)、Cumming(2007)等诸多学者的研究成果发现，创业过程中，采用政府直接介入的方式对创业活动有良好的促进作用。例如，在政府强势干预经济的条件下，东亚经济呈现快速增长之势，因此在促进创业活动方面，该政府表现出很强的政府直接介入的特征。Cumming(2007)分析了政府支持基金这一因素对创业活动的影响发现，在新企业的创办及早期发展阶段，政府创新投资基金起到了显著的资金支持作用。Mok 通过研究政府直接介入因素对创业活动的影响发现，在一定程度上采用政府直接介入的方式对创业活动有良好的促进作用，然而不同国家和地区由于存在发展状况上的差异，在复杂多变的市场条件下，政府很难对快速多变的市场需求做出及时的反应。

(2)政府营造创业环境。多数研究者主张政府应该以协调者或促进者的身份致力于营造良好的创业环境，而不是以参与者的身份来推动创业。Ebner(2006)认为，为社会带来突破性创新和变革的领导者就是创业者，政府应该为创业者的发展提供有利的条件，减少创新和变革所需的社会成本。尽可能使创业变得相对容易以及降低创业的机会成本，应该是政府制定相关政策需考虑的首要任务。Acs 和 Mueller(2008) 通过分析政府支持政策因素对创业活动与地区经济发展的影响发现，任何一种政策都不能够保证某个地区不产生创业群体，只要政府创造了良好的教育系统、完善的基础设施等有利于创业的环境，创业者的创业活动就会自然而然产生。Woolley 和 Rottner(2008)通过研究美国纳米行业的创业活动表明，有利的创业环境的营造在很大程度上促进了创业活动。没有开展创业环境建设的地区，与加强金融和技术两方面创业环境建设的地区相比，新创企业的数量相差六倍。Lim 等(2010) 的研究显示，最终影响创业决策的因素包括创业者对自身创业知识、能力和意愿的认知，而包括法律、金融、教育以及信任关系等在内的制度环境起着不可或缺的作用。Gohmann 等(2008)通过研究创业活动与有关经济自由度的关系发现，不同行业的创业与活动经济自由度的关系是不同的，二者的关系不是固定不变的。这也验证了资源在生产性创业活动和非生产性创业活动之间的配置会受到政府政策的影响。

(3)政策引导。Store、Tether 对欧盟成员国公共政策对新创技术企业的支持力度进行了研究。尽管欧盟成员国推出了名目繁多的政策措施，但大多数成员国并没有针对新创小型技术企业制定特殊的政策。此外，技术型企业面临的机会更少，技术型创业者尽管接受过更高水平的教育，但与一般创业者存在很大的差异。政府的创业政策包括对创业活动和成长企业的规定、环境和安全的规定、就业的规定、企业组织形式的规定以及税收的规定等。Baumol(1990)、Andre 认为，制度环境对创业活动有本质的影响，而且该影响始终存在。创业进入规制对创业活动在正规部门和非正规部门有较大影响，劳动市场对新创或新生企业的创办率都有较强的影响。通过相关文献的研究发现，政府不管采取哪种政策激励创业活动，即无论是直接介入创业活动还是致力于创业环境的营造或者政府仅以政策为导向引导个人或组织创业，必须考虑当地当时的经济发展水平、创业者特征以及实施中的政府政策。

7.2 创业型经济发展的三维立体政策选择模型

在设计创业政策时，采取以政策引导为主要策略，针对生存型创业和机会型创业的特征，发挥政府政策的激励和技能导向功能，通过各种方式提升创业者的创业能力，使其能够利用各种资源将创业梦想变为现实。创业政策应考虑多方位、多层次、多方面的创业需求，为此我们提出了三维立体政策选择模型。

7.2.1 三维政策模型设计

生存型和机会型创业者在创业多方面存在差异，所以对创业政策的需求也不尽相同。从表 7-2 可知不同创业类型的创业者与政策选择之间的强弱关系。

表 7-2 创业类型与政策选择

项目	降低创业进入障碍	降低扩张和增长障碍	提供咨询、支持和融资
机会型创业者	影响较大	影响大	影响大
生存型创业者	影响大	影响小	影响大

从创业活动和创业过程两个方面考虑，在不同发展阶段不同创业类型的政策需求不同。设计三维立体创业政策选择模型，需要有针对性地对不同特征的创业者给予支持。创业政策以激励和技能为导向，在生存型和机会型创业者进行创业的过程中，从创业活动前、创业活动中、企业关闭后三个阶段，将创业所需的政策支持进行分类，形成不同政策组合选择类型。

1. 起步期创业政策组合

在创业的起步期，政策组合考虑两个目标：一是通过政策作用提高全社会的创业意识和氛围；二是提高新创企业的创办率，即政策如何保证企业成功开业。起步期不同创业类型的激励和技能政策见图 7-3。

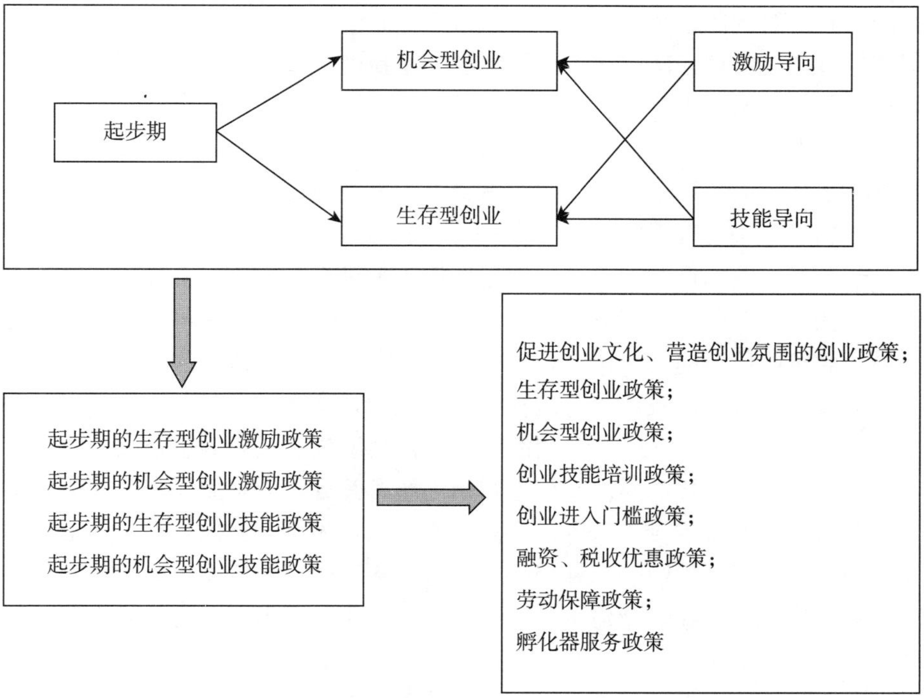

图 7-3 起步期不同创业类型的激励和技能政策

政策如何影响创业氛围，提高大众对创业的兴趣？一个国家或地区的创业氛围一方面表现在差异性，即国与国、地区与地区不同，即使一国或一地区之内也存在差异；另一方面，创业氛围受历史文化、传统观念、社会风气等影响很大。

一般来讲，在发达经济体，创业被认为是创造财富的重要渠道，体现了一国的国民素质能力。因此，成功的企业家通常会受到社会的尊重甚至被认为是国家的英雄，尤其是白手起家的企业家，成为年轻人崇拜的对象。众所周知，在美国，福特汽车的亨利·福特、微软的比尔·盖茨、苹果的乔布斯等创业者具有远见卓识，并运用创造性的开拓经营赢得了社会的极大推崇。在发展中经济体，创业意识相当淡薄。为了提升全民创业意识、营造创业氛围而进行政策设计，一是政策的宣传导向，加强对财富的认知、对创业者创造财富的认同和鼓励，引导人们提高对创业的认同是政策设计的基础。二是政策的激励措施还在于社会保障方面，即使创业失败，也不会导致创业者流落街头、无家可归。其中，对于生存型创业者，上述政策可解除其后顾之忧，而对于机会型创业者，则在于对其创业的赞誉，获得更多的精神需求和满足。

政策设计要考虑如何使更多人成为成功的创业者，如何产生更多成功的新企业。在新企业孕育过程中，即在起步期，为了提高企业的新创率，政策组合选择可以考虑两个路径：一是从降低企业进入壁垒着手，如减少开办新企业申请手续的时间。政府对注册手续要求得越少，新创企业创业速度越快。此外，政府的监管程度越低，监管过程部门越少，用时越少，新创企业增长越快。政府创业支持政策选择是，通过减少新创企业的障碍或壁垒，使创业者有更多时间和精力投身于创业企业本身的发展。二是政府可以给予新创企业较多的创业支持，如进行创业教育和培训、创业资讯、提供创业信息等，提供融资支持、研发活动方面的技术转让优惠政策、税收减免等。

对于新创企业的创业者来讲，生存型创业者对于政策进入壁垒的反应通常要强烈些，往往希望政府能够为他们减少障碍，顺利创业。否则，政府将面临这样的困局，面对如此高的创业壁垒，生存型创业者不得不选择不注册、不申请正规的手续而直接创业，即脱离政府监管的创业活动，这样对政府和创业者来讲并不是最优选择。同样，进入障碍方面的政策对机会型创业者影响也很大。机会型创业者往往是在生活无忧的经济基础上开始创业，并且所创企业是创业者所熟悉或擅长的领域，创业者本身受教育程度高、能力强，为了自己的梦想、一个好主意或发现一个好市场、发明一个好产品等都是机会型创业者始建企业的初衷。一个国家或地区创业壁垒高，新建企业注册时间长、注册资本要求高，或者存在其他的政策限制，可能会使得一些有意创业的机会型创业者，在考虑自己创业的结果时，出现犹豫不决、下不了决心的情况。如果政策门槛过高，机会型创业者可能选择不去创业而留在原来的职业岗位上。而如果他们认为门槛不高，创业者选择自己创业的可能性会很高，他们会放弃原来的职业岗位，去开辟一个新的创业领域。此时，政策对机会型创业者具有决定性作用。鉴于此，政策选择时，要根据国家和地区的经济发展战略，对创业政策做好规划。一个国家或地区，为了本经济体的经济发展和稳定，应该考虑鼓励创业者创业的政策措施，使更多潜在创业者投入创业活动中。

2. 成长期创业政策组合

在创业成长期，新创企业面临成长的烦恼，生存型创业者有没有能力使企业保持下去？机会型创业者如何促进企业增长？

图 7-4 提出了成长期不同类型的创业政策分类。对于生存型创业者而言，政策支持体现在如何使企业有良好的生存环境，如何使企业获得需要的融资、如何获得熟练的劳动者等，所以在创业政策组合选择中，提出了针对生存型创业者的政策，如创业技能培训、创业教育项目、创业资助项目、创业税收政策等(表 7-3)。

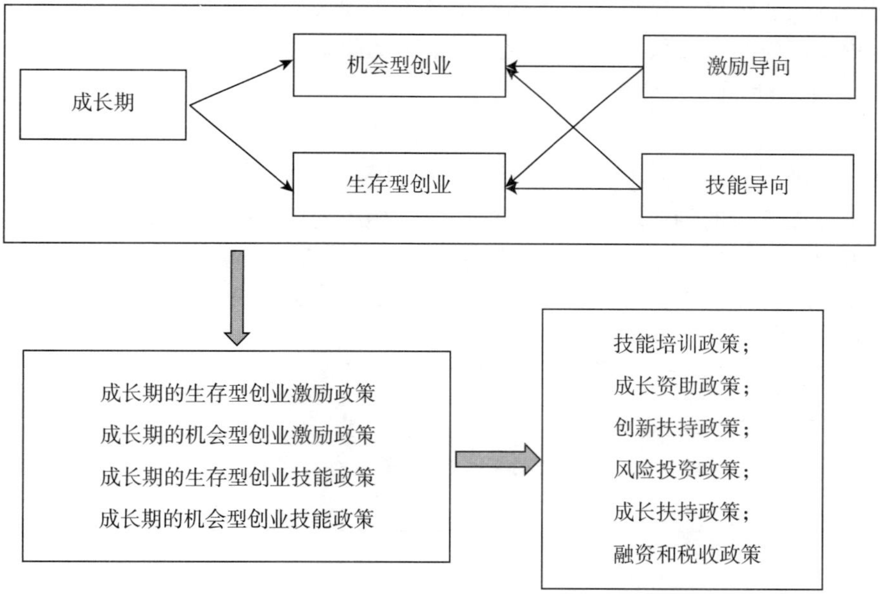

图 7-4　成长期不同创业类型的激励和技能政策

表 7-3　成长期生存型与机会型创业者政策组合选择

项目	生存型创业者	机会型创业者
创业技能培训	•	•
创业教育项目	•	•
创业资助项目	•	•
创业税收政策	•	•
创新基金		•
孵化器系列服务		•
成长资助项目		•
私募基金		•

续表

项目	生存型创业者	机会型创业者
风险投资		•
资本市场融资		•
并购政策		•

针对机会型创业者的创业政策，除了上述政策之外，还包括提供创新基金、孵化器系列服务、成长资助项目、私募基金、风险投资和资本市场融资等政策措施，保证机会型创业者在促使企业成长过程中面临障碍时，能够顺利渡过难关，跨上新的发展平台(表 7-3)。如果这一时期，企业需要进行跨国并购，那么政府根据经济发展情况，提供信息、咨询、人员培训、减少限制、融资等方面的政策。政府还应当考虑依靠中介组织的力量推动此阶段的创业活动。

3. 衰退期创业政策组合

在企业创办三年半后，一些企业无法继续经营下去，不得不关门歇业，是否还有必要进行政策激励和技能培训？生存型创业者和机会型创业者又有什么需求？研究该阶段的创业者特征和需求，提供相应的政策扶持，或许将使一些破产企业再次创业，破茧重生。图 7-5 提出了衰退期不同类型的创业政策分类。

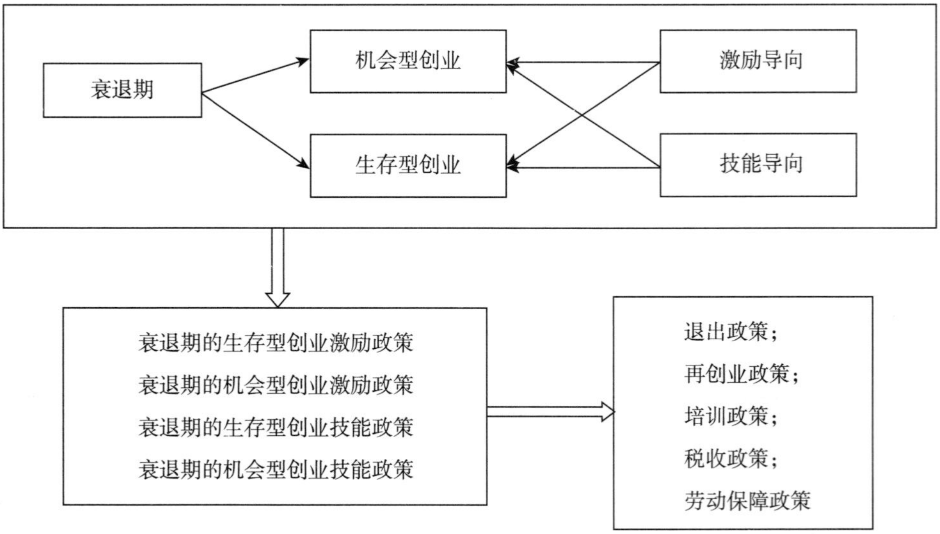

图 7-5 衰退期不同创业类型的激励和技能政策

创业企业衰退期的政策选择具有其自身的特点。首先，创业者已有一段创业经历，并具有创业早期的经验，但不足以使其完全成熟。其次，团队创业在该期具有优势并更具有创新性。团队创业在继续保持高增长的过程中，将面临一些约束。最后，一些创业者因这样或那样的原因不得不选择破产或者退出创业。因此，此阶段的创业政策设计要考虑这些因素，制定相关政策。

针对二次创业的个人或组织，应对原有创业体的破产退出进行规范，使得创业者退出之后仍对创业抱有较高期望。之后，对他们进行再创业培训和辅导，吸取前次创业失败的经验教训，提高自身创业能力，为进入下次创业做好准备。政策还要考虑中介机构的协调性，提高政府对中介机构的管理能力和政策。信用体系也是保证创业者再次创业的良好机制。

7.2.2　整体创业政策组合效应研究

前面对不同阶段的创业者和创业过程以及创业政策进行了研究，那么这些政策对创业活动会产生什么影响呢？通过研究发现，不同的政策组合产生不同的创业效应，因此本部分将对由此而产生的政策组合效应进行分析，包括就业效应、动态效应、财富效应和非正规部门向正规部门的转化效应，如图 7-6 所示。

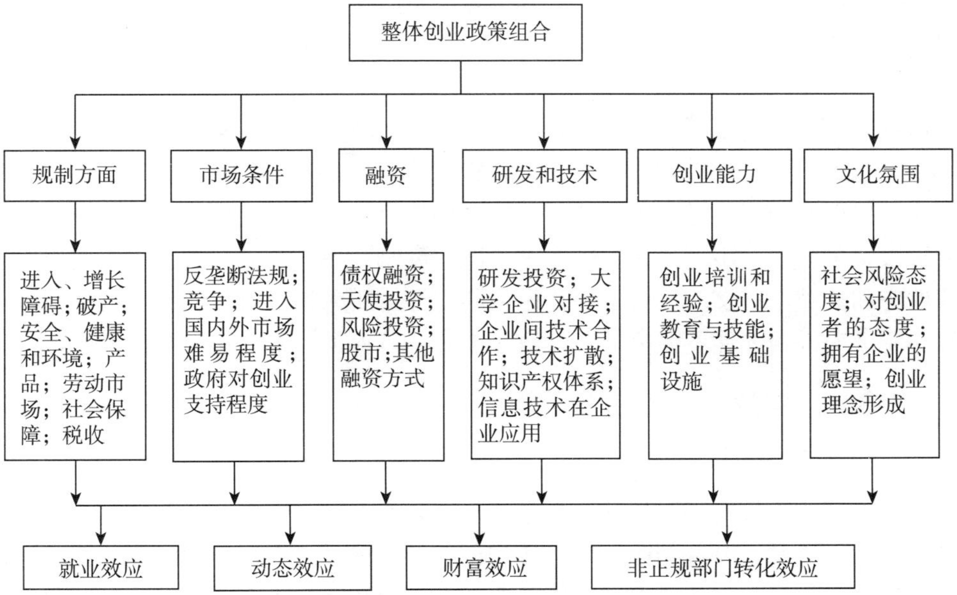

图 7-6　整体创业政策组合效应分析

(1)就业效应。创业激励政策和培育创业者能力的措施的实施，有助于更多的创业者做出创业决策，实施创业行动。一个企业的出现，不管是一人公司，还是多人公司，都需要有一定能力的人员去管理和经营，因此创业将会增加社会就业、减少失业。在起步期，企业因多种因素激励，数量效应最为明显。随着新创企业的增加，就业总量随之增加。在成长期，新企业不断发展壮大，将吸引更多的人员，就业数量也将增加。在衰退期，随着一部分企业的倒闭，就业数量会随之减少，同时由于对于二次创业的政策激励和技能支持、融资支持、社会文化氛围的影响，组织创业活动仍会持续，会再生一些新的企业。

(2)动态效应。这里是指创业政策对创业理念、创业氛围的影响。创业政策不仅在短期内促进创业活动的大量产生，而且中期和长期的外溢效应对创业动机也会产生持续的影响。

(3)财富效应。一般来讲，财富包括两种形式：金融资产和实物资产。这里所指的财富效应是创业政策中的融资、税收等政策变化对财富的增加或减少的影响。宽松的创业融资和税收政策，不仅促进创业者新创企业，获得生活必需品，增加个人财富，同时也能够增加社会财富。

(4)非正规部门转化效应。创业政策如果门槛过高，将使创业者尤其是生存型创业者常常在非正规部门创业，逃避一定的监管，获得创业的机会和收益。而激励创业的政策由于进入门槛不高，创业者没有必要逃避监管或即使想逃避监管，但因所得收益与成本之差太小，从而放弃非正规部门创业。此外，原来在非正规部门创业者，如果发现有适宜的创业政策，考虑到创业企业的长远发展，往往会转向正规部门。

7.3 创业型经济发展的政策实施绩效评价机制与制度安排

发展创业型经济是一国或地区的社会经济目标。在促进创业型经济发展的各个阶段，可以针对不同创业主体实施不同的激励和技能政策措施。而要使政策发挥效应和效益，以实现经济发展目标，还需要对所采用的政策实施有效的绩效评价和制度安排，才能不断完善各项政策措施，以保证社会经济目标的顺利实现。

7.3.1 实施绩效评价机制

1. 目标

实施绩效评价机制的目标是，通过培育创业主体，转换创业类型，完善创业机制，优化资源，改善创业环境，构建创业经济体系，提高创业者创业能力、再创业的能力与活力，从而促进新创企业、新企业和高技术企业的成长。其包括三个方面。

(1)激活创业理念。政府政策支撑对创业活动的培育、创业教育的发展，改变人们对创业风险的态度，提高人们对创业失败的承受能力。

(2)改善创业环境。其包括融资税收、信用体系、社会保障、法制环境的改善，以及创业配套设施的完善等。

(3)整合创业资源。其包括专利技术的开发与利用、人才的引进和调配、科技创新成果的转化、政府对创业活动的资金支持。

随着创业经济发展的总体需要和不同发展阶段的具体情况，在实施评价绩效时，应考虑不同政策目标的实施效果，根据创业经济发展需要，保证主要目标的实现，同时也要兼顾其他目标。

2. 原则

实施绩效评价机制的基本原则是：与市场经济发展相结合，发挥市场对资源配置的基础性作用；突出重点，侧重不同创业阶段和创业类型的创业需求；力求构建系统的创业政策评价体系；有较强的可操作性。

3. 绩效评价指标

政府政策实施后对创业活动到底有什么样的效果，需要对所采用的政策绩效进行有效的评估。通常有三种评估方法，即定性分析评估、定量分析评估和系统分析评估。而这三种方法在实践中的使用也不是完全单一的，往往会根据评估情况综合使用。本书对创业政策实施绩效的评估主要根据系统分析评估方法，但也涉及定性分析评估和定量分析评估方法。

首先，采用定性分析评估法，从创业政策本身的内在规定性上分析评估创业政策效果。主要在以下几方面做出判断：创业政策目标与社会政策目标是否相吻合；对创业政策对环境的适应性做出评估；对创业政策的必要功能及技术可能性做出评估；对创业政策同其他政策的协调性和衔接性进行评估；对创业政策同经济稳定增长的关系进行评估。其次，采用定量分析评估法。对所设计的测量指标、要素等进行数值提取。最后，采用系统评估法对创业政策绩效进行总体考察。

这里采用二级指标方法，见表 7-4。创业政策实施绩效的总体考量是一个综合指标。第一级评价要素有三个，包括对创业能力、创业效益以及创业基础条件和保障的评价。第二级评价指标分列在第一级评价要素项下，如针对创业能力的评价包括 10 个次级指标，创业效益指标包括 11 个次级指标，对创业基础条件和保障的评价包括 11 个次级指标。首先对二级指标进行统计，然后计量出一级指标的数值，再将三个一级指标进行汇总，得出创业政策实际绩效的总指标。有些指标的数值可以直接观测到，有些需要专家打分评价。

表 7-4　创业政策实施绩效评价框架

评估要素（一级指标）	评估指标（二级指标）
创业能力	早期创业活动指数
	现有企业所有者指数
	总体创业活动指数
	初生企业数量
	新企业生存率
	创新成果转化率

续表

评估要素(一级指标)	评估指标(二级指标)
创业能力	研发投入比重
	人口流动率
	技术转让活跃度
	专业技术人员指数
创业效益	创业者自雇和雇员占总就业比重
	创业利润总额占 GDP 比重
	创业税收额占税收总额比例
	城镇居民年末储蓄总额
	创业环境转变
	创业态度指数
	创业教育贡献率
	创业愿望指数
	创新接受程度
	年末城镇登记失业人数
	创业成功率
创业基础条件和保障	宏观经济状况
	行政效率
	市场开放度
	进入和退出难易程度
	创业贷款难易程度
	融资渠道
	基础设施建设
	政府创业项目支持
	创业政策认知程度
	创业政策宣传次数
	高校创业培训课程体系

4. 创业能力评价

由多个指标来反映创业前后创业能力的变化。早期创业活动指数、现有企业所有者指数和总体创业活动指数借鉴《全球创业观察中国报告(2007)》的概念界定。早期创业活动指数，表示 18～64 岁人口中当前或者初生创业者或者是新企业拥有所有权的管理者人数所占比例。现有企业所有者指数，表示 18～64 岁的人口中当前运营时间超过 42 个月的企业中拥有所有权的管理者人数比例。总体创业活动指数，表示 18～64 岁人口中目前或者是参与早期创业活动或者是现有企业拥有所有权的管理者人数所占比例。这三个指标代表了一个区域或国家的创业活动活跃程度，创业活动指数高，有利于该区域或国家的经济发展，提高就业水平。初生企业数量是一个关键的指标，因为一个企业从开始创办到最初的 3 个月，往往是一个企业筹集资金后至少能够维持企业运转的阶段，花出去的钱比挣回来的多。新企业生存率，表示企业从创办 3 个月以上到 42 个月之内，对一个新企业来讲，是一个重要的转折期。这两个指数表示一个区域或国家的经济活力，初生企业和新企业多，则表明经济前景看好，如果这两类企业少，则表明经济有衰退的苗头。创新成果转化率是指创业企业的所有创新成果转化为市场价值后，占全社会创新成果转化价值的比重，该指标表明一个创业企业的竞争能力。研发投入比重，是指创业企业在所有投入中，研发项下投入的多少。研发投入多，预示着创新能力强，企业竞争力强；相反，则企业竞争力弱。劳动力是经济活动中最活跃的因素之一，这里使用表示劳动力流动的指标——人口流动率来表示。人口流动率，是指一个区域流动人口数占该地区常住人口总数。如果劳动力易于流动，那么他们往往会迁移至创业活跃、收入较高的地区。技术转让活跃度，表示一个区域或国家出售技术所得金额占该区域或国家 GDP 的比重。该指标比重越高，表明该区域或国家经济竞争力越强。专业技术人员指数，是指专业技术人员占全部创业人员的比例。这是反映人力资源质量的指标，比例越高，表明创新创业能力越强；反之，则创新创业能力越弱。

5. 创业效益评价

对创业效益的评价，表明创业政策驱动创业活动所带来的经济价值和社会价值，包括 11 个指标。创业者自雇与雇员占总就业的比重，反映了创业领域就业效益的大小。创业利润总额占 GDP 比重，说明了创业利润总额对 GDP 的贡献程度，该数值越高，表明创业贡献越大。创业税收额占税收总额比例，表明创业活动的直接效益，该数值越大，则创业活动对社会贡献越大。城镇居民年末储蓄总额，可以直接从统计年鉴观测到，如果储蓄总额高，则包含创业者在内的居民的生活状况将会得以提高。创业环境转变，如果朝着有利于创业的方向转变，则促进创业，否则会阻碍创业活动的开展。创业态度指数，也是 GEM 的一个指标。该指标和创业文化和传统相关，如果一个社会崇尚创业和创新，不惧怕风险和失败，则有利于创业活动的普遍开展，否则创业活动将会较少。创业教育贡献率，表示创业教育培训对创业活动的影响程度。创业愿望指数，采用 GEM 的指标，是指城镇居民愿意创业的比例，表明社会对创业风险的认知。如果该比例大，社会创业前景可期。创业投资回报率，该指标越高，创业动力越大，晕轮效应越强。创新接受程度，反映出创业者和未创业者之间的差别，衡量了创业者对创新精神的追求。如果创新接受程度高，创业者创新意愿相对更强，创业参与度会更高。年末城镇登记失业人数，可据以观察创业对就业数量的影响。创业成功率，是指创业后实现一定利润或收益的个人或组织创业者占全部参与创业的个人或组织的比重。如果该数值高，表明创业者正向效应明显，创业者继续发展的潜力大。

6. 创业基础条件和保障评价

针对支撑创业活动的基础条件和保障进行的评价，反映出创业的进入、退出、增长潜力情况以及创业的可持续性。其主要包括宏观经济状况、行政效率、市场开放度、进入和退出难易程度、创业贷款难易程度、融资渠道、基础设施建设、政府创业项目支持、创业政策认知程度、创业政策宣传次数、高校创业培训课程体系，考察的是创业环境的宽松程度。一个区域或国家开放程度高，则表明其创业束缚小，进入或退出的壁垒低，创业能力相对更强；反之，则表明其创业束缚大，进入或退出成本都较高，不利于创业能力的生成。当然，一个地区越开放，与其他地区的信息交换就越频繁，也有利于创业行为的产生。

7.3.2 创业政策实施的制度安排

诺斯(1990)认为，制度乃是社会的游戏规则。这种游戏规则通常包括三个部分的内容，即正式规则、非正式规则和实施机制。正式规则是指人们自觉发现并用以规范化的一系列规则，包括政治、经济和契约。正式规则的主要特征在于其强制性。非正式规则包括习俗、传统、道德观念、意识形态等。非正式规则无处不在，它深深植根于人类的心灵深处，是在正式规则的框架下发挥作用的。而实施机制就是规则实施的过程和原理。实施机制决定了一国或地区制度的执行程度。离开了实施机制，再好的制度也形同虚设。创业是一种社会现象，它受不同的经济和非经济条件影响。如果一国或地区要想实现普遍开展创业活动促进经济发展的理想，缺乏制度保障是难以想象的。

GEM 的制度概念模型从社会、文化、政治环境等方面揭示创业所需条件与创业经济发展之间的关系和影响。由图 7-7 可知，GEM 创业前提条件包括三大类，即创业一般环境条件、创业效率增加条件以及创新创业条件。具体地，创业一般环境包括制度、基础设施、宏观经济稳定、健康和基础教育等方面，这些环境条件是成功创业的基本前提和保障。为了保证创业效率增加，需要在高等教育与培训、商品市场效率、劳动市场效率、金融市场的敏感度和技术准备等方面加强。此外，促进创新创业开展需要更多的支持和保障，包括创业融资、政府政策、政府创业项目、创业教育、研发转移、国内市场开放度、创业有形基础设施、创业商业、法律基础设施、文化与社会规范等方面。这三大基本条件对现存企业和创业者都将产生影响，如影响其创业态度、创业活动和创业愿望等。通过这一层次的创业活动，国家推动就业、创新和社会价值的实现。

根据前述分析，创业政策组合的实现缺乏一定的实施机制是无法发挥效能

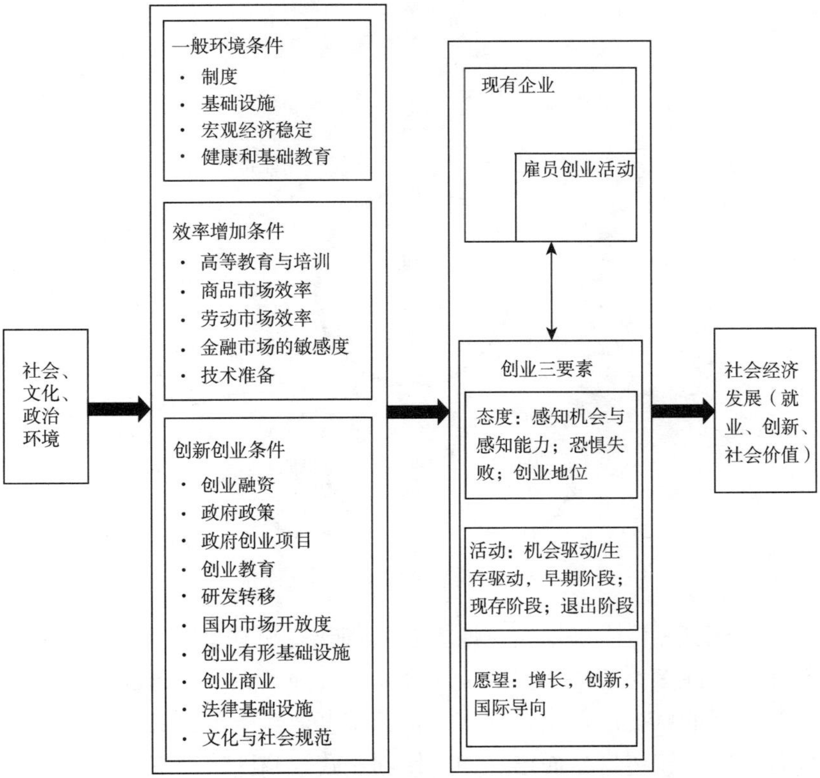

图 7-7　制度环境与创业的关系(GEM 概念模型)

的。如果保障创业政策组合的制度实施机制安排恰当，那么可以引导和激励一个社会的创业活动顺利展开，实现社会经济目标。本书认为，实施机制的制度安排包括政府相关部门、区域相关部门与创业相关的第三方部门以及与此相适应的机制体制(图 7-8)，如股权激励机制、技术创新的金融服务机制、政府采购机制和所需人才集聚机制等，共同推进创业活动。

首先，在国家宏观层面，由不同的部门主导和提供创业所需各种需求要素。其包括：①倡导具有创业精神的、不惧怕失败的社会心理。一方面，在全国的教育系统中渗入这种文化根基，使得创业者敢作敢为，勇于担当创业责任，形成一种社会创业的风气和共识；另一方面，由社会保障部门向创业者提供生活基本保障和医疗保障，使创业者免除生活方面的忧患，即使创业失败也不至于倾家荡产、流落街头。②创业的社会需求和国家的激励。国家发展宏观战略制定引导方向的创业目标，由政策制定部门和实施机构协同促进政策的制定和贯彻实施。由银行部门、资本市场、担保机构等部门以及民间借贷为创业者提供融资服务和保证。

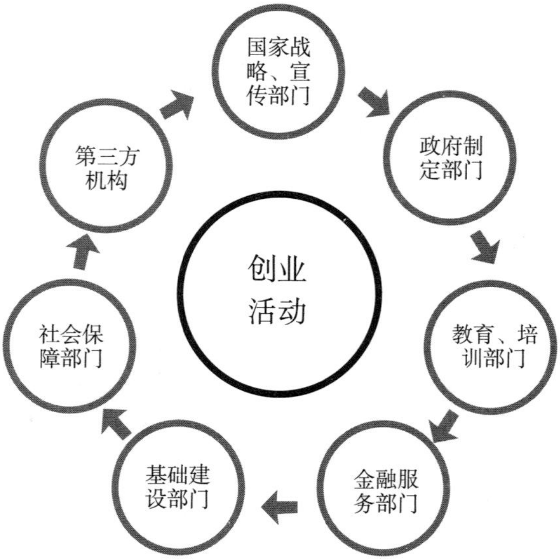

图 7-8　创业政策实施的制度安排

其次，在区域经济发展层面，地方政府和执行机构如何贯彻实施这一战略，决定着创业政策在多大范围、程度、深度展开。国家经济战略目标的实现，取决于各地经济发展的状况。一个好的政策，若没有地区乐于去实践，也就流于一纸空文或仅仅是几个宣传口号而已。如何使创业政策和区域经济发展相结合，并与之相辅相成，应根据各地经济发展阶段与目标而确定。其中应注意两个方面：其一，创业政策与其他政策的契合。当创业政策和地方短期目标相冲突时，如何解决该矛盾？例如，创业政策与城市形象规划的实践，有些城市为了城市形象或争创全国文明城市而将个人创业者统统扫荡。其二，支持创业的基础设施的建设。创业所需场地，包括办公、生产、经营场地。尤其是有利于高技术发展的孵化器，可以为新创小企业提供基础。

最后，在第三方机构监督和促进方面，设立创业政策和实施的第三方机构，从事信息收集、评估和反馈。这样可以保证政策在贯彻实施过程中出现问题和偏差时，能够及时传递信息，尽快修正。

7.4　本章小结

本章将创业类型(主要为生存型和机会型)、创业者的特征(不同创业者的年龄、受教育程度、经历经验、创业过程等)作为出发点，应用政策的激励和技能导向，通过政策设计多维组合，研究政策在创业过程中不同着力点的效应，从而为提高创业活动的绩效、为经济体创新、就业和经济发展提供有益的途径和选择。不同的政策组合产生多种政策效应，主要包括就业效应、财富效应、动态效应和非正规部门转化效应。基于此，本章通过一定的政策实施绩效评价机制来考察和完善多维创业政策的效果，提出了通过三大类指标要素，即创业能力、创业效益和创业基础条件和保障来建立创业政策实施绩效评价框架。政策实施的机制涉及社会、文化和政治环境多方面的因素，通过各个因素对创业活动的直接和间接影响，提高创业者对创业活动的信心和能力，更多地参与创业活动，不断地使企业创新和成长，最终传导至经济增长。其中，需要国家有战略决策、部门有政策对应、区域有部门和动力接应，还需要第三方作为旁观者清醒地对创业活动做出公正客观的评判，以促进创业活动健康发展。

第 8 章

政府支持创业型经济发展的政策设计及工具选择

8.1 政府在发展创业型经济中的作用

合理科学的政府行为是现代市场经济有效运行的前提。发展创业型经济，政府的作用发挥得如何，取决于政府管理方式的科学性。政府应重新定位在创业型经济管理中的以下角色。

8.1.1 创业型经济发展的引领者

现阶段，我国经济增长方式是比较典型的资源消耗型，这种方式是粗放的、不可持续的。经济过度依赖于特大和大型企业的发展，依赖出口拉动、政府的基础设施建设、房地产投资等，微型企业和中小企业对经济增长的拉动贡献相对较小，不利于经济的可持续发展和社会的和谐进步。政府在经济发展方式转变、培育创业型经济的过程中，应大力倡导人们创业和创新，激发全民的创业热情，充分发挥知识、技术进步和人力资本等经济增长内生要素的积极作用，将劳动力资源过剩的负担转变成劳动力资本丰富的比较优势，引导社会资本合理流动，大力发展第三产业，不断提高生产的技术含量，降低对土地和资源的消耗水平，提升微型企业和中小企业对经济增长的拉动贡献，从而全面增强企业、产业和整个国民经济的综合竞争实力。政府的作用主要是为创业型经济的发展创造良好的社会环境，科学引导创业需求，适时调整创业政策，引领创业型经济快速发展。

8.1.2 创业型经济发展的服务者

新创企业处于事业的起步阶段，自身生存能力较差，经营风险比较高，市场开拓比较吃力，因此一个良好的创业孵化环境就显得非常重要，亟须政府通过相关的政策给予扶持和协助。政府在建设创业型社会的过程中要主动承担更多的责任，制定明确的产业政策，用看得见的手努力为中小型企业改善企业经营的环境，通过设计创业投资制度引导更多的社会闲置资本转向新创企业；通过理顺经营管理辅导机制提升新创企业的创业成功率；通过营造有利于公平竞争和发展的环境以及个人资产与权益保护的相关法律机制，鼓励优秀的人才积极创业，引导优质的资源用于创业。因此，政府要顺应市场经济发展的需要，不断调整和优化政府机构设置，提升执政效能，由"领导经济"转变到"服务经济"上来。政府主要负责社会管理、公共服务、经济调节和市场监管，负责提供公共产品(硬件如基础设施，软件如环境保护)，营造公平、良好的创业环境。以硅谷为例，硅谷被认为纯粹是市场经济的产物，是政府规划痕迹最少的高科技园区。但是即便如此，政府尤其是地方政府对硅谷的发展也是功不可没的，政府在硅谷发展中的协调作用主要体现在：政府的订单对硅谷新技术的扩散影响重大，对斯坦福大学研究项目进行直接赞助，为硅谷的不断扩展规划用地，不断改善硅谷的交通状况，缓解硅谷住房紧张的局面。因此，政府在基础设施、市场开拓服务、人才引进、创业培训服务、技术支持服务、法律咨询服务、创业融资等方面的支持与服务力度，在一定程度上决定着创业资源的富集程度。

8.1.3　创业型经济发展的激励者

在发展创业型经济的过程中，政府做到引领者和服务者还是不够的，政府还要通过一系列激励机制、鼓励措施调动创业者的创业激情，降低创业成本，让创业者看到好处、得到实惠、受到肯定、获得尊重。从创业者角度来看，由于大多数创业者起点较低，创业资源有限，进入门槛过高会直接打击创业者的积极性，因此政府应该简化创业所需的程序，降低创业的进入门槛，从而降低创业成本。从企业角度来看，政府应将减轻创业企业的行政管理负担，制定优惠的税收政策、财政补贴及财政贴息政策等作为重点，为企业经营创造宽松环境。要对各类创业企业给予国民待遇，做到机会均等，全面发展，调整创业优惠政策的"科技型企业"偏好；要积极促进创业资本产业的发展，鼓励对创业企业的风险投资，发展贷款担保机制，重点鼓励银行为创业企业量身定制相关服务政策，为创业企业提供更多资金支持。从创业服务方面看，要加强对知识产权的保护，鼓励高新技术研究开发和成果转化，并为高新技术成果转化创造良好的环境条件。从社会环境方面看，要大力弘扬创业者的先进事迹，号召全社会学习他们艰苦创业、勇于开拓的拼搏精神，使创业精神和创业理念深入人心，为推动全民创业凝聚强大的精神力量。

8.2 政府支持创业型经济的作用类型

根据政府在推进创业中所发挥作用程度的不同，本书将创业政策作用类型分为四类，即自由放任型政策、有限参与型政策、战略干预型政策和政府主导型政策，见图 8-1 和表 8-1。

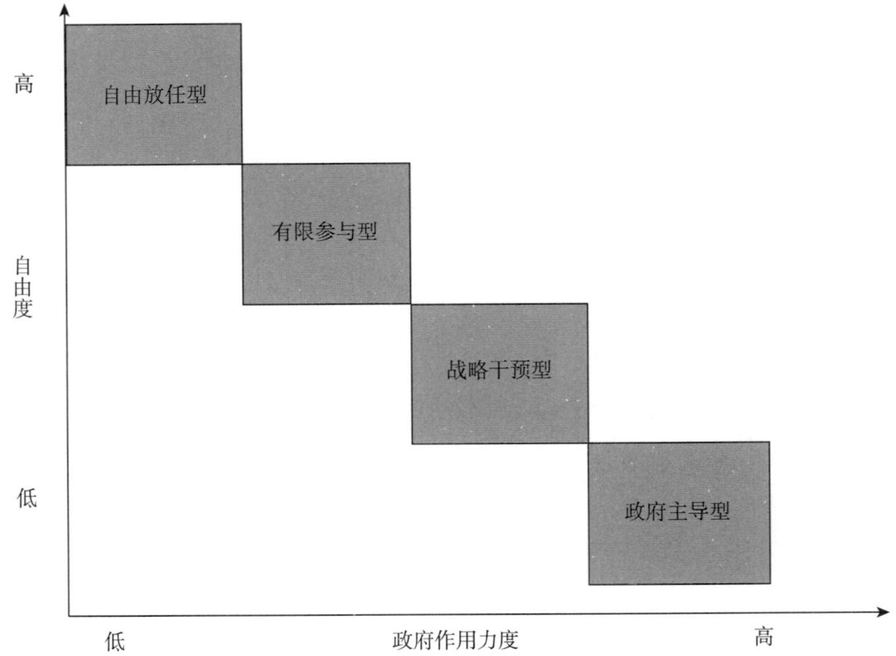

图 8-1 政策作用类型示意

表 8-1 政府支持创业型经济的作用类型

项目	自由放任型	有限参与型	战略干预型	政府主导型
政府自主意识	无自主意识	自主意识萌生	自主意识增强	自主意识强烈
着力点分布	无着力点	着力点极少且分散	着力点增加	着力点点多面广、布局合理
政策系统性	无	较差	较好	系统性强
政策指向性	无	开始有指向性	政策取向清晰	政策指向明确
政策力度	无力度	政策力度有所显示	政策力度开始加强	政策主导意愿强烈
政府角色	守夜人	服务者	领导者	引领者、服务者、激励者
政策工具	法律工具	法律工具、提供公共产品和公共服务	法律工具、公共产品和公共服务工具、经济政策工具	法律工具、公共产品和公共服务工具、经济政策工具、行政管理工具

续表

项目	自由放任型	有限参与型	战略干预型	政府主导型
政策工具维度	单维度（法律维度）	双维度(法律维度、公共产品维度)	三维度(法律维度、公共产品维度、经济维度)	四维度(法律维度、公共产品维度、经济维度、行政维度)
政府政策效果	无	很小	较大	很大
创业型经济走向自由度	自由度很大，漫无目标	自由度较大，目标较笼统	自由度较小，目标逐渐清晰	自由度不大，目标明确，即大力推动创业型经济发展，构建创业型社会

8.2.1　自由放任型政策

自由放任型政策是指政府在对待创业型经济发展上的态度是不管不问，放任创业型经济自由发展，能发展到什么程度就发展到什么程度，在发展上要依赖于创业者自己去把握，任其自生自灭。

这种政策下，政府对创业型经济发展没有明确认识，政策着力点、政策力度和政策效果根本无从谈起，政策缺乏系统性和指向性，政府充其量只是扮演一个“守夜人”的角色，政策工具以法律工具为主，政策维度单一，创业型经济处于漫无目标的自由状态。在自由放任型政策下，政府的职能范围极其有限，主要对微观经济主体提供产权保护和市场基本秩序的维护。由于微观经济主体的经济活动主要受市场调节直接影响，政府行为可能会对微观经济主体产生消极影响，所以政府主张不干预经济活动，与此相适应，政策工具仅限于法律工具。

8.2.2　有限参与型政策

有限参与政策是指政府在创业型经济发展过程中，以服务者的身份，通过国家投资公共产品、公共服务的方式引导创业型经济的发展。

在这种政策下，政府逐步放弃对市场不闻不问的态度，政府职能范围开始扩张，开始对市场经济活动进行有限干预，通过提供公共产品和公共服务，在一定程度上克服市场失灵。政府对创业型经济已经开始有了一些了解和认识，自主意识逐步萌生，政策指向性开始向创业型经济有一定倾斜，但政策着力点较少，而且比较分散，系统性不明显，政策力度有所显示。政府将自己定位于创业型经济的服务者，以提供公共产品和公共服务为主要方式，为创业创造良好的环境，但政府并不直接干预微观经济主体的活动，态度比自由放任型政策明显积极，但相对较为中立；与政府态度相适应，政府会采用较多的政策工具促进创业。政策工具维度由单一维度转化为双维度，即法治工具维度和公共产品、公共服务供给维度。后者将成为这时政府重要的政策工具。随着政策维度的增加，政策效果开始显现，但效果不是很明显，创业型经济走向自由度较大，政策目标相对笼统。

8.2.3 战略干预型政策

战略干预型政策是指政府已经相当重视创业型经济的发展，将其上升到战略高度，采取一系列经济政策(如产业政策、金融政策、财政政策等)进行积极干预，为创业活动提供资金、技术等支持，促进创业型经济的良性发展。

在这种政策下，政府对创业型经济已经有了比较全面的了解和认识，自觉领导创业型经济发展的意识明显提升，政策着力点明显增加，政策取向清晰、明确，政策力度加大，开始从“服务者”的身份转变为“领导者”的身份，政策工具除了法律工具、公共产品和公共服务工具外，还拓展到经济政策工具。政府主动通过宏观调控措施推进民间创业活动的活跃，政策效果十分显著，创业型经济发展自由度较小，发展目标逐步清晰。在这样的情况下，政府运用多维度政策工具，除运用法律、公共产品和公共服务这两大工具以外，还大量增加产业政策、财政政策、金融政策等经济政策工具，巧妙利用经济杠杆带动民间创业积极性，达到政策目标。

8.2.4 政府主导型政策

政府主导型政策是指政府运用一切影响创业供给与创业需求的工具和手段，力求将政府作用发挥到极致，引领、推动、促进创业型经济的健康发展，构建充满活力的创业型社会。理想的创业型社会将会有大量的创业家涌现，新创企业、事业层出不穷，创业环境宽松，创业融资门槛低，融资渠道多元，创业氛围浓厚，个人创业激情旺盛，具备创业技能和创业精神的个体持续增加，创业企业成活率高，创业成功的企业不断进行新的创业活动，整个社会经济充满活力，进而带动经济持续、协调发展，提升整个国家的竞争实力。创业型社会将使一国经济发展后劲十足，走向持久富强。

这种政策下，政府的自主意识强烈，政策着力点点多面广、布局合理，系统性强，政策指向非常明确。作为创业型经济的引领者、服务者和激励者，政府角色定位准确，职能发挥到位，多维度、全方位运用政策工具，政策效果充分体现。创业型经济走向的自由度不大，目标明确，即大力推动创业型经济发展，构建创业型社会。在这种政策下，政府在支持创业型经济中发挥着更大的作用，除法律工具、公共产品和公共服务工具、经济政策工具外，还大量运用行政管理工具，各维度政策工具也得到充分且恰当的运用，不仅注重各类政策工具的完善和深化，而且更加注重各种政策工具之间的协调配合使用；不仅重视创业政策的连续性和连贯性，而且注重创业政策的精细化和可操作性。

8.3　政府支持创业型经济发展的政策工具

政府支持创业型经济发展是通过一系列政策工具构成不同的政策组合而实现的。政策工具是政府实现其政策目标的手段和途径。在创业型经济发展的过程中，政府可以采用法律工具、公共产品和公共服务工具、经济政策工具、行政管理工具等多元政策工具组合，促进创业带动就业。这些工具既可以是传统的、一以贯之的工具，如法律工具，也可以是动态的、不断修正和完善的工具，如经济政策工具、行政管理工具等。除采用传统的政策工具促进创业之外，新型的政策工具将不断地被开发、挖掘、提升，并被运用到创业活动中。随着人们对创业型社会认识的逐步加深，政府在创业活动中扮演的角色在不断调整，政策工具所发挥的作用也愈发显现出来，政府已经从一个简单的"守夜人"逐步过渡为积极的"引领者"；政策作用类型也从自由放任政策转变为政府主导类型。政府角色和政策作用类型的转变目的十分明确，即激发全社会的创业动力，让创业成为推动经济持续发展的主要引擎，构建创业型经济。

8.3.1　法律工具

1. 市场秩序维护

管制与放松管制是市场秩序维护方面主要的法律工具。建立良好的市场秩序首先需要管制，一般表现为标准、规章、禁止、许可、执行程序等形式，这些规制在建立和维护基本市场秩序中发挥着非常重要的基础性作用。随着市场的发展和完善，管制会日益增多和不断细化，以至于市场主体的自由空间越来越狭小，而且市场管理者在维护市场秩序的过程中，会不断产生新的规制需求(如加强管制的有效性等)，最终这些需求形成新的规制加入到管制当中，使得管制体系越来越臃肿、复杂，甚至阻碍创业活动的进行。在这样的情形下，放松管制便会成为鼓励创业的新政策工具。放松管制是指在市场能够发挥作用的范围内完全或部分取消价格或市场准入的管制，以变革公共行政管理消除或减少特定利益群体额外的管制，使微观经济主体(创业者)在制定价格和选择产品上享有更多的自主权。

2. 市场准入和退出

创业进入和退出壁垒是阻碍创业型经济发展的一个重要因素。

首先，塑造平等的市场经济竞争主体。对于垄断行业、公共事业建设、医疗卫生、教育行业等领域，主张所有微观经济主体享有国民待遇，取消国有企业的超国民待遇，消除对民营企业的歧视性不公平待遇，尤其是民间资本投资垄断领域的限制和准入门槛应该坚决取消，民企和国企在竞争中应为平等的两个主体，不应区别对待。通过引入拆分、重组等形式的市场竞争机制，降低市场的进入限制，使中小企业融入到行业发展中来，并有了更大的发展空间，同时增加了创业机会。

其次，不违法设立行政许可和市场准入。每个公民有自主选择从事行业、从事事业、从事活动的权利。如果为了公共利益需要禁止某一部分人进入，那么需要通过立法来规范。否则，按照市场经济原则叫“非禁即入”，没有法律明文禁止，所有主体都可以自行进入。

再次，淡化企业审批制度，改审批制为登记制，降低进入门槛，减少创业成本。具体来说就是简化进入审核，加强后续管理。各级政府应该对企业审核项目进行逐一研究，以方便创业型经济发展为主要原则，不断删除不必要的手续和程序，为创业者提供良好的发展环境；逐步将审批制转变为登记制，简化进入程序，放宽行业进入限制，降低一些行业的注册资本，节约新创企业的时间、资金等成本；同时在后续管理中积极运用检查、监督等手段强化管理，建立一套严格的、科学的、程序严密的后续管理制度，变“严进松管”为“宽进严管”加“管理与服务相结合”，引导中小企业朝着可持续发展的方向健康成长。

最后，要采用灵活的退出机制。所谓退出机制，是指创业投资者在其所投资的创业企业发展相对成熟后，将所投的资金由股权形态转化为资金形态。就我国现在创业板的发展来说，就是要解决好市场的规范问题，防止财务信息虚假、违规挪用资金等行为出现。在此基础上可以考虑构建创业投资者对外转让创业企业股权、由创业企业回购创业投资者的股权等灵活的创业退出机制。此外，在创业型经济发展中，企业的破产机制也应该属于退出机制，通过简化破产程序，使投资者能够及时从投资失败中抽出资金，最大限度地减少创业损失。

3. 产权保护政策

产权是经济所有制关系的法律表现形式，主要是指财产的所有权，还可以指支配、收益和处理与财产所有权相关的其他权利。产权是可以流动的，并且其使用权、经营权等还可以与所有人分离。人们可以通过规范的产权制度保护产权人的利益，规范市场环境、激发微观经济主体创业积极性、优化资源配置等。产权制度设计具有较强的操作性，产权收益将通过经济利益引导创业活动。

在产权保护方面，一是确认微观经济主体即创业者的合法地位，以公司制、合伙制、个人业主制等主体法律法规体系保障其合法商业活动；二是要确认市场主体即创业者的产权、财产权，并给予充分保障。产权保护政策包括企业分配权、经营权以及知识产权等。

4. 知识产权保护

知识产权是指权利人对其所创作的智力劳动成果所享有的专有权利。知识产权是一种无形财产权，它与房屋、汽车等有形财产一样，都有价值和使用价值，都受到国家法律的保护。

知识产权制度以保护人们在文化和科技领域的智力成果为目标。只有权利人的智力成果得以合法确认，并得到全方位的保护，才能激起人们的创造积极性和主动性，促进社会的不断进步。知识产权是保护自主创新、创业的基本法律制度和有效机制，其根本目的是在保护创新者自身利益的前提下，促进知识和技术的合理、有偿扩散。科技创新成果是一种外部性很强的公共物品，如果缺乏有效的激励机制，就会导致这种产品的供给不足。越来越多的企业逐渐认识到品牌、专利技术和商业机密等无形资产的重要性，而保证这些无形资产的安全性和专有性，正是知识产权存在的价值和出发点。此外，保护知识产权，实现与国外政策的接轨，也将有助于推动我国对外贸易、引进外商和外资投资。我们要建立完善的知识产权保护系统，真正让技术创新者和发明创造者在保护期享有完整的产权，得到应有的经济补偿，减少侵权给他们带来的经济上的损失，使其个人报酬与其对社会的贡献呈正相关，最大限度激发他们的创造性。

在知识产权保护方面，要建立以保护知识产权为核心的、符合国际惯例和创业企业特点的分配制度和经营制度。要鼓励科技人员运用自己的科技成果进行自主创业，促进科研成果的产业化，鼓励科技人员采用科技入股的方式参与企业的经营活动。通过实行技术入股、技术开发奖励、科技人员持股经营等制度，来重点保护和落实科技人员的技术权益，使技术和成果在参与企业的经营和分配中真正转化为生产力要素，获得其应有价值。为此，要放宽技术入股比例、尊重创业者之间的协议，允许采用期股、期权等激励方式，从而在分配制度上保证知识产权拥有者、企业经营者和高层企管人员能够获得相应报酬或相应权益。

政府通过知识产权制度及司法体系的建立，最大限度地保护知识资产的所有权、转让权和收益权，维护创业型经济的良性循环和健康发展。只有权利人的智力成果得以合法确认，并得到全方位的保护，才能激起人们的创造积极性和主动性，促进社会不断进步。此外，知识产权的专有性特点为企业争取到更加充裕而宝贵的时间去开拓市场，赢得消费者，进而在市场上占得先机。越来越多的企业已经意识到无形资产(如品牌、商业秘密、新配方、新技术等)的巨大价值和潜在魅力。在激烈的市场竞争中，企业如何脱颖而出，处于有利地位，如何让无形资产逐步增值，这些将越来越多地依赖于对知识产权的合理保护。保护知识产权，不仅有利于提高人们从事科技研究的积极性，还能为企业带来经济效率、增强企业实力。

完善知识产权保护，政府的工作主要有：首先，政府作为政策的制定和执行者，应不断完善知识产权保护法，最终建设一个全面、完备的知识产权保护政策体系。在处理知识产权相关案件中应做到有法可依、违法必惩，这样便可避免一部分人利用现有政策的盲点，进行违法侵权活动。其次，加大知识产权保护法的宣传力度，普及知识产权保护法相关知识，让法律深入人心。许多企业或个人的知识产权侵权行为往往是因为不懂法，加大宣传力度可提高其对知识产权法的认识，可让其分清哪些是可以借用的知识资源、哪些又会引致侵权，避免因为无知而造成的知识产权侵权行为。另外，对于那些明知是侵权行为又欲进行侵权的人，加大宣传力度可使其充分了解侵权相应的处罚条例，降低其侵权冲动。最后，政府应努力营造一个良好的知识产权保护氛围，动员社会一切力量，形成一个相互监督、积极揭发和检举侵权行为的社会环境，最大限度地避免侵权行为的发生，保护知识产权。

5. 创业相关法律制定和调整

专门针对创业的法律能够对创业企业的成立、运营以及良性发展起到积极的促进和保护作用，如美国的《小企业投资法》、日本的《小型企业投资法》都曾对其本国的创业型经济发展发挥过重要作用。为了保证一些相关优惠政策有效地实施，立法当局还颁布一系列相关的法律法规，如美国颁布了一系列涉及扶持中小企业的法律法规，如《小企业投资法》、《纳税人免税法》、《经济复兴税法》和《国内收入重组与改革法》等；英国的《企业扩展计划》，日本的《中小企业基本法》，法国的《振兴中小企业计划》，德国的《关于保持稳定和经济增长的法令》，韩国的《技术开发促进法》、《支持创立中小企业法》和《中小企业创业支援法》等，都涉及了对中小企业的政策扶持。各国政府积极改革办事程序，减轻了中小企业负担，降低了中小企业的运行成本。例如，里根政府《灵活调节法》的颁布，为的就是减轻中小企业的日常文书负担。

我国虽有《中小企业促进法》《就业促进法》等与创业有一定联系的法律，但有关创业的法律内容依然显得支离破碎，散落在其他法律之中，缺乏系统、全面的法律法规，且中国现行的法律法规仍然存在许多与创业不相适应的地方。例如，国家发改委 2005 年 11 月颁布的《投资企业管理暂行办法》中明确规定，创业投资企业的备案管理部门分别是国家发改委和各省(含副省级城市)发改委，省以下注册的创业投资企业要向所在地级市管理部门申请备案，创业投资管理机构的投资人在机构设立登记前需要缴足其申报的全部出资，实收资本不低于 3 000 万元人民币，等等，不仅程序多，而且门槛高，将大量闲置的民间资本拒之门外，这些相关条例只能对创业活动以及中小企业起到束缚和限制发展的作用。另外，保险基金不能用于创业投资，也在一定程度上影响到创业资金来源的多样性。基于此，一方面要抓紧制定适合我国的《小企业投资法》，另一方面要将原有的《公司法》、《中华人民共和国证券法》(简称《证券法》)、《中华人民共和国政府采购法》(简称《政府采购法》)、《中华人民共和国反垄断法》(简称《反垄断法》)、《中华人民共和国合伙企业法》(简称《合伙企业法》)等法律中不利于创业活动开展的相关条款进行必要的修订和完善。

8.3.2　公共产品和公共服务工具

1. 提供公共产品

提供公共产品主要是由政府支持建立创业园区，作为创业的“孵化器”。提供公共产品还包括硬件(如交通、通信、网络等基础设施)、软件(环境保护、城市美化、创业氛围营造、城市形象塑造等)的建设和完善，使创业活动充分利用国内外优势资源，选择国内外优良市场。同时在提供公共产品时，政府还可通过合同外包、特许经营等方式，为创业者提供更多机会。

2. 提供公共服务

公共服务是保证创业活动顺利开展的重要工具，主要包括以下两个方面：一是要完善社会服务体系；二是要加快有助于创业的信息系统的建设。政府应该积极建立与创业主体的双向信息沟通机制，及时有效地为中小企业或创业者提供相关政策信息和政策解读。搭建商务交流平台，促进业务信息的交流和合作机会的产生，及时提供资金融资、国际贸易和特许经营等方面的信息。

要建立信用担保体系。市场经济是信用经济，现代经济中企业和个人金融信用担保体系的建设显得尤为重要。政府应积极与中央银行等金融机构结合，为企业和个人建立起相对强大、完善的征信系统，通过企业个人的信用评级建立信用风险管理机制，根据企业、个人的相关信息事先评估其还款能力，确定企业和个人的信用等级，将其作为未来创业过程融资或获得发展资金的重要依据，及时补充和更新相关征信信息，提高创业融资效率。

要整合现有教育资源，提供良好的创业教育服务，让创业教育从小学到大学，贯穿教育全过程，使创业意识深入人心，并为创业活动培养高素质的人力资源。还可以通过一些公益性创业培训班等形式，让创业培训和创业教育深入民间，扩大覆盖面；针对部分具有创业意向的人进行强化培训，短时间内扩充他们的知识，提升他们的创业技能，壮大创业者后备军，有效增加创业供给。

8.3.3　经济政策工具

纵观全球中小企业的发展，其资金来源除了自我积累外，主要靠资本市场融资和政府减税。所以一国要发展创业型经济，保持中小企业的可持续、有后劲，就应该通过财政政策、金融政策以及产业政策的调整来为其创造良好的生存和发展空间，以促进其为国家的经济发展做出更大的贡献。

我国中小企业占企业总量的 99%，解决了我国 80%的就业，对经济发展的贡献率占 60%，上缴税收占全国税收总量的 50%以上。在创业型经济发展过程中，中小企业是最具活力也是最受瞩目的群体，是经济发展的加速器，是技术创新的载体。我国 65%的专利、75%的技术创新以及 80%以上的新产品，都产自于中小企业。可以说，中小企业的发展对我国创新型经济的建设具有决定性作用，关系到我国经济增长方式的转变、经济结构的调整等多种国家战略的实施。

但是当前我国中小企业的生存和发展环境并不理想，存在多方面的困境。融资方面，资金缺口大、融资渠道狭窄是中小企业普遍面临的一个突出问题。据统计，中小企业从正规金融机构取得的贷款额度不到总贷款额的20%，与国有企业的待遇相差巨大。此外，商业银行普遍提高了承兑汇票保证金份额，导致实际利息翻了一番，中小企业融资成本至少高于银行基准利率四倍。税费方面，除了法定的税费以外，中小企业还要负担行政影响力强加的协会费、会议费、评比费、订阅报刊以及捐款赞助等各种各样的费用。中小企业发展所面临的问题还有很多，因此切实改善中小企业的发展环境是我国政府现阶段的一项重要任务。长期来看，调整中小企业金融政策是非常关键的一步，通过调整和完善，使政策的覆盖面更广、持续性和针对性更强、有效性更高，惠及更多的中小企业。

1. 财政政策

政府应调整财政资源的分配比例，提高R&D资金投入占比，加强对高新技术产业化的支持力度，提升高新技术创业的配置效率；落实税收优惠减免政策，减轻中小创业企业的税费负担，降低经营风险。通过预算编制、预算拨款、税式支出、补贴、财政投融资、政府奖励、政府采购、社会保障等措施，构建有针对性的财政支持体系，引导创业者在劳动密集型、技术密集型等行业进行创业，加大对高新技术领域创业的支持力度。具体来说，政府在编制国家预算时，合理安排财政支出结构，加大R&D资金投入，利用预算拨款，建立和完善高新技术基础设施，提高政府对高新技术产业化的支持力度；提高创业培训教育投入，提升创业者的素质和技能；实施税收优惠政策、减免税收，降低创业成本和创业企业负担，消减创业企业经营风险；提高政府采购中小创业企业的比例，确保中小创业企业在政府采购中享有公平的竞争环境；通过财政投融资，为高新技术创业提供更多的资金支持；建立健全社会保障体系，减少创业者的后顾之忧；通过政府奖励，加强社会对创业者的肯定。

1)税收政策的调整

众所周知，高投入、高风险、高回报是创业企业特别是高新技术创业企业的基本特征。在创业活动中尤其是创业的初期，创业企业需要面对的不仅仅是开发风险，还有市场风险和技术流失风险等多种不确定性的威胁，而当前中国的税收政策只就企业技术开发的新产品所带来的利润予以一定的税收减免，对企业缴纳的各个税种、用于科研开发的投资以及开发过程中可能的失败，在税收上没有给予更多的考虑。这在很大程度上阻碍了企业的技术创新。

为了推动创业活动的开展和创业经济的发展，鼓励更多的人进行创业，需要制定专门的税收优惠政策以减轻中小企业的负担，这些政策主要涉及以下几个方面。

(1)所得税的减免。创业企业起步期的 3～5 年内免征所得税，并大幅度提高成长期创业企业和高新技术中小企业的所得税免征额，同时给予中小企业所得税优惠税率，使中小企业的税费负担切实降低。

(2)营业税的减免。免征创业企业和高新技术产业的营业税，将营业税的起征点改为创业企业的免征额，或者提高营业税的免征额。

(3)增值税的减免。税前扣除创业企业和高新技术企业的固定资产购置，减少增值税计税额；对处于起步期和成长期的中小企业免征增值税或适用税率减半的优惠政策。

(4)关税的减免。取消创业企业和高新技术企业出口退税企业类别的限制，按照统一退税标准退税，提高退税力度。

(5)加速折旧。对创业企业和高新技术企业提高其购置生产设备的折旧率，加速其折旧，降低中小企业所得税。

(6)创业投资所得的减免。针对收入水平较低地区的创业投资进行大力支持，降低其资本税率或者对其投资进行所得税的税收抵免。此外，对于老、少、边、穷地区和农、林、牧、渔等农业方面的创业投资，创业初期乃至更长时间享受相关税收的减免优惠政策。

(7)对税收优惠环节的调整。将只针对生产贸易企业的税收优惠调整为针对创新创业和产业化体系的优惠；将只针对生产环节的优惠调整为针对研发环节兼顾生产环节的优惠；将只针对研究开发税收优惠作为推动高新技术产业发展的重要手段。

(8)对税收优惠的形式进行调整。扩大优惠税基的范围和幅度，切实减轻创业企业的税收负担，更多让利于创业企业。对积极从事研发活动的企业，不以其是否取得了收入和利润作为税收优惠的评判标准，只要其满足税收优惠的前提条件就允许企业享受税收优惠，以其示范效应鼓励更多的企业参与研发活动。

2)财政资金资助创业项目

由于创业活动本身具有高风险性和收益的不确定性，所以大多商业资本不愿投入。资金在创业者进入市场过程中具有关键性的意义，财政资金发挥其作用显得十分有必要，先期财政资金的支持将直接改善创业者在进入过程中所拥有的资本资源禀赋，这将有利于激励更多的创业活动发生。

以创业项目为对象进行资助的政策多用于高新技术领域，可以极大地激励高新技术领域内创业者的进入活动，资助政策的激励效应、示范效应显著。所以财政资金资助目标群体的范围可以适当扩展，使受到财政资金支持的目标群体更具普遍性，以激励更多的人去选择从事创业活动。

在具体支持方式上，基于公共资金的有限性和激励效果考虑，无偿资助应该只作为其中的方式之一，还应该综合使用有偿资助、低息贷款、财政贴息等方式。无偿资助也可以更多地以小额资助方式为主，对于部分市场前景稳定、预期收益较好的创业项目，也可以以财政资金为权益资本金的方式进行投资入股。可以对创业企业以及中小企业的研发经费进行一定比例的财政补贴，如法国规定对中小企业的研发经费可通过财政补贴其投资的25%；可以通过政策性金融机构提供无息贷款，如法国政府提供偿还期为15～50年的20万～30万法郎无息贷款；可以通过一些私人金融中介机构，如小企业投资公司等，将政府财政资金以优惠贷款的方式提供给创业企业。例如，美国、日本等国家可以免费或低价组织中小企业到国外参加各种展览，组织中小企业代表到国外作实地考察，通过驻外使馆的经济参赞为中小企业联系外商等，进行一些间接的、隐蔽性的补贴。

3)政府采购

市场经济体制下，政府作为一个经济主体，是整个市场上购买力最强的买家，其集中性的采购能在一定程度上引导整个社会生产和消费的发展方向。很多国家为支持中小企业扩大国内市场份额，都制定了针对中小企业的政府采购支持政策。例如，美国政府在进行采购时，把包括军需物资在内的所有物品采购按一定比例分配给中小企业；韩国也规定，政府必须优先购买实行“性能认证”和“性能保险”的中小企业产品，以利于提高中小企业商品的市场竞争力，扩大其销路。在英国，为支持中小企业获得政府采购，政府编制了《中小企业参加政府采购活动手册》，对中小企业进行全方位的指导(马恩涛，2011)。

4)财政安排科教支出

财政资金对科学事业和教育事业的发展起着至关重要的作用，科教事业的持续健康发展不仅提升全社会的科技水平，促进科技进步，而且能够培养高素质、高技能的创业型人才，提高劳动力素质。为保证财政对科教投入的持续稳定，应确保每年财政科教投入的增长幅度超过财政经常性收入的增长幅度，不断提升科教支出在财政总支出中的比重，为促进创业型经济发展、促进创业型社会建设提供强有力的经费保障。配合财政投入增量的变化，调整优化现有支出结构，使全社会的科教资源得到充分利用、合理配置，发挥最大效能。

5)建立创业投资引导基金和创业企业担保基金

创业投资引导基金成立的主要目的是通过扶持创业投资企业发展，引导社会资金流入创业投资领域，通过基金的引导和杠杆作用，带动社会资本对创业的投入，增加创业投资资本的供给。其资金来源有财政性专项资金，引导基金的投资收益，个人、企业或社会机构无偿捐赠的资金等，要不断充实扩大基金容量、加大投资，充分体现其政策倾向和引导意图。政府应加强科学管理，使引导基金能尽其所用，最大限度地创造引导的正效应；根据新创企业的运行情况，适时地对其进行资金支持。政府应以投资人的身份参与创业企业，以阶段参股的方式支持创业企业融资。财政出资创建针对创业企业的担保基金，为创业企业融资提供担保，以解决创业企业初创阶段融资困难。

6)创业补贴和社会保障

在创业初期，增加必要的补贴和保障对创业者来说十分必要。例如，鼓励创业者进行创业活动，在创业初期对创业者给予创业补贴，减轻创业者初创期的生活负担，为其创造相对宽松的环境。

对创业者来说，创业失败不同于一般失业，其后果可能更糟，甚至会影响到创业者的一生。因此，为创业人员提供相对优惠的生活保障，在一定程度上解除创业者的后顾之忧，无疑也是影响他们创业的一个重要因素。例如，在创业初期缴纳社会保障“三金”“五金”时，采用较低的个人缴纳比例享有同等的社会保障待遇，等企业发展处于稳定期，创业人员再按照正常标准缴纳“三金”或“五金”。对曾经创业但由于种种原因失败的创业者，国家可以给予一定期限的创业补贴，缓解其生活压力。

2. 金融政策

促进创业的金融政策仍然是创业政策的重点。在创业过程中，知识、技术固然重要，但是要把知识、技术转化为生产力必须通过资金成立公司、雇佣员工、开展生产组织管理活动和技术创新活动。但是现在创业者在融资上却遇到很大的困难，主要表现在贷款程序复杂，需要提供相应的财产抵押或担保，贷款数额受到严格的限制。要想解决这一问题，政府应该通过制定相应的政策，不断改善创业者的融资环境，拓宽创业者的融资渠道，满足创业对资金的需求。

金融政策工具又分直接融资政策和间接融资政策。直接融资方面，应完善创业板市场、中小企业板市场，降低创业企业上市门槛；规范民间融资，引导民间资本进入创业活动；引导创业投资流向，鼓励天使投资、风险基金、私人股权基金等进入创业领域，消除高技术创业企业发展的资金“瓶颈”。间接融资方面，应主要采用创建中小企业贷款银行、低息贷款政策、财政贴息贷款政策、小额贷款政策、投资担保政策、创业企业贷款担保政策等，增加创业者融资机会，降低创业者融资成本，提供金融支持。

1)规范中小企业的内源性融资

由于中小企业缺乏历史诚信记录和足量资产抵押，因此融资渠道非常有限，主要来自于内部解决。内源性融资是指创业者个人出资、亲朋好友借贷、企业发展自我积累等，是目前中小企业最主要的融资渠道。从西方国家的情况来看，内源性融资占比往往也达到40%～45%。我们要正视内源性融资，充分肯定内源性融资对促进小微企业发展的积极作用，将其视为合理化的、主流的小微企业融资渠道。不过，内源性融资随意性较大，利率不规范，偿还风险较大等问题不能回避：一是要积极推进中小企业的信用征信，降低内源性融资的风险；二是要做好内源性融资的担保、再担保和风险准备工作，有效降低借款方的风险。

2)发展债券融资

我国债券市场发展尚不充分，目前能够在债券市场发债的也都是大企业和金融机构，中小企业还没有被允许发行债券。与银行信贷相比，债券融资的优点不少。一是资金来源广。债券融资来源是广大的社会资本，可以满足大量中小企业的融资需求。二是隐性成本低。只要按照规范的流程，符合条件的中小企业即有资格申请债券融资。三是融资方式活。既可以单个企业发行债券融资，也可以几家企业联合起来发行集合债券。四是利率弹性大。债券可以实行灵活的利率，没有银行贷款上限的局限，可以吸引社会资本购买。应适时推出适合小微企业的高收益债券、集合债券等融资方式，高收益债券可向特定对象发行，集合债券可向市场公开发行，以增强债券流动性。

3)创新融资机构

应发展民营资本的中小型地方性促进创业的金融机构，如小企业银行或小额贷款公司。这类机构往往规模较小，业务范围较窄，却很有针对性，对地方经济更加了解，既可以对创业过程的中小企业提供更多资金支持，也可以有效引导民间资本的合理流向，还可以减少借贷过程中因信息不对称而带来的损失，提高了贷款的安全性。

应组建政策性创业企业担保机构，为创业企业提供担保和保证，改善创业企业融资困境；以专业担保机构为主体，以商业银行网络为基础进一步完善多层次的信用担保体系，推出便捷贷款通道，促进创业企业快速发展。

4)小额担保贷款政策

小额担保贷款是目前各金融机构所推出的一款新的金融产品，这种贷款方式程序简单、贷款灵活、还款方便，数额上也比较多，在贷款担保方面比较灵活，可以提供财产抵押、个人信用担保等形式。在创业型经济发展过程中，这一类的贷款可以满足企业对资金一时的需要，帮助企业渡过经营上的难关。应扩大小额担保贷款的扶持范围，将小额担保贷款扶持范围由原来的国有企业下岗失业人员扩大到自主创业的高校毕业生、返乡创业的农民工。创业项目除国家限制的行业外，均由就业资金提供相应贴息。除此之外，对于中小企业可以采用知识产权抵押方式，提高中小企业的贷款额度，给予创业型经济发展最大的贷款支持。

3. 产业政策

产业政策往往与财政政策、金融政策结合使用。政府可以设立专项资金，采取拨款或奖励、税式支出、财政投融资、直接融资和间接融资等办法，对战略性新兴产业(如信息技术、节能环保、新能源、新材料、生物医药、新能源汽车等)的创业活动给予扶植和倾斜，扶持创新型中小企业和高技术中小企业成长，进而推动产业结构、所有制结构和企业结构的优化升级，最终实现经济结构的优化升级。

8.3.4 行政管理工具

行政管理是运用国家权力对社会事务进行的一种管理活动。随着社会的发展，行政管理的对象日益广泛，包括经济建设、文化教育、市政建设、社会秩序、公共卫生、环境保护等各个方面。在现代，人们越来越多地将系统论的观点、方法和工具用于行政管理，目的在于提高行政管理的效能和效率。

1. 布局规划

(1)制定整体布局和规划，为创业型经济发展指明方向。政府以创建创业型社会为目标，将支持创业上升到战略高度，制定国家层面的中长期创业发展战略、战略性新兴产业发展规划。地方政府层面结合区域经济发展特点，制定地方层面的中长期创业规划，综合考虑社会、文化、制度、经济结构、国家政策对创业型经济的促进带动作用，通过各层次政策促进创业型经济的发展。

(2)制定短、中、长期目标和具体指标，使创业型经济的发展、创业型社会的建设更加具体化、明确化。

(3)制定具体的政策措施，以此帮助公众了解政府战略的具体内容，明确政策与自身的关联程度。

2. 体制、机制改革

西方发达国家发展创业型经济是在市场成熟度较高的环境中成长起来的，其支持创业的相关制度对创业型经济的发展具有极强的适应性和推动作用。处于体制转轨阶段的发展中国家，其经济结构中的产业结构、市场需求结构、投资结构、劳动力结构等计划经济的影子依稀可见，与创业型经济这一新经济形态相适应的财政管理体制、金融管理体制、利润分配与激励制度、政府管理体制、风险投资制度等一整套的制度结构亟待形成，体制性障碍约束了创业型经济的发展。

1)深化政府职能转变，改革政府管理体制

任何国家的经济发展都离不开政府的作用，但作用大小和程度不同；经济发展方式不同，政府发挥作用的方式也差异很大。中国目前正处于经济发展方式转变和体制机制改革的时期，政府在促进经济发展的过程中发挥着主导作用。但是政府在市场经济发展过程中如果干预过多，职能定位不清，势必会扭曲市场机制，产生政策措施失灵的不良后果。

具体来说，为促进经济发展方式快速转型，主要从以下几个方面要求政府职能转变。

第一，进一步厘清政府和市场的职能，做到“有所为有所不为”。政府应该在市场失灵的“剩余领域”进行适度、到位的调控和干预，既不能“越位”，也不能“错位”和“缺位”。而对于市场机制能够充分有效配置资源的领域，则要坚决退出。例如，政府保持了太多对土地、信贷等重要资源的配置权力，市场没有发挥作用，要素价格扭曲，特别是生产资料的价格扭曲，鼓励了资源浪费(吴敬琏，2010)，市场资源配置的基础作用也就难以发挥。但政府的退出并不是让政府消极无为。相反，政府逐渐退出市场以后，要积极发挥其主导作用，完善创新创业政策，优化产业结构，提高经济效益，切实承担好市场监管和创业保障的职能。

第二，逐步下放地方政府对地方微观经济的管理权限。地方的经济事务由地方自主管理，中央主要负责进行宏观经济调控。与之相适应，积极推进财税体制改革，中央与地方各级政府的“财权”要与“事权”相适应，充分调动地方政府支持创业型经济发展的积极性。

第三，强化协调监管和职能。新的经济发展方式不仅注重经济总量和规模的增长，更注重经济发展的效益、质量和结构；不但注重经济本身的发展，更强调与社会、环境协调发展。政府通过强化其监管和协调职能，提高经济效益、提升经济质量和优化经济结构，实现经济、社会和环境三者之间的和谐发展。

2)深化财政体制改革

现有财政管理体制对创业型经济发展存在体制上的约束。1994 年实行分税制以来，中国的财政收入快速增长，如图 8-2 和图 8-3 所示，财政收入的平均年增速远高于同期 GDP 增长，财政收入弹性系数(即财政收入增长速度与 GDP 增长速度之比，该系数大于 1，说明财政收入的增长速度大于 GDP 的增长速度，小于 1，说明财政收入增长速度低于 GDP 的增长速度)除了最初的 1994 年和 1995 年小于 1，其他年份均大于 1，甚至有些年份还超过了 3。2010 年以来财政收入的年增幅超出 1 万亿元，2010 年财政总收入更是迈入 8 万亿元时代，2011 年就迈入了 10 万亿元时代，2012 年更是达到了 117 210 亿元。而在分税制施行之初的 1994 年，全国财政收入只有 5 000 亿元。不过，分税制带来的并非只有正面效应，最突出的问题是基层财政困难。有一句流传许久的顺口溜这样概括央地收入格局：“中央财政喜气洋洋，省级财政满满当当，市级财政紧紧张张，县乡财政名存实亡。”话虽夸张，却很说明问题。数据显示，在近十几年间，中央财政收入占财政总收入比重从 40%上升到 50%以上。与此同时，地方财政支出占财政总支出比重则从 60%持续攀升到 80%。其主要原因是财权上收和事权下放。我国现行的分税制实施已经有近 20 年的时间，中央与地方的财力对比已经发生巨大逆转，存在问题较多：一是基期年设定不合理。按照原有分税制的规定，分税制的基期年是 1993 年，这一基准年的确定明显缺乏科学性。二是税收返还递增率对地方不利。中央对地方的税收返还额递增率按全国增值税和消费税的 1∶0.3系数确定，即两税(增值税、消费税)每增长 1%，税收返还额增长 0.3%，不利于调动地方的积极性。三是共享收入占比过大，分配不合理。真正的、彻底的分税制，应该是中央与地方各自有自己的固定收入，没有共享或共享比例很小。而我国则将增值税这个流转税中的主体税种进行共享，且中央与地方分成比例为 75∶25。近年来事权逐步下沉的情况日益明显，地方责任重、收入增长慢，进一步清晰中央和地方的事权和支出，适当提高地方税政管理权限，显得十分必要。四是“营改增”改革将进一步削弱地方收入。原本以企业减负为初衷的“营改增”，在减轻企业税负的同时，也使得完全划归地方的营业税转变成中央与地方共享收入，地方财力的主体税种缺乏，对土地财政和地方债务依赖严重。这种事权与财权的不匹配，将导致地方财力不足，财政上的压力导致过分追求物质生产部门的高速增长，这对于支持创业型经济发展构成财力上的体制约束，导致地方没有宽松的财力给予创业型企业更多财力上的扶植和培育。

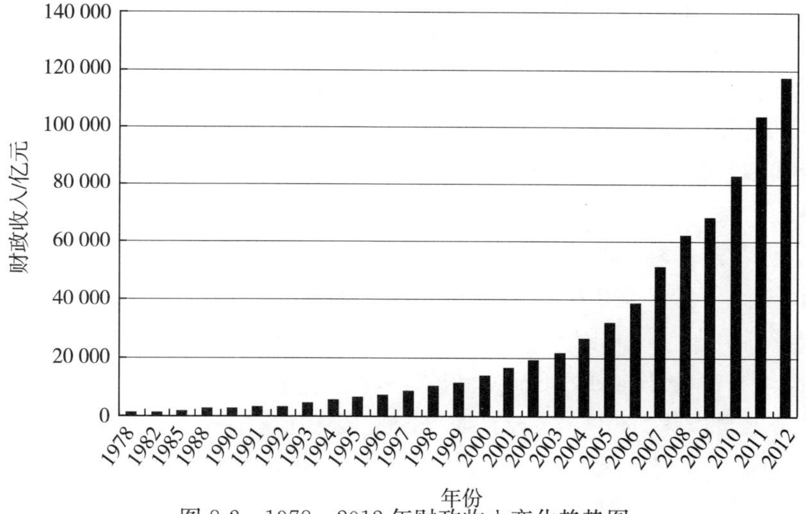

图 8-2　1978～2012 年财政收入变化趋势图

改革的主要内容包括以下几方面。

第一，重新界定中央与地方的事权与财权，调整和完善分税制。明确界定中央与地方事权，使事权逐步细化和稳定，逐步改变事权不断下沉的局面。对税收返还增长率的比率进行调整，适当提高返还地方比率。调整增值税分成比例，缩小中央与地方分配差距。在“营改增”的同时，不断培育地方的支柱性税种，增强地方可持续发展后劲。扩大一般性转移支付的比重，并配合适当的专项性转移支付，以提升地方政府在扶持创业活动中的财力支持能力。

第二，提高预算的完整性和透明度，提高资金配置效率。将预算外资金完全纳入政府统一的预算体系，加快预算公开化、透明化的步伐，让预算信息处于全民监督之下，针对创业企业及中小型企业的行政收费以及相关补贴支出将会在预算框架下清晰反映出来，这将在很大程度上提升公众的参与性。公众对政府职能部门的管理进行有效监督，势必提升职能部门管理的科学性和精准度，逐步减少不必要的行政收费，提高财政补贴的效率。

第三，积极推进税制改革，减轻企业税收负担。一是改变以流转税为主体的税制结构。一直以来，流转税都是我国的主体税种，占税收总收入的60%～70%。相比较虚拟经济而言，流转税为主的税制其税负对实体经济征收更多的税收，这种制度设计，实际上是在鼓励人们进行各种炒作(炒股票、炒房)，而非实业投资。二是推出针对创业型企业科技投入的税种设计。创业型企业具有高投入、高风险、高收益的特点，在科技创新过程中面临着巨大的开发风险、市场风险和技术流失风险等，在形成产品和推向市场之前往往已经产生大量支出，而目前税制没有考虑到创业创新企业的实际情况，只是对企业技术开发的新产品所带来的利润予以一定的税收减免，对企业用于科研开发的投资以及开发过程中可能的失败，在税收上没有给予更多的考虑，这在很大程度上阻碍了企业的技术创新。三是减轻创业企业的税负。进一步扩大增值税征收范围、努力优化对中小企业的税收优惠政策，通过各种税基减免、税额扣除、税率优惠的办法，切实为创业企业降低税负，激发其经济活力。通过优化税制、公平税负、严格征管，更好地发挥税收对一国经济结构和产业政策进行调整的重要杠杆作用，促进创业型经济的发展。

3)大力推进金融体制改革，克服金融压抑，推进金融自由化

所谓金融压抑，是指市场机制的作用没有得到充分发挥的发展中国家中存在的过多金融管制、利率限制、信贷配额、金融资产单调等现象。20世纪70年代，爱德华·肖(Edward S. Show)和罗纳德·麦金农(Ronald J. Mckinnon)首次提出了“金融自由化”理论，主要针对当时发展中国家普遍存在的政府对金融的过度干预，从而导致本身就不完善的金融和资本职场严重扭曲的现象。麦金农认为，金融压抑多发生于发展中国家。发展中国家政府为了经济快速朝着预期目标发展，对经济有很强的主导作用。因为金融业存在杠杆作用，为了实现目标，政府对金融业实施控制。第一，严格控制金融机构准入标准。政府一般大力支持国有或者国有控股的银行的发展，因为这些金融机构更能按照政府的意愿进行投资。第二，资金价格可以为了帮助和发展政府需要的领域降到很低。为了降低政府重点支持的项目的成本，政府压低商业银行的贷款利率和存款利率，使利率难以市场化。在现在的中国，麦金农所说的金融压抑确实是存在的，而解决这些问题的途径只能是促进金融市场深化改革。

目前，我国金融压抑问题十分突出，利率被人为压低，不能客观反映货币资金的供求状况；金融机构门槛过高，大量民间资本无法进入，缺少投资途径，造成民间高利借贷泛滥；大型商业银行和地方商业银行绝大部分由中央政府和地方政府控股，为了保证政府项目，不可能将中小企业、创业企业放在贷款的首位；中央政府宏观调控意愿强烈，对信用放款规模限制严格；中小企业尤其是创业企业几乎不可能从大中型银行获得贷款。总体来说是金融管制过多，现有金融机构

服务严重缺位，导致中小企业尤其是风险较高的创业企业融资困难重重。所以，放松金融管制，推行利率市场化，取消信贷配额，丰富金融工具，降低民间资本进入金融机构的门槛，大力推进中小银行的建设，积极推动金融自由化，会给创业型经济发展创造良好的金融环境。

4)创业投资管理体制改革

创业投资是对一切开拓性、创造性经济活动的资金投入。创业投资可以通过多种形式(如设立基金或设立有限公司或合伙制)将机构投资者(如商业银行、保险公司、专业养老机构等)、企业和个人的资金集中起来，通过专业化的资本运营将资金投向高新技术创业企业，对它们进行资金支持。伴随着资金的支持，机构投资者还将为创业企业提供一些增值服务，如管理理念、管理技能、市场资讯、营销策划等。创业投资家还为风险企业输入管理技能、知识经验、市场资讯资源，为企业提供增值服务。多元化的资金来源和多样化的投资方式必将对创业投资风险进行有效的消减和分散。同时，投资风险分散的示范效应也将对提高民间资本参与高技术产业投资的热情起到积极的带动作用。加大对创业投资的支持力度，使更多的民间资本投向创业企业，对我国创业型经济的发展有重要意义。

第一，加大国家对风险投资的财政支持力度。我国风险投资资本组成中政府资本占据很大一部分，政府应继续加大对风险投资的财政支持力度，不断扩大投资总量。在投资总量不断增加的同时，要用好资金，不断提升其管理水平，提高资金使用效率，通过加强后期管理，不断提升创业企业的存活率和成功率，将投资项目做成精品，对民间风险投资起到引导和带动作用。

第二，建立多元化的创业投资支持体系。鼓励更多的民间资本加入到创新创业投资的行列中来，建立由天使投资、风险投资(venture capital，VC)和私人股权基金(private equity，PE)共同构成的多元的创业投资支持体系，让私人投资基金发展成为一个产业，使有发展潜力的创业企业在不同阶段进行融资能有更加充裕的资金来源。天使投资是指在小型初创企业或者原创项目的前期，非正式风险投资机构或自由投资者进行的一次性投资，是风险投资产业的重要组成部分，最早产生于 19 世纪的美国。目前，天使投资占风险投资总额的比例已经达到 40%～50%。根据美国新罕布什尔大学所属的创业研究中心的一份报告，美国 2008 年的天使投资人超过 26 万个，这还不包括一些专门的天使投资机构。这些天使投资人和天使投资机构累计投资 192 亿美元，为 554 870 个创业企业提供了融资支持。根据 2008 年普华永道的统计报告，美国当年为 3 700 个项目进行了风险投资，投资总额超过 280 亿美元。按照美国全美风险投资协会的定义，风险投资是指由职业金融家对迅速发展的具有巨大潜在竞争力的新兴企业投入的权益资本。私人股权投资，是指对那些不能在股票市场进行自由交易的股权资产的投资。私人股权投资人往往是那些被动的机构投资者，他们会投资私人股权投资基金，再交由私人股权投资公司管理并投向目标公司。私人投资公司的管理往往被相应的私人投资基金控制，且常常更新管理团队以提升公司的价值。天使投资是早期创业、创新主要的资金来源，到了中后期，风险投资和私人股权基金就成为主要的资金提供者。

第三，积极推动各类机构投资者参与股权融资，包括社保基金、养老基金、社会闲散资本、企业闲余资金等，使股权融资资金来源不断丰富，股权投资规模不断壮大。尤其是要着重发展天使投资、风险投资等中早期投资项目，给予更多的政策支持，以支持创新和创业。

第四，建立多样化、多层次、多领域的交易市场格局，以完善创业投资的退出机制。场外交易市场、产权交易市场等各类市场的发展和完善，使股权投资的渠道不断丰富和完善，激发股权投资者的热情。

第五，大力发展风险投资中介机构。美国风险投资行业的繁盛除了依赖其多渠道的融资机制，还仰仗其具有功能强大的、专业化的风险投资中介机构，包括经营顾问、会计师事务所、风险评级等投资咨询与管理机构，这些机构的存在为其正确的投资决策提供了大量依据。

第六，建立鼓励风险投资的政策体系。其主要包括：加大针对风险投资的税收政策优惠力度，如对天使投资、风险投资等的资本利得减免一定税收；完善风险投资相关立法和执法、培养风险投资专业人才、完善风险投资的退出机制等。这些政策将为风险投资的发展提供良好的环境和条件，引导更多的民间资本进入创业投资行业，并实现创业资本的循环、高效使用，在为公众谋得利益的同时，也能解决创业企业融资难题，促使创业企业又好又快发展。

5)创新激励机制

创新的主体是人，如何提高人的创新积极性是创新激励的关键点，也是政府和企业促进创新工作的重点。

(1)政府层面。在创新激励机制中，政府出台的关于创新管理的政策法规是营造良好创新环境的法律保障。加大政府在促进创新中的引导力度，将有助于提升我国创业型企业的创新成效。首先，继续推进我国关于创新促进和知识产权保护的相关法律建设，为创新型人才提供创新激励的政策保障。其次，建立社会创新基金，可将基金的一部分用做对创新者提供资金支持，另一部分则可用于对做出杰出创新成果的创新人才给予荣誉和奖励。对于那些有重点科研项目的企业、高校以及科研机构，创新主体可提出资金支持申请，以求得相关资金支持，如各种专项资金对国家重点实验室的资金支持、高校科研经费支持等。对于创新奖励基金，鼓励设计各种创新奖项，分领域多角度地对创新主体进行奖励，如已有的“中国青年科技创新奖”“中国少年儿童海尔科技奖”等，对一批有杰出贡献的创新型青年人才和有创新精神的少年儿童颁发荣誉证书、奖金和奖杯。创新奖励基金能否被合理利用，最大限度地推动创新的发展，还需要基金管理部门在奖项的设置、推进方式、推荐的标准、评奖的细则上做文章，使基金奖励不仅能实现对杰出贡献者的奖励，还能创造公平的竞争环境，最大限度地发挥基金对创新人才的激励作用。最后，鼓励建立更多的专业科研机构，鼓励高校、创新型企业开展科研项目。高校、科研机构以及创新型企业是创新活动最为活跃的群体，政府应努力营造一个公平公开的创新氛围和环境，让它们都积极投身到创新活动中来，使创新活动在社会中呈现百花齐放、百家争鸣的繁荣景象。

(2)企业层面。首先，要重视企业创新文化建设，营造技术创新环境，培育企业创新价值观。企业领导者和管理人员应敢于突破旧规范和行为模式，充分发挥领头带动作用，积极参与创新活动。要推动员工的全面发展，突出其在技术创新中的主体地位，展开宣传教育活动，对先进典型予以奖励和宣扬，发挥示范作用，充分调动员工的创新和竞争意识。其次，要加大对企业技术创新的支持力度，增加企业技术创新资金投入，促进企业自创知识产权的形成。加大对企业技术研发、新产品、新工艺开发等的资金支持，为企业创新活动的开展提供广阔空间，丰富企业创新成果。再次，推动高校—企业、科研机构—企业、高校—企业—科研机构的协同机制。在企业科研技术条件达不到或者遇到关键技术攻克难关的情况下，企业可主动寻求与高校及相关科研机构合作，形成合作互惠的促创机制。最后，要灵活激励，寻求更多的创新技术。例如，在对科研人员的激励中，可按照科研人员的创新成果的利润贡献量来分成提取创新奖金，对知识产权所有者，可采用参股、期权等方式将创新成果吸收到企业，为企业所用。

6)建立有效的"政府—企业"沟通机制

创业型企业成长有其自身规律，在其成长的不同阶段对外部资源的需求以及支持政策的需求有较大差别，其生存环境也处于动态变化当中，具有较大的不确定性。这种不确定性的环境对创业型企业产生了现实而深远的影响，主要表现在：创业者获取有效信息和信息处理的难度加大，对创业者的生产和经营产生较大压力，从而使企业发展的不确定性增加；市场的不确定性又会使风险资本选择投资企业的难度加大，对投资企业的有效监测较难进行，既影响了风险资本产业的发展，也对创业企业融资不利。因此，从政策设计角度看，政府应对创业企业从初创到成熟的全过程都给予必要的政策支持。这就要求政府和企业间建立起良好而有效的沟通机制，使政策的制定者和受益者进行良性互动，使政策的制定和修正更加及时和有效。

3. 搭建平台

政府可通过搭建直接或间接的有利于创新创业的平台，为创新创业活动创造良好条件。

(1)组织创业型城市的创建和评估。通过行政工作安排，把创建创业型城市作为地方政府的一项长期而重要的工作任务，引导地方政府，使其重点关注创业和对就业的带动作用、对经济的推动效应，敦促地方政府不断探索创新，结合当地实际，调整制定扶持创业的相关政策，提升创业培训和创业服务，并对地方政府的各项工作进行考核。通过政策的引导和支持、氛围的营造，给创业者以激励和尊重，让更多的人以创业为荣，让企业家和创业者受到尊重，形成更多的创业冲动，在全社会鼓励个人通过努力成就事业、通过合作共创事业。

(2)组织创业大赛。政府组织各种层次、各种范围、针对各类人群的创业大赛，激发民间创业热情，将民间好的创业计划通过政府扶持变成好的创业机会。

(3)组织各种形式的经贸洽谈会、商品交易会。政府可以借助“文化搭台，经贸唱戏”等做法，组织各种形式的经贸洽谈会、商品交易会，采用“请进来”或“走出去”的方式，推介本地产品，反馈市场信息，帮助创业者拓展市场。一方面，培养市场主体，壮大产业规模，创造更多就业机会，提高就业人员工资水平；另一方面，通过全民创业，努力增加人们的经营性、财产性和投资性收益，让人们享受创业成果。

4. 培育创业文化

创业文化是指与创业有关的文化氛围、社会意识形态，是人们对创业产生的心理意识、思想观念和价值体系，是人们对创业一贯的行为方式和思维方式。创业成功需要创业意愿、机会与创业能力的有机结合，创业意愿是创业成功必不可少的因素之一。而创业文化直接影响着人们对创业的观念态度，并直接刺激着人们的创业冲动。因此，良好的创业文化氛围对促进创业发展有重要作用。政府在制定培训创业文化政策的过程中，可从以下几个方面着手。

(1)努力转变创业观念。我国传统的观念对创业还有较大的负面作用，“求稳”的传统观念对人们的影响还比较大，对创业发展有很大的阻碍作用。面对这种情况，政府应主动求变、积极应对，努力转变人们的创业观念，让人们明白创业也是一条康庄大道。可在全社会广泛开展以创新创业为主题的宣传教育活动，选择公众喜闻乐见的形式和题材，全方位地传播创业理念、报道创业典型事迹，营造浓厚的社会舆论氛围。运用新闻媒体的引导作用，改变人们的被动态度、小农意识以及小富即安的保守思想，弘扬乐于创业、勇于创业、善于创业的企业家精神。

(2)加大创业优惠政策的宣传力度。由于我国创业政策出现的时间并不是很长，创业政策覆盖面相对狭窄，公众对创业政策的认识还不够充分，不能完全认识到创业政策所能带来的创业机遇。政府在推动创业型经济发展的过程中，创业政策的制定是第一步，而要提高创业政策对创业型经济的引导作用、提升政策实施的成效，创业政策宣传是必不可少的一步。可加大新闻媒体对各地区各项创业政策进行报道和解读的力度，让更多的人认识到创业所能带来的政策支持，提高他们的创业意愿，最终提升人们的创业率。各级政府还可成立专门部门，建立专业网站对目前的创业优惠政策进行详尽的宣传和解读，使公众能更便捷快速地实现对创业政策的认识和理解。加大创业政策宣传的目的在于提高公众对创业政策认识的普及率，让更多的人了解创业政策，提高人们的创业意识，并学会用已有的创业政策来寻求创业支持。

(3)发挥典型宣传的作用。典型往往对工作有较大的鼓舞和引导作用，政府在营造良好的创业氛围的过程中，可对创业成功的典型进行报道，如明星企业、先进人物、典型案例、可复制的经验等。树立创业榜样，可实现对有创业意愿的人们的鼓励和引导，同时也可实现成功经验的广泛分享，培育良好的创业文化，并将之转变为切实的制度安排，鼓励人们敢于冒险、勇于实践，激发人们的创业精神，营造尊重创业、容忍失败的宽松创业氛围和环境，不断为创业活动添加动力，使经济发展充满活力。在具体政策设计中，政府可设立奖励基金，对优秀的创业企业家、做出杰出贡献的新创企业给予一定的荣誉和奖励，并对成功人士、成功新创企业的创业经历进行深度报道，广而传之，充分发挥这些创业者和企业的模范带头作用，让人们学习和掌握到更多的创业经验，引导人们走向创业成功之路。

5. 创业教育培训

创业教育是培养人们创业意识、创业思维以及创业技能等创业素质的教育，其目的在于培养和提升被教育者的创业能力，以达到活跃创业活动、提升创业参与率与成功率的最终目的。结合各国或地区的创业型经济发展状况可知，一国或地区创业教育的发展程度往往直接正相关于该国或地区创业型经济的发展程度。目前，我国创业教育培训政策体系尚在初级阶段，政策内容还不够充实，没有形成完善的创业教育政策体系，是阻碍我国创业型经济发展的又一大瓶颈。因此，加强我国创业教育政策建设，对我国创业型经济发展有重要意义。

创业教育政策可以从两个层面进行设计：一是学校教育层面；二是社会创业培训层面。对于学校创业教育层面，政府在促进创业教育发展过程中可依照以下几点入手。

(1)将创业教育融入学校教育的全过程，让创业教育贯穿于小学、中学、大学的教学中。开展创业教育关键是培养学生的创新创业意识，从娃娃抓起，让他们从小受到创业意识的熏陶，培养其敢拼、敢闯的创新精神，对日后创业奠定理念和信念基础。高校创业教育的开展尤为重要，高校应将创业教育纳入高等教育培养和考核的重要内容之一。高校学生作为最具创业潜能的特殊群体，在其毕业走向社会之前接受系统全面的创业教育无异于让其练就创业本领，让其在以后的创业打拼中能游刃有余地面对创业带来的挑战，最终走向成功。

(2)建立专业的创业教育师资队伍。我国创业教育工作才刚刚起步，因而加强师资培养，建立专业的创业教育师资队伍对我国高校创业教育有关键性作用。首先，推动高校对创业型经济的理论和实践研究，培养出一批创业理论丰富的人才队伍。其次，完善激励机制，鼓励高校教师投身创新创业实践，为教师提供创业机会，使其不断丰富实践操作经验，最终培育出一个具有丰富理论和实践技巧的创业教育师资队伍。最后，鼓励高校引进校外成功企业家做外聘老师。外聘老师不仅能传授其成功经验，使教学更贴近实际，还能与学校专业教师加强沟通和交流，共同进步，同时也提高了创业教育的教育水平。

(3)构建科学合理的创业教育学科体系。首先是要设置合理的创业课程。创业课程的开设应基于对学生创业意识的开发、创业知识的积累和创业能力的提升三大板块。在创业意识培养类课程中，可设计创意开发、信息搜索、商机判断、机会把握等基础课程，以实现对学生创业意识和意愿的发掘和引导。创业知识类课程的重点则应放在组织设计、知识产权、合同与交易、经济基础、公司法等内容上，实现学生创业基本知识的全面积累。提升创业能力类课程可从提升学生的应变能力、管理沟通能力、信息处理能力、决策能力出发，对学生综合能力进行提升。

(4)建立大学生创业实习平台，实现毕业生的预创业。例如，高校可以采用激励和竞争的形式开展大学生创业大赛、创业设计大赛、企划书设计大赛等创业项目活动。通过活动可将创业教育带来的理论学习内容检验于实践，培养学生的动手能力，实现学生创业的预演。同时可联合片区或多所高校，举办创业竞赛，并对其中表现突出者给予一定的奖励和荣誉，提高毕业生的参与积极性，让更多的学生参与到创业竞赛中来，在实践中提升学生的创业竞争意识以及创业技能。教育部在《教育部关于做好2011年全国普通高等学校毕业生就业工作的通知》中明确指出：要加快建成一批大学生创业实践和孵化基地。同时教育部将推动大学生科技创业实习基地的建设，继续开展“国家大学生创业示范基地”的评选活动；各省市要充分发挥经济技术开发区、高新技术开发区以及大学生科技园等资源优势，加快创建一批省级和地市级大学生创业实践和孵化基地，并建设相应的配套设施、制定相关优惠政策；各个高校也要积极发挥自身优势资源，积极参与创业基地的建设，在各方的努力下不断推动科技成果产业化的发展，提高政府和高校的社会服务水平。

在社会层面，无业人员和有创业意愿的人员应是社会创业培训的重点对象，政府应大力出资支持创业培训的开展，继续加大创业文化的渲染，以技术培训班、创业活动班、妇女创业班等多形式多内容地展开，同时以创业跟踪、技术支持、政策辅导等方式扶持、帮扶社会创业者。其具体操作包括以下两方面。

(1)加强媒体对创业的传播和引导。媒体传播有传播速度快、覆盖面宽等特点，对公众的影响较为广泛。例如，CCTV-7的《致富经》栏目一直深受广大电视观众的喜爱，节目通俗易懂，贴近生活，看得见，摸得着，可模仿，好操作。一个个真实的案例开阔了观众的思路，将科技培训与创业指导有机结合，口碑颇好。

(2)开设各种形式的创业培训班，聘请专业教师、创业成功典型以及专业技术人才对有创业愿望的人们进行有针对性的创业培训和技术培训。可从国家的教育政策、企业的设立审批、公司的基本运作等方面出发，培养其基本的创业知识，使其具备一定的创业知识基础，并帮助其分析未来国家经济发展趋势、行业动态、市场需求、竞争状况等，方便培训人员做出最佳的创业选择。

6. 其他措施

政府还可以通过工作流程再设计、目标考核、绩效考核等措施，加强政府相关人员服务创业的责任心，提升服务水平，提高工作效率，为建设创业型经济创造良好的环境。

8.4 我国创业政策类型的选择

我国目前的经济是典型的转型经济。一是经济体制转型。1978 年以来，经济体制改革不断深化，特别是 1994 年确定以建立社会主义市场经济体制为改革目标之后，计划经济体制加速瓦解，原有政策措施逐渐失去应有的作用，而新的体制规则尚在建设之中，由此形成的制度上的空白使得各种非公有经济成分得以迅速发展，中小型企业在国民经济中的比例逐渐上升，形成了一支主要的创业型经济体系力量。二是发展方式转型。我国在 30 多年的改革进程中，正好赶上当代世界范围高科技的快速发展期，高科技从军事、航空等领域逐步向民用转化，我国虽然经济发展速度较快，经济总量跻身世界前列，但发展模式却相对落后，技术水平和资源利用水平与世界先进水平相比差距巨大，集约、高效的知识经济范式逐步取代了粗放、落后的传统经济范式，产业结构发生战略性调整。这种大趋势必将淘汰掉不少行业和企业，也为新兴企业特别是科技型中小企业的崛起提供了极好的发展机遇。三是发展目标转型。我国的经济发展取得了举世瞩目的成就，堪称世界经济快速发展的一个奇迹，2009 年成为全球最大的外汇储备国和出口国、全球第二大制造业大国，2010 年发展成为世界第二大经济体，我国在全球的经济地位已经产生实质性改变。但我国同时还是一个人口大国，人均 GDP 还处于世界 100 位之后，距离经济强国还有相当距离。所以，发展目标要从“经济大国”向“经济强国”转型，发展方向由追求 GDP 增长转向人民收入水平的提高转型。四是发展动力驱动力转型。长期以来，我国几乎是依赖要素投入来推动经济增长，属于投资推动型经济，经济快速发展的同时，资源与环境的不可持续约束日益明显，我国跻身全球经济大国之后急需转变发展方式，最为关键的是发展以创新、创业驱动的创业型经济，从而实现经济的可持续发展。创业、创新将成为经济持续发展的主要推动力量。

在经济转型期，我国的创业型经济具有不同于发达国家的诸多特征，创业环境的复杂性、创业活动的动态性远远高于发达国家。虽然我国尚没有形成成熟的市场机制和竞争机制，创业环境变化剧烈，政府的政策也更倾向于国有企业的发展，但我国现阶段仍然潜藏着多种多样的创业机会，大量新创企业的建立、中小企业板和创业板的推出都说明我国已经进入新中国成立以来最好的创业时期。这也表明，我国创业企业完全可以适应经济转型的环境。

目前，我国政府发展创业型经济的意愿十分清晰、明确，自主意识强烈，发展所采用的政策工具已经涉及法律工具、公共产品和公共服务工具、经济政策工具和行政管理工具，政策着力点点多面广，布局比较合理，系统性较强，政策指向非常明确，政策效果正逐步显现。政府正在借助可以动用的一切政策工具，从创业供给、创业需求、创业氛围打造等方面施加积极影响，力求最大限度地鼓励创新和创业，激发组织和个人的创新与创业精神，带动创业型经济健康可持续地发展，努力打造创业型社会。政府在支持创业型经济中发挥着越来越重要的作用，但同时仍存在在角色定位上不够准确、对市场干预过多、占用资源较多等问题，各维度政策工具尚未得到充分且恰当的运用，各类政策工具有待进一步完善和深化，各种政策工具之间的协调配合不够；政策的连续性和连贯性不够，创业政策仍需进一步精细化，可操作性有待提高。综合来看，我国政府支持创业型经济发展的政策类型属于战略干预型政策和政府主导型政策之间，正在朝政府主导型过渡，还存在许多可以改进和完善的空间。

作为转型期的发展中国家，政府主导型的创业政策类型更符合我国目前的国情实际。其理由如下：一是在国际化的背景下，外部环境不确定因素越来越高，创业环境越来越复杂；二是创业主体自身的脆弱性，使创业者和创业企业越来越依赖创业政策的支持，尤其在我国生存型创业占比较大的情况下，对创业政策的依赖程度更甚；三是我国经济发展中，政府的主导性始终处于相对强势地位。但需要特别提出的是，我们强调政府主导，并不是说政府应该成为资源配置的主导，而要坚持以市场为中心，即政策工具的发挥，应该体现市场经济对人的能力发展的要求、体现市场资源配置的要求、体现市场经济下机会导向的原则。

政府主导型的政策不是简单地进一步强化政府对经济的干预能力。相反，政府职能自我约束能力、市场规制调节能力、制度创新能力、规划发展能力、保质保量提供公共服务和公共产品的能力、体制和机制更新能力、宏观调控能力、行政干预适度能力等方面则需要不断提升，才能够凸显政府主导型政策的真正意义和价值。

8.5　本章小结

本章从国际金融危机对社会就业形成严峻挑战的实际情况出发，结合我国创业型经济发展的不同阶段，基于扩大社会就业这一政策目标研究确定我国政府在发展创业型经济中的作用、政策类型（自由放任型、有限参与型、战略干预型和政府主导型），进而研究确定不同的政策工具。政府支持创业型经济发展是通过一系列政策工具构成不同的政策组合而实现的。政策工具是政府实现其政策目标的手段和途径。在创业型经济发展的过程中，政府可以采用法律工具、公共产品和公共服务工具、经济政策工具、行政管理工具等多元政策工具组合促进创业带动就业。随着人们对创业型社会认识的逐步加深，政府在创业活动中扮演的角色在不断调整，政策工具所发挥的作用也愈发显现出来，政府已经从一个简单的“守夜人”逐步过渡为积极的“引领者”；政策作用类型也从自由放任政策转变为政府主导类型。其目的在于激发全社会的创业动力，让创业成为推动经济持续发展的主要引擎，构建创业型经济。

参考文献

白津夫．2008. 简论以创业带动就业．中共杭州市委党校学报，(1)：14～16.
本刊编辑部．2013. 2013 大学生创业优惠政策解读．中小企业管理与科技(中旬刊)，(2)：90～91.
布莱克福德 M G. 2000. 美国小企业成长与创新．锁箭译．北京：经济管理出版社．
布朗 C B. 1999. 小企业三部曲：创立、生存与发展．宁光杰，李布译．北京：机械工业出版社．
蔡健．2010. 创业带动就业，就业保障民生．金华政报，(9)：卷首．
陈姗姗．2012. 创业型经济发展的内在演化规律、发展与管理模式．前沿，(8)：81～83.
陈秀丽．2011. 后危机时代创业型经济是中国经济发展的必然选择．改革与战略，(8)：17～20.
陈秀丽，丁俊丽．2011. 后危机时代创业型经济是中国经济发展的新引擎．前沿，(1)：81～84.
陈哲，杨旭．2010. 创业拉动劳动力需求和促进民生经济发展的实证研究．东北财经大学学报，(3)：43～48.
陈桢．2007. 经济增长的就业效应研究．北京：经济管理出版社．
陈震红．2004. 创业者创业决策的风险行为研究．武汉理工大学博士学位论文．
程安昌．2007. 江苏省科技创业机制与对策研究．河海大学硕士学位论文．
程新锋，丁养斌，姬洪波．2010.“四融入”促学生以创业带动就业．中国成人教育，(1)：54～55.
池仁勇，梁靓．2010. 生存型与机会型创业者的行业选择研究. 科学进步与对策，27(5)：149～153.
褚萍．2011. 中国西部地区创业型经济发展研究．中央民族大学博士学位论文．
德鲁克 P. 2002. 创新与创业精神．张炜译．上海：上海人民出版社．
蒂蒙斯 J. 2002. 战略与商业机会．周伟民译．北京：华夏出版社．
蒂蒙斯 J，斯皮内利 Jr S. 2005. 创业学(第 6 版). 周伟民，吕长春译．北京：人民邮电出版社．
丁俊丽．2010. 中国现代化进程中创业型经济模式研究．天津理工大学硕士学位论文．
段颖立，朱兴龙，刘文革．2008. 青年创业体系的构建——兼论通过创业实现就业的机制．中国青年政治学院学报，(6)：36～41.
樊一阳，徐玉良．2010. 创业学概论．北京：清华大学出版社．
范硕．2010. 英国“剑桥现象”及其形成机理研究．吉林大学博士学位论文．
方世建，桂玲．2009. 创业政策视角下创业和经济增长的关系．经济管理，(5)：161～166.
方世建，秦正云. 2007. 柯兹纳的企业家发现理论述评. 外国经济与管理，29(3)：49～52.
冯政，翟涛．2006. 创业促进就业评估指标体系研究．中国劳动，(6)：16～17.
傅晋华，郑风田，刘旭东．2011. 国外创业政策的主要特征及对我国的启示．中国科技论坛，(9)：156～160.
傅允生，葛立成．2008. 复合主体的创业动力与发展能力——基于特定准公共产品及服务需求与供给的考察．浙江社会科学，(7)：29～36.
高飞，杨冠宇，谢树春. 2008. 大学生创业与就业研究．商情(教育经济研究)，(2)：5.
高建，程源，李习保，等．2008. 全球创业观察中国报告(2007)——创业转型与就业效应．北京：清华大学出版社．
高建，盖罗它．2007. 国外创业政策的理论研究综述．国外社会科学，(1)：70～74.
高建，姜彦福，李习保，等．2006. 全球创业观察中国报告——基于 2005 年数据的分析．北京：清华大学出版社．
宫剑，李政．2008. 论创业型经济的发展与创业型社会的构建．吉林大学社会科学学报，(2)：150～158.
共青团上海市委员会．2008. 就业创业与当代青年：2007上海青年发展报告．上海：上海人民出版社．
辜胜阻，肖鼎光，洪群联．2008. 完善中国创业政策体系的对策研究．中国人口科学，(11)：10～19.
顾桥．2003. 中小企业创业资源的理论研究．武汉理工大学博士学位论文．
顾桥，梁东，赵伟．2005. 创业动机理论模型的构建与分析．科技进步与对策，(12)：93～95.
郭灿章．2005. 创业型经济与中小企业管理持续创新．经济经纬，(3)：73～75.
韩雪洁．2010. 创业新潮逐浪高——吉林省"全民创业带动就业"活动回眸．劳动保障世界，(2)：8.
贺学峰．2006. 湖南省下岗失业人员小额担保贷款问题与对策研究．国防科学技术大学硕士学位论文．
胡鞍钢．2002-07-04. 选择就业为中心的增长模式．经济参考报．
黄敬宝．2008. 创业型经济及其对我国经济发展的启示．商业经济，(12)：3～5.
纪世瀛．2008. 坚持科学发展观打造中关村模式发展创业型经济．载：中华职业教育社．创业、创新、就业与科学发展——全球创业型经济论坛文集．北京：中央广播电视大学出版社：73～87.
贾磊．2012-03-26. 德国如何扶植中小企业发展．学习时报．
江海洋．2008. 创业型经济：苏南再次腾飞的必由之路．群众，(10)：59～60.
景云祥．2006. 打造创业型经济：政策工具的选择与运用．求实，(7)：50～53.
景云祥，卫家稳．2006. 创业型经济：改变经济增长逻辑的经济形态．学术交流，(10)：87～90.
敬志伟．2009. 科技成果转化率低：现状、根源与对策．天津行政院学报，11(3)：67～69.
赖德胜，李长安．2009. 创业带动就业的效应分析及政策选择．经济学动态，(2)：83～87.
李长安，谢远涛．2012. 经济增长、要素价格对创业带动就业效应的影响研究．北京师范大学学报(社会科学版)，(1)：132～139.
李朝晖．2010. 美国SBIC融资担保模式对我国政策性创业投资引导基金的启示．金融理论与实践，(3)：104～108.
李殿伟，陈立新，孙娟．2009. 创业型经济生态体系的构建及政策设计．科技进步与对策，(23)：127～130.
李家华．2008. 全球创业型经济论坛研究报告提要．载：中华职业教育社．创业、创新、就业与科学发展——全球创业型经济论坛文集．北京：中央广播电视大学出版社：156～162.
李剑力．2010a. 创业型经济的特征、功能优势与运行机制．学习论坛，(9)：38～41.
李剑力．2010b. 中国创业型经济发展态势与促进路径．创新，(6)：61～63.
李良成，张艳芳．2012. 创业政策对大学生创业动力的影响实证研究．技术经济与管理研究，(12)：41～45.
李全伦，李永涛．2010. 农民创业带动就业效应的实证研究——以山东、河南调查数据为例．

财政研究，(9)：44～48.
李新春，宋宇，蒋年云 . 2004. 高科技创业的地区差异 . 中国社会科学，(3)：17～31.
李政 . 2007. 经济学中的创业研究：一个历史性的回顾 . 创业管理研究，(1)：32～38.
李政 . 2010. 创业型经济：内在机理与发展策略 . 北京：社会科学文献出版社 .
李政，金晓彤 . 2008. 发展创业型经济的路径模型与政策趋势 . 经济社会体制比较，(2)：154～158.
李政，柳春江 . 2005. 创业与经济增长理论研究述评 . 当代经济研究，(12)：25～29.
梁靓 . 2009. 生存型创业与机会型创业的行业和路径比较 . 浙江工业大学硕士学位论文 .
林娜 . 2007. 建设创业型社会中的政府职能 . 理论前沿，(21)：21～23.
林桢 . 2004. 创业机制的动因和架构设计 . 科技创业月刊，(8)：11～13.
林桢 . 2011a. 基于就业导向的创业型经济发展的相关政策设计 . 中州学刊，(3)：58～60.
林桢 . 2011b. 政府怎样为发展创业型经济掌舵护航 . 开发研究，(3)：79～82.
林桢 . 2012. 政府支持创业型经济发展的财政金融政策设计 . 山西财经大学学报，(S3)：92～93.
刘常勇 . 1998. 知识经济时代的中小企业发展与竞争战略 . 求是学刊，(5)：47～52.
刘健钧 . 2003. 创新、创业与创业经济 . 中国创业投资与高科技，(6)：35～37.
刘仙梅 . 2008. 大力发展中小企业扩大就业 . 生产力研究，(4)：129～131.
刘昱 . 2007. 论创业型经济及其在中国的发展 . 科技管理研究，(2)：58～61.
刘云 . 2012-03-16. 昆明建创业园鼓励大学生创业 . http://www.jyb.cn/jcb/cyal201203/t20120316_483242.html.
马恩涛 . 2011. 中小企业发展约束及财税政策应对 . 税务研究，(6)：16～20.
马克思 K. 2004. 资本论(第一卷). 中共中央马克思恩格斯列宁斯大林著作编译局译 . 北京：人民出版社 .
马运来 . 2008. 基于国际比较分析的我国风险投资本土化运作模式研究 . 科技进步与对策，(3)：33～36.
毛蕴诗，周燕 . 2002. 硅谷机制与企业高速成长——再论企业与市场之间的关系 . 管理世界，(6)：102～108.
宁亮 . 2009. 促进创业活动的政府行为研究 . 江西财经大学博士学位论文 .
诺斯 D C. 2008. 制度、制度变迁与经济绩效 . 杭行译 . 上海：格致出版社 .
乔发栋，张玉枚 . 2012. FDI 对我国创业型经济发展的效应分析 . 经济问题，(10)：12～16.
秦正云 . 2007. 基于奥地利学派市场理论的创业研究及其应用 . 中国科学技术大学博士学位论文 .
全国人大常委会法制工作委员会行政法室 . 2007.《中华人民共和国就业促进法》释义及实用指南 . 北京：中国民主法制出版社 .
饶健. 2008. 扩大就业 促进以创业带动就业 . 经济界，(4)：80～83.
人力资源和社会保障部 . 2012-03-28. 关于做好 2012 年高校毕业生就业服务工作的通知 . http://www.china.com.cn/policy/txt/2012-03/08/content_25003805.htm.
任晓磊 . 2008. 从组织形式谈我国风险投资发展的外部环境完善 . 华东政法大学硕士学位论文 .
任新建 . 2012a-04-17. 破解小微企业融资难，靠政府更要靠市场 . 东方早报 .
任新建 . 2012b-05-08. 靠政府更要靠市场 . 浙江日报 .
萨伊 L B. 1803. 政治经济学概论. 陈福生，陈振骅译 . 北京：商务印书馆 .

史兴用．2009．政府在促进以创业带动就业中的作用研究．山东大学硕士学位论文．
苏启林．2002．发达国家创业投资税收与金融激励政策分析．外国经济与管理，(6)：18～22.
苏启林．2004．创业投资政府支持政策设计——国际经验与中国抉择．北京：经济科学出版社．
苏启林，隋广军．2004．基于创业投资资本利得的税收激励政策研究．中央财经大学学报，(8)：11～15.
隋广军，胡希．2008．创业公共政策研究述评．科技管理研究，(2)：34～37.
孙立．2010．试论政府管理制度改革对民营经济发展的促进作用——以青岛民营经济发展为例．中国海洋大学硕士学位论文．
孙晓红．2003．德国如何实施中小企业创业援助．企业文明，(6)：14～16.
谭远发．2010．机会型和生存型创业的影响因素及绩效比较研究．西南财经大学博士学位论文．
汤灿晴，董志强，李永杰．2011．国外创业与就业关系研究现状探析与未来展望．外国经济与管理，(9)：27～33.
唐海滨．2007-12-17．国外学者有关中小企业理论研究观点的历史回顾．http://www.chinavalue.net/Finance/Article/2007-12-17/92107.html.
唐海湾．1992．借鉴市场经济发达国家经验，重视和发展我国中小企业．经济研究参考，(Z7)：24～34.
王福生．2010．扶持全民创业　促进创业带动就业．山东劳动保障，(Z1)：28～29.
王卿．2010．中小企业创业环境建设中政府作用研究．武汉科技大学硕士学位论文．
王若飞．2010．浅谈我国科技成果转化率低的原因和对策．重庆科技学院学报(社会科学版)，(2)：97～98.
王树生．2003．创业教育研究．东北师范大学博士学位论文．
王婷．2007-07-20．我国创业活动对GDP贡献率提升．中国证券报．
王伟毅，李乾文．2007．环境不确定性与创业活动关系研究综述．外国经济与管理，(3)：53～58.
王玺．2003．创业培训机制对扩大就业的作用探讨．科技进步与对策，(15)：19～21.
王延荣．2004．创业动力及其机制分析．中国流通经济，(7)：50～53.
王延荣．2005．高新技术园区创业机制形成动力的经济学思考．科学管理研究，(8)：42.
王延荣．2006．高新技术创业动力的经济学分析．科研管理，(9)：32.
王延荣，徐巧玲．2011．基于主成分分析的创业机制形成要素及机理分析．科技进步与对策，(18)：17～20.
王艳茹．2009．中国创业型经济发展研究．中国青年政治学院学报，(3)：89.
王艳茹．2010．我国创业型经济政策研究．投资研究，(4)：11.
王育宝，李成．2006．中国风险投资发展：国外经验借鉴与国内政策措施．深圳大学学报(人文社会科学版)，(3)：11～16.
魏江．2004．创新系统演进和集群创新系统构建．自然辩证法通讯，26(1)：48～54.
魏立红，刘颖．2008．造就千名小老板，带动万人大就业——宜昌市开展全民创业活动纪实．职业，(25)：58～59.
吴家曦，李华燊．2009．浙江省中小企业转型升级调查报告．管理世界，(8)：15～19.
吴京生．2007．我国高新技术创业政策与结构研究．科技进步与对策，(9)：5～10.

吴敬琏.2004.改革：我们正在过大关.上海：上海三联书店.
吴敬琏.2010-10-08.吴敬琏谈中国体制性障碍：政府掌握太多重要资源配置权力.凤凰财经网.
吴先华，郭际，胡汉辉.2008.复杂性理论和网络分析方法在产业集群创新能力问题中的应用——基于江苏省三个产业集群的实证研究.科学学与科学技术管理，(7)：75～80.
吴晓俊.2008.创业与中国经济增长关系研究.厦门大学硕士学位论文.
夏清华，宋慧.2011.基于内容分析法的国内外学者创业动机研究.管理学报，(8)：1190～1195.
肖建忠，唐艳艳.2010.社会企业的企业家精神：创业动机与策略.华东经济管理，(4)：107～110.
谢天星，魏立红，林华.2009.宜昌市促进全民创业带动就业工作纪实.中国就业，(11)：40～42.
熊彼特 J.1990.经济发展理论.何畏，易家详译.北京：商务印书馆.
熊彼特 J.1999.资本主义、社会主义与民主.吴良健译.北京：商务印书馆.
许宏图.2011.包头市建立健全四个体系实现以创业带动就业.中国劳动，(4)：39.
许朗.2004.创业家素质与创业资金的筹措.南京社会科学，(9)：175～178.
许玫.2001.创业经济论.复旦大学博士学位论文.
杨继波.2008.国外风险投资政策对我国的借鉴.科技管理研究，(11)：64～66.
杨玉珍，许正中.2009.创业型经济发展及创业型社会构建的战略路径研究.求实，(7)：37～40.
姚芳.2008.硅谷、新竹发展模式之异同.创新科技，(8)：22～23.
姚梅芳，葛宝山.2008.生存型创业理论研究.北京：现代教育出版社.
于东明.2010.新企业创建与区域经济发展：基于东北地区的实证研究.吉林大学博士学位论文.
曾照英，王重鸣.2009.关于我国创业者创业动机的调查分析.科技管理研究，(9)：285～287.
张钢，彭学兵.2008.创业政策对技术创业影响的实证研究.科研管理，(3)：60～68.
张健，姜彦福，林强.2003.创业理论研究与发展动态.经济学动态，(5)：71～74.
张茉楠.2007a.面向创业型经济的政策设计与管理模式选择.载：第三届科技政策与管理学术研讨会暨第二届科教发展战略论坛论文汇编.北京：中国科学学与科技政策研究会.
张茉楠.2007b.面向创业型经济的政策设计与管理模式研究.科学学研究，(S1)：73～79.
张鹏.2004.我国政府在高科技创业融资工具上的探索及效果分析.科技管理研究，(1)：16～20.
张炜，邢潇.2007.高新技术企业创业孵化环境与成长绩效关系研究.科学与研究，25(1)：74～78.
张项民.2009.基于创业的知识产权管理与设计.科技创业月刊，(4)：45～47.
张小建.2010.《中国就业的改革发展》经典专栏连载之十促进以创业带动就业成为就业战略举措.中国就业，(3)：43.
张小建.2011-06-11.中国就业促进会会长：当前中国就业形势面临三大压力.http//www.gov.cn/jrzg/2011-06/11/content _ 1882031.htm.
张秀娥.2009.德国创业促进体系及对中国的启示.当代世界，(9)：59～61.
张玉利，陈寒松，李乾文.2004.创业管理与传统管理的差异与融合.外国经济与管理，(5)：2～7.
张志臣.2007.对齐齐哈尔市开展创业带动就业的思考.理论观察，(2)：12～14.
张祝秀.2009.美国大学生创业与创业教育考察及启示.中国大学生就业，(13)：47～48.
赵都敏，李剑力.2011.创业政策与创业活动关系研究述评.外国经济与管理，33(3)：19～26.

郑会 . 2010. 美英日大学科技园比较分析对我国的启示 . 技术经济，(7)：26～30.
周春发 . 2012. 再生产视角下非物质文化遗产的旅游开发——以晓起龙灯节为例 . 山西财经大学学报，(S3)：8～10.
周劲波，陈丽超 . 2011. 我国创业政策类型及作用机制研究 . 经济体制改革，(1)：41～44.
朱剑光 . 2011. 中国企业跨国创业导向的影响因素研究 . 浙江工业大学硕士学位论文 .
朱萌博 . 2009. 科学发展观视域下天津发展创业型经济研究 . 天津理工大学硕士学位论文 .
Acs Z J. 2001. A formulation of entrepreneurship policy. The FSF-NUTEK Award Winner Series.
Acs Z J，Audretsch D B，Strom R J. 2009. Entrepreneurship，Growth，and Public Policy. Cambridge：Cambridge University Press.
Acs Z J，Mueller P. 2008. Employment effect of business dynamics：mice，sand elephants. Small Business Economic，30(1)：85～100.
Acs Z J，Szerb L. 2007. Entrepreneurship，economic growth and public policy. Small Business Economic，(213)：109～122.
Aldrich H，Zimmer C. 1986. Entrepreneurship through social networks. University of Illinois at Urbana-Champaign's Academy for Entrepreneurial Leadership Historical Research Reference in Entrepreneurship：3～23.
Aligica P D. 2005. Ambiguity，imitation and innovation：notes on the conceptual and operational facets of the EU approach to entrepreneurship policy. The International Journal of Entrepreneurship and Innovation，6(4)：249～258.
Amit R，Muller E，Cockburn I. 1995. Opportunity costs and entrepreneurial activity. Journal of Business Venturing，10(2)：95～106.
Atkinson J W. 1958. Motives in Fantasy，Action，and Society：a Method of Assessment and Study. Princeton：Van Nostrand.
Audretsch D B. 1995. Innovation and Industry：Evolution. Cambridge：The MIT Press.
Audretsch D B. 1996. R&D spillovers and the geography of innovation and production. The American Economic Review，86(3)：630～639.
Audretsch D B. 2002. Public/private technology partnerships：evaluating SBZR-supported research. Research Policy，31(1)：145～158.
Audretsch D B，Feldman M P. 1996. R&D spillovers and the geography of innovation and production. The American Economic Review，86(3)：630～640.
Audretsch D B，Fritsch M. 2002. Growth regimes over time and space. Regional Studies，36：113～124.
Audretsch D B，Grilo I，Thurik A R. 2007. Explaining entrepreneurship and the role of policy：a framework. *In*：Audretsh D B，Grilo I，Thurik A R. Handbook of Research in Entrepreneurship Policy. Cheltenham，Brookfield：Edward Elgar Publishing：1～17.
Audretsch D B，Keilbach M C. 2004. Entrepreneurship capital and economic performance. Regional Studies，38(8)：949～959.
Audretsch D B，Keilbach M C. 2005. Entrepreneurship capital and regional growth. The Annals of Regional Science，39(3)：457～469.

Audretsch D B, Keilbach M C, Lehmann E E. 2006. Entrepreneurship and Economic Growth. Oxford: Oxford University Press.

Audretsh D B, Thurik A R. 2001. What is new about the new economy? Sources of growth in the managed and entrepreneurial economies. Industrial and Corporate Change, 10: 267～315.

Audretsch D B, Thurik A R. 2004. A model of the entrepreneurial economy. Papers on Entrepreneurship, Growth and Public Policy.

Audretsch D B, Roy T. 2001. Market dynamics in the Netherlands: competition policy and the role of small firms. International Journal of Industrial Organization, 19(5): 795～821.

Autio E. 2011. High-aspiration entrepreneurship. *In*: Minniti M. The Dynamics of Entrepreurship. Oxford: Oxford University Press: 181～208.

Baldwin J, Picot G. 1995. Employment generation by small producers in the Canadian manufacturing sector. Small Business Economics, 7(4): 317～331.

Bandura A. 1997. Self-efficacy: the Exercise of Control. New York: W. H. Freeman & Co Ltd.

Baptista R, Scria V, Madruga P. 2008. Entrepreneurship, regional development and job creation: the case of Portugal. Small Business Economic, 30(1): 49～58.

Bates T. 1990. Entrepreneur human capital inputs and small business longevity. Review of Economics and Statistics, 72(4): 551～559.

Baumol W J. 1990. Entrepreneurship: productive, unproductive, destructive. The Journal of Political Economy, (5): 893～921.

Birch D L. 1981. Who creates jobs? The Public Interest, 65(8): 23.

Birch D L. 1987. Job creation in America: how our smallest companies put the most people to work. University of Illinois at Urbana-Champaign's Academy for Entrepreneurial Leadership Historical Research Reference in Entrepreneurship.

Birley S, Westhead P. 1994. A taxonomy of business start-up reasons and their impact on firm growth and size. Journal of Business Venturing, 9(1): 7～31.

Bosma N, Wennekers S, Amoros J E. 2012. Global entrepreneurship monitor, 2011 extended report: entrepreneurs and entrepreneurial employees across the globe. Global Entrepreneurship Research Association, London.

Bowen H P, DeClercq D. 2008. Institutional context and allocation of entrepreneurial effort. Journal of International Business Studies, 39(4): 747～767.

Budner S. 1962. Intolerance of ambiguity as a personality variable. Journal of Personality, (30) :29～50.

Busenitz L W, Gomez C, Spencer J W. 2000. Country institutional profiles: unlocking entrepreneurial phenomena. Academy of Management Journal, 43(5): 994～1003.

Bygrave W. 1988. Building an entrepreneurial economy: lessons from the United Srares. Business Strategy Review, 9(2): 11～18.

Carree M A, Thurik A R. 2005. The impact of entrepreneurship on economic growth. *In*: Acs Z, Audretsch D. Handbook of Entrepreneurship Research. New York: Springer US: 437～471.

Carroll G R，Mosakowski E. 1987. The career dynamics of self-employment. Administrative Science Quarterly，(32)：570～589.

Casson M. 1982. The Entrepreneur：An Economic Theory. Lanham：Rowman & Littlefield.

Casson M. 1999. The economics of the family firm. Scandinavian Economic History Review，47 (1)：10～23.

Cohen W M，Levinthal D A. 1989. Innovation and learning：the two faces of R&D. The Economic Journal，99(397)：569～596.

Collins J. 2003. Cultural diversity and entrepreneurship：policy responses to immigrant entrepreneurs in Australia. Entrepreneurship and Reginal Development，(15)：142.

Colwell K，Narayanan V. 2010. Foresight in economic development policy：shaping the institutional context for entrepreneurial innovation. Journal Citation Reports，42 (4)：295～303.

Cooper A C，Woo C Y，Dunkelberg W C. 1989. Entrepreneurship and the initial size of firms. Journal of Business Venturing，4(5)：317～332.

Cumming D. 2007. Government policy towards entrepreneurial finance：innovation investment funds. Journal of Business Venturing，22(2)：193～235.

Da Rin A，Da Rin M，Nicodano G，et al. 2005. Public policy and the creation of active venture captial markets. European Central Bank Working Paper，Series1，No. 430.

de Mooij R，Nicodeme G. 2006. Corporate tax policy entrepreneurship and incorporation in the EU. Ecomomie Paper：No. 296 and CESifo Working Paper：No. 1883.

Degadh J. 2004. For a more effective entrepreneurship policy：perception and feedback as preconditions. Research Centre for Entrepreneurship，Rencontres de Saint-Gall.

Ebner A. 2006. Institutions，entrepreneurship，and the rationale of government：an outline of the schumpeterian theory of the state. Journal of Economic Behavior & Organization，59 (4)：497～515.

Estrin S，Mickiewicz T. 2010. Entrepreneurship in Transition Economies：the Role of Institutions and Generational Change. Oxford：Oxford University Press.

Evans D S，Leighton L S. 1989. Some empirical aspects of entrepreneurship. The American Economic Review，79(3)：519～535.

Feldman M P，Audretsch D B. 1996. Innovative clusters and the industry life cycle. Review of Inclustriod Drganization，11(2)：253～273.

Fritsch M，Noseleit F. 2008. Start-ups，new business employment and the effectes on incumbents：who contributes the larger share. Jena Economic Research ，No. 2008-068.

Gallagher C，Stewart H. 1986. Jobs and the business life-cycle in the V. K. Applied Economics，(18)：875～909.

Gartner W B. 1985. A conceptual framework for describing the phenomenon of new venture creation. Academy of Management Review，10(4)：696～706.

George G，Prabhu G N. 2003. Developmental financial institutions as technology policy instruments：implications for innovation and entrepreneurship in emerging economies. Research

Policy，32(1)：89～108.

Gilbert B A，McDougall P P，Audretsch D B. 2008. Clusters，knowledge spillovers and new venture perfomence：an empirical examination. Journal of Business Venturing，(23)：405～422.

Gilson R J，Schizer D M. 2003. Understanding venture capital structure：an tax explanation for convertible preferred stock. Harvard Law Review，116：874，876～878.

Gnyawali D R，Fogel D S. 1994. Environments for entrepreneurship development：key dimensions and research implications. Entrepreneurship Theory and Practice，18：43.

Gohmann F，Hobbs K，McCrickard M. 2008. Economic freedom and service industry growth in the United States. Entrepreneurship Theory and Practice，32(9)：855～874.

Gordon K，Tchilinguirian H. 1998. Marginal effective tax rates on physical，human and R&D capital. Economics Department Working Papers：No. 1998.

Grossman G M. 1993. Innovation and Growth in the Global Environment. Cambridge：the MIT Press.

Grossman G M，Helpman E. 1991. Innovation and Growth in the Global Economy. Cambridge：the MIT Press.

Hart D M. 2003. The Emergence of Entrepreneurship Policy：Governance，Start-ups，and Growth in the US Knowledge Economy. Cambridge：Cambridge University Press.

Holcombe R G. 1998. Entrepreneurship and economic growth. The Quarterly Journal of Austrian Economics，(1)：45～62.

Jacobs J. 1969. The Economy of Cities. New York：Vintage Books.

Jacobs J. 1984. Cities and the Wealth of Nations：Principles of Economic Life. New York：Vintage Books.

Kayne J. 1999. State entrepreneurship policies and programs. Kauffman Center for Entrepreneurial Leadership at the Ewing Marion Kauffman Foundation.

Kelley D J，Singer S，Herrington M. 2011. Global report. The Global Entrepreneurship Monitor，Global Entrepreneurship Research Association.

Keuschnigga C，Nielsen S B. 2003. Tax policy，venture capital，and entrepreneurship. Journal of Public Economics，87：175～203.

Knight F. 1921. Risk，Uncertainty and Profit. Boston：Houghton Mifflin.

Lerner D M，Avrahami Y. 1999. Global entrepreneurship monitor 1999 Israel executive report. The Israel Institute of Business Research.

Lerner J. 1999. The government as venture capitalist：the long-run effects on the SBIR program. Journal Economy，98：372～398.

Liles P R. 1974. New Business Ventures and the Entrepreneur. Homewood：Richard D. Irwin.

Lim K，Morse A，Mitchell K，et al. 2010. Institutional environment and entrepreneurial cognitions：a comparative business systems perspective. Entrepreneurship Theory and Practice，34(3)：491～516.

Locke E. 2000. Motivation，cognition，and action：an analysis of studies of task goals and knowledge. Applied Psychology，49(3)：408～429.

Lucas Jr R E. 1988. On the mechanics of economic development. Journal of Monetary Economics，22(1)：3～42.

Lundstrom A，Stevenson L. 1989. Entrepreneurship Policy：Theory and Practice. New York：Springer.

Lundstrom A，Stevenson L. 2001. Patterns and trends in entrepreneurship/SME policy and practice in ten economies. Entrepreneurship Policy for the Future Vol 3，Swedish Foundation for Small Business Research.

Lundstrom A，Stevenson L. 2002. Summary of on the road to entrepreneurship policy. Entrepreneurship Policy for the Future Series.

Lundstrom A，Stevenson L. 2005. Entrepreneurship Policy：Theory and Practice. New York：Springer Science and Business Media，Inc.

Matlay H. 2008. The impact of entrepreneurship education on entrepreneurial outcomes. Journal of Small Business and Enterprise Development，15(2)：382～396.

McClelland D C. 1961. The Achieving Society. New York：Free Press.

Meek W，Pacheco D，York J. 2010. The impact of social norms on entrepreneurial action：evidence from the environmental entrepreneurship context. Journal of Business Venturing，25(5)：493～509.

Moyes A，Westhead P. 1990. Environments for new firm formation in Great Britain. Regional Studies，(24)：123～136.

Munier C. 2004. Entrepreneurship index 2004 entrepreneurship condition in denmark december. National Agency for Enterprise and construction.

Nancy M C，William B G，Kelly G S，et al. 2003. The career reasons of nascent entrepreneurs. Journal of Business Venturing，18(1)：13～39.

OECD. 2010. China-economic outlook，87 country summary ER3.

Porter M E. 1990. The Competitive Advantage of Nations. New York：Free Press.

Porter M E. 1993. The competitive advantage of nations. Harvard Business School Management Programs.

Porter M E，Sachs J D，McArthur J W. 2002. Executive summary：competitiveness and stages of economic development. *In*：Porter M E，Sachs J D，Cornelius P K，et al. The Global Competitiveness Report 2001-2002. New York：Oxford University Press：16～25.

Reynolds P D. 2002. Sindrome hemolitico-uremicoy streptococo pneumoniae：report of one case hemolyticuremic syndrome after an infection caused by streptococcus pneumoniae. Journal Citation Reports，130(6)：677～680.

Reynolds P D. 2009. Screening item effects in estimating the prevalence of nascent entrepreneurs. Small Business Economics，33(2)：151～163.

Reynolds P D，Camp S M，Bygrave W D，et al. 2001. Global entrepreneurship monitor 2001 summary Report. London Business School and Babson College.

Reynolds P D, Hay M, Camp S M. 1999. Global entrepreneurship monitor. Kauffman Centre for Entrepreneurship Leadership.

Reynolds P D, Hay M, Camp S M. 2000. GEM 2000 executive report.

Robson B, Gallagher C. 1994. Change in the size distribution of U. K. firms. Small Business Econimics, (4): 299～312.

Rotter J B. 1966. Generalized expectancies for internal versus external control of reinforcement. Psychological Monographs: General and Applied, 80(1): 1.

Saxenian A. 1994. Regional Advantage: Culture and Competition in Silicon Valley and Route 128. Cambridge: Harvard University Press.

Scheinberg G, Macmillan I. 1988. An 11-country study of motivations to start a business. *In*: Kirchoff B A, Long W A, Mcmullan W E, et al. Frontiers of Entrepreneurship Research. Wellesley: Babson College: 669～687.

Schere J L. 1982. Tolerance of ambiguity as a discriminating variable between entrepreneurs and managers. Academy of Management Proceedings, (1): 404～408.

Schmitz Jr J A. 1989. Imitation, entrepreneurship, and long-run growth. Journal of Political Economy, 97(3): 721～739.

Schoonhoven C B, Eisenhardt K M, Lyman K. 1990. Speeding products to market: waiting time to first product introduction in new firms. Administrative Science Quarterly, 35: 177～207.

Schumpeter J A. 1991. The Economics and Sociology of Capitalism. Princeton: Princeton University Press.

Shane S. 1996. Explaining variation in rates of entrepreneurship in the United States: 1899～1988. Journal of Management, 22(5): 747～781.

Shane S. 2000. Prior knowledge and the discovery of entrepreneurial opportunities. Organization Science, 11(4): 448～469.

Shane S, Foo M D. 1999. New firm survival: institutional explanations for new franchisor mortality. Management Science, 45(2): 142～159.

Shane S, Kolvereid L, Westhead P. 1991. An exploratory examination of the reasons leading to new firm formation across country and gender. Journal Business Venturing, 6(6): 431～446.

Shane S, Locke E A, Collins C J. 2003. Entrepreneurial motivation. Human Resource Management Review, (13): 257～279.

Shane S, Venkataraman S. 2000. The promise of entrepreneurship as a field of research. Academy of Management Review, 25(1): 217～226.

Shapero A. 1977. The displaced, uncomfortable entrepreneur. Psychology Today, (9): 83～88.

Specht P H. 1993. Munificence and carrying capacity of the environment and organization formation. Entrepreneurship Theory and Practice, 17: 77.

Spencer J W, Gomez C. 2000. The relationship among national structures economic factors and domestic entrepreneurial activity: a multicountry study. Journal of Business Research, (10): 57.

Stevenson L. 2002. Innovation and entrepreneurship：a Dutch policy perspective in an international context. *In*：Entrepreneurship in the Netherlands：Innovative Entrepreneurship. The Hague：EIM Business and Policy Research and Ministry of Economic Affairs：43～66.

Stevenson L，Lunstrom A. 2011. Entrepreneurship policy for the future. Swedish Foundation for Small Business Research，(2)：58～63.

Thurik A R. 2007. Entreprenomics：on entrepreneurship，economic growth and policy. Entrepreneurship. Growth and Public Policy，(3)：24～33.

Thurik A R，Carree M A，van Stel A，et al. 2008. Does self-employment reduce unemployment. Journal of Business，23：673～686.

Toivanen P. 2008. The choice of resolution level in lossy wavelet compression of color image. Proceedings of 2008 9th International Conference on Signal Processing Proceedings.

van Gelderen M，Thurik R，Bosma N. 2005. Success，risk factors in the pre-startup phase. Small Bussiness Economics，24(4)：365～380.

van Praag M，Versloot P. 2008. The economic benefits and costs of entrepreneurship：a review of the research. Foundations and Trends in Entrepreneurship，4(2)：65～154.

van Stel A，Carree M，Thurik R. 2005. The effect of entrepreneurial activity on national economic growth. Small Business Economics，24(3)：311～321.

van Stel A，Storey D J，Thurik A R. 2007. The effect of business regulations on nascent and young business entrepreneurship. Small Business Economics，28(2～3)：171～186.

van Stel A，Suddle K. 2008. The impact of new firm formation on regional development in the Netherlands. Small Business Economics，30：31～47.

Venkataraman S. 2002. The Distinctive Domain of Entrepreneurship Research. Northampton：Edward Elgar Press.

Verheul I，Wennekers S，Audretsch D B，et al. 2002. An eclectic theory of entrepreneurship. *In*：Audretsch D B，Thurik A B，Verheul I，et al. Entrepreneurship：Determinants and Policy in a European-US Comparison. Boston，Dordrecht：Kluwer Academic Publishers：11～81.

Wellesley M A. 2012. London and Kansas City：Babson College. Kauffman Center for Entrepreneurial Leadership and the London Business School.

Wennekers A R M，Uhlaner L M，Thurik A R. 2002. Entrepreneurship and its conditions：a macro perspective. International Journal of Entrepreneurship Education，1(1)：25～64.

Wennekers S，van Wennekers A，Thurik R，et al. 2005. Nascent entrepreneurship and the level of economic development. Small Business Economics，24(3)：293～309.

Woolley J，Rottner R. 2008. Innovation policy and nanotechnology entrepreneurship. Entrepreneurship Theory and Practice，32(5)：791～811.